Rosja od kuchni

Jak zbudować imperium nożem, chochlą i widelcem

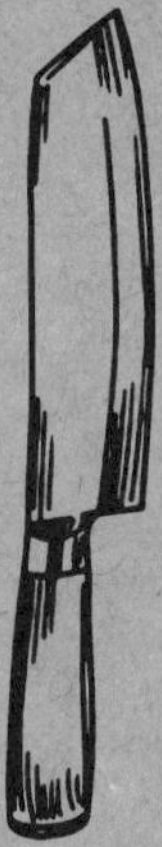

厨房から見たロシア

包丁と鍋とおたまで帝国を築く方法

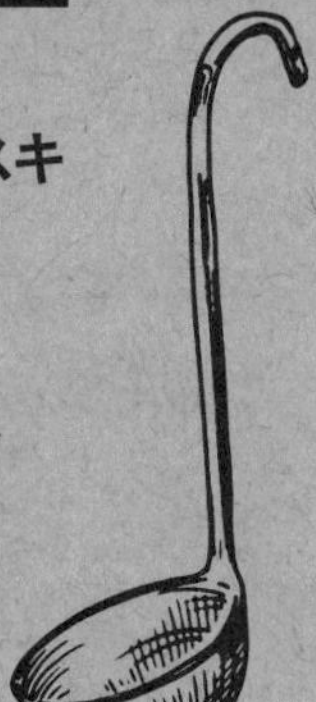

ヴィトルト・シャブウォフスキ
芝田文乃 訳

Witold Szabłowski

白水社

厨房から見たロシア——包丁と鍋とおたまで帝国を築く方法

レオカディア・シャブウォフスカを偲んで

厨房から見たロシア　目次

1 **ノヴィ・アフォン、アブハジア**

スターリンお気に入りの夏の別荘（ダーチャ）のひとつがここにある。その厨房で本書のアイデアが生まれた。

2 **ゴリ、グルジア（現ジョージア）**

ヨシフ・スターリンも、その腹違いの兄弟とされ、のちに彼の毒見役兼専属料理人となったアレクサンドル・エグナタシヴィリもここの出身である。エグナタシヴィリは第二次世界大戦中、愛する妻の命を救うためベリヤと不平等な戦いを繰り広げた。

3 **ピオネール・キャンプ〈おとぎ話〉、チェルノブイリ**

このピオネール・キャンプでは、クズネツォフスクのリウネ原子力発電所から来た十五人の女性料理人が、チェルノブイリ原発の事故後、最初に処理にあたった作業員（リクヴィダートル）のために調理した。彼女たちの半数はすでに故人である。

4 **モスクワ**

この地のクレムリンで長年特別厨房に立ち、のちにさまざまな厨房で采配を振るったのが、料理長ヴィクトル・ベリャーエフである。

5 **レニングラード（現サンクトペテルブルク）**

レニングラード包囲戦ではおよそ百五十万人の命が失われた。死者の中には、ロシア大統領ウラジーミル・プーチンの実兄とおじたちも含まれていた。レニングラード封鎖について、私たちは当時パン職人だったタマーラさんの話で知ることになる。

6 **バイコヌール**

宇宙に行った最初の人間、ユーリイ・ガガーリンはここから旅立った。マリヤ・クリチーニナは宇宙飛行士たちのために料理を作った。マリヤ独自のレシピによるボルシチ（二〇二頁）は、今日皆さんの自宅で作ることができる。

7 **バグラム、アフガニスタン**

この地にソ連の空軍基地があり、兵士たちのためにママ・ニーナが料理を作っていた。料理人になる前、ニーナさんはモスクワ近郊のクビンカにある靴工場の職人で、党細胞の議長でもあった。

8 **エカテリンブルク**

皇帝ニコライ二世は家族と最も忠実な使用人たちと共にここで生涯最後の数か月を過ごした。使用人たちの中には料理人イヴァン・ハリトーノフもいて、ツァーリと共に銃殺された。

9 **クンツェヴォ**

モスクワ近郊にあったスターリンの秘密のダーチャ。ここには農場と魚の養殖池があった——スターリンが出所の信頼できるものだけを食べられるように。

10 **ゴールキ・レーニンスキエ**

ウラジーミル・イリイチ・レーニンは、ここで人生最後の年月を過ごした。秘密裡に雇われたレーニンの料理人シューラ・ヴォロビヨワは、ここで彼のために——医師の指示に逆らって——蕎麦の実の粥（カーシャ）を作った。

11 **イリンスコエ**

ここのサナトリウムで共産党員らのために厨房に立っていたのが、ロシア大統領ウラジーミル・プーチンの祖父、スピリドン・プーチンである。ここにはスピリドンの墓もある。

12 **〈星の街〉、モスクワ郊外**

ファイナ・カゼツカヤはここで未来の宇宙飛行士たちのために各々の好物を作った。ここでファイナはユーリイ・ガガーリンに生乳を出したが、それはガガーリンが命を落とすことになった不幸なフライトの直前のことだった。

13 **ヴェリカ・ロスチフカ、ウクライナ**

この村の住民の半数はスターリンによって引き起こされた一九三〇年代の大飢饉（ホロドモール）で命を落とした。二人の女性料理人の二人の娘が生き残り、この出来事を目撃した最後の存命者となった。

14 **ヴィスクリ、白ロシア（現ベラルーシ）**

この地で、ロシア、白ロシア、ウクライナの指導者たちがソヴィエト連邦を解体した。ポリーナ・イワノウナ、白ロシア・ソヴィエト社会主義共和国閣僚評議会の食堂の料理人は、このとき指導者たちのために猪肉のグヤーシュを調理した。

15 **ヤルタ、ウクライナ**

ここで連合国によるヨーロッパ分割会談が行われた（ポーランドはスターリンの手に渡った）。料理の面では傑作といえるもので、それを準備したのがアレクサンドル・エグナタシヴィリだった。また、一九四四年には何十万人ものクリミア・タタール人がここから追放された。

ロシアと旧ソ連諸国の料理地図

装幀　コバヤシタケシ

はしがき

この文章を書いているいま、ロシアがウクライナに対して始めた無慈悲な戦争は数か月に渡って続いている。残念ながらそのせいで、あなたがいま手にしているこの本はことさらに時宜を得たものとなった。本書の取材中、私はロシア、ウクライナ、ベラルーシ、その他旧ソ連諸国を縦横に旅した。ヴィクトル・ベリャーエフ（クレムリンの全厨房の責任者だったが、ウラジーミル・プーチンが政権の座についたあと、心筋梗塞を起こし、退職を余儀なくされた）や、ロシアが引き起こしたさまざまな戦争の前線で調理を担当した料理人たち、チェルノブイリで働いた調理師たちといった類稀な料理人たちの話を聞いた。また、スターリンによって仕組まれ、冷酷に引き起こされた大飢饉《ホロドモール》を憶えている人たちとも話した。

いまだったら、この本は書けなかっただろう。私はロシアやベラルーシへの入国を許可されなかっただろうから。仮に入国できたとしても、あなたがこれから読むようなことを書こうとしている咎で逮捕されるのが落ちだろう——すでに取材中、幾度か警察に説明する羽目になったし、ロシアの特別機関から取り調べを受けたこともある。なんとか書き上げることができたのはひとえに、厨房を通してウラジーミル・プーチンと彼の前任者たちの権力のメカニズムをこれほど如実に示すことができるとは彼の国のだれも思いつかなかったからである。

確かにそれは可能だ。いままさに戦っている両陣営の料理人たちが、自らに託された胃を満たすため、己の技術を最大限に駆使していると確信しているのと同じように。それは、ウクライナのマリウポリ出身の三十五歳のナタリア・バベウシュのような穏やかで温かい笑顔の人々だ。戦争が勃発する前、ナタリアはアゾフスタリ製鉄所で高圧ボイラーのオペレーターとして働いていて、夫も同じ職場だった。戦争が始まり、ロシア軍が市の中心部に近づいてきたとき、ナタリアは夫と共に製鉄所に移った。そこには何百もの地下通路とシェルターがあったので、隠れるのは容易だった。バベウシュ夫妻がたどり着いた地下壕のひとつには四十人以上が避難していて、うち八人は子供だった。最年少は二歳だった。

ナタリアはすぐにそこで料理人となった。みんなのために、原始的なかまどで、焦げついた鍋で食事を作った。調理に使えるものはほかに何もなかった。

ナタリアもすぐに——本書に登場する、そして世界中の——料理人たちの多くが自然に思いつくようなことをしはじめた。士気を高めたのだ。冗談を言ったり、人々に手伝わせたり、どこかで紙とクレヨンを見つけてきて、子供たちのために絵のコンテストを催したこともあった。そうして人々が包囲下の地獄を持ちこたえられるよう手助けしたのだ。幼い子供たちはナタリアの名前が覚えられなかったので、〈スープおばさん〉と呼んでちょうだいと言った。そんなわけで彼女はこう記憶された——アゾフスタリ製鉄所の〈スープおばさん〉と。

バベウシュ夫妻がかろうじて避難することができたのは、ウクライナ大統領と参謀長の命令でアゾフスタリの守備隊が降伏するわずか十数日前だった。ナタリアと夫は地下で二か月以上過ごした。その間に多くの同僚の死を目撃した。ナタリアはいまでもジャーナリストと話す際に涙を流す。そして、レシピを訊かれると驚く。アゾフスタリの地下壕にいったいどんなレシピがあったというのか？　豚肉加工品の缶詰をひとつか多くても二つ、それを三十リットルの水でふやかす。ロシア軍に包囲された製鉄所ではこれしか食べるものがなかったので、だれもが始終お腹を空かせていた。調理用の水をナタリアは工業用タンクから汲んだ。毎日毎秒がこれで最後かもしれなかった。

そこから脱出できた人々は、食べ物に関してさまざまな願いを持っていた。ピザを食べたがった人もいれば、寿司がいいと言う人もいた。肉汁したたるステーキを夢見た人たちもいた。

アゾフスタリの料理人、ナタリア・ババウシュが最初に食べたのは、バターを塗ったパン一切れだった。大飢饉の章の主人公たちとまさに同じ――彼女たちにとって、いまでも普通のパンよりおいしいご馳走はないのだ。

したがって、地獄を味わった人々の嗜好というものは変わらない。包丁と鍋とおたまと……そして飢えで権力を築く国――ロシアの政治も変わらない。私がこの文章を書いている時点で、ウラジーミル・プーチンはウクライナの穀物を積んだ船を出港させないと脅しながら、対ウクライナ戦争において自分に決定権を与えるよう他の諸国に圧力をかけようとしている。穀物の輸送船が出港しなければ、アフリカや中東の多くの国が飢餓に直面することになる。ロシアは故意に世界を脅迫しているのだ。ロシアに歩み寄りたまえ、さもなくばますます多くの人々が餓え死にすることになるぞ、今度はウクライナだけでなく、世界中で、と。本書は、なぜほかでもないロシアで、彼らがそんな悪魔的なアイデアを思いつくことができたのかを説明する。

だが希望の光もある。本書を読めば、相次ぐロシアの「介入」（ウラジーミル・プーチンは対ウクライナ戦争を決して戦争とは呼ばず、「友好的介入」と言い続けている）のあと、ロシア人の目からプロパガンダによって押しつけられた目隠しが落ちていることにも気づくだろう。そのようにして、アフガニスタン紛争の章であなたが出会うことになる料理人ママ・ニーナも目を覚ました。その地で初めてママ・ニーナは自分が政治家に騙されていることに気づいた。彼女の話は、権力に対する幻滅の物語だ。そのとき彼女が悟ったことを、ソ連の何百万もの人民も理解したのだ。

きっと今回もそうなると私は確信している。ウクライナに侵攻したとき、ウラジーミル・プーチンは大きな誤りを犯した。自らの権力を――ひょっとすると命さえ――失いかねない誤りを。ロシアでは長年、独裁者は街頭でではなく、警護員、料理人、運転手といった職員を含む宮殿の派閥に打ち倒されてきた。ひょっとするとプーチンのスープ――ボルシチであれ、シチー〔キャベツのスープ〕であれ、またはウハー〔魚のスープ〕であれ――に数滴の毒を加えている料理人が、もうクレムリンにいるかもしれない。

それがどんなスープだったのか、いずれ尋ねる機会が訪れるとよいのだが。

序文

ガソリン、果実酒、少々饐《す》えた魚のフライのにおいが同時に鼻を打った。ガソリンは一時間ほど前に出航した漁船から、果実酒と魚は、きっと酔っ払った守衛が窓の下で戻した胃の内容物からに違いない。ベッドに横たわり、ドアの向こうに黒海のざわめきを聞きながら、私は寝ぼけまなこで、アブハジア共和国(ロシアしか承認していない自称ソヴィエト連邦の孤児)の警察が部屋を捜索するさまを眺めていた。戸口には私がひと晩過ごした休暇センターの管理人がいらいらした様子で立ち、私に言うでも警察に言うでもなく、「あなたはここにいるべきじゃない。あなたがどうやってここに来たのか私は知らない」と繰り返していた。

本当だった。彼は知らなかった。

それで私は二度目か三度目となる説明をした。夜遅く着いたら、酔っ払った守衛にここに通され——そのあと猥褻なロシアの歌をうたい、さらにその後、窓の下に嘔吐した張本人だ——とりあえずここで寝るように、朝になったら話をしようと言われたのだ。

警察は私になんら不審な点を認めなかったので、管理人はどうやら自分は間違えて無実の男のもとに警官を連れてきてしまったのだと気づきはじめた。幸い、警官たちも放免してくれた。冗談を言い合い、私からロシア・ルーブルでお茶代を受け取ると立ち去った。

私は管理人とふたり残された。向こうはだんだんばつが悪くなってきた。彼はジェズヴェ〔トルココーヒー用の小鍋〕でコーヒーを淹れた。まず私に、それから自分に。私たちはしばらく黙ってそれを飲み、管理人は私をなだめようとしたものか、それとも放っておいたものかと思案していた。結局なだめることに決め、コーヒーのほかにグラス一杯のチャチャ——ブドウから作られる非常に強い蒸留酒——を勧めてきた（そちらは断った、朝七時だったから）。それから不意に、あなたは自分がどこにいるのかそもそもわかっているのかと訊かれた。

「アブハジアのノヴィ・アフォン」私はあくびをしながら答えた。

だが管理人は激しく首を振り、それは確かだが、それだけではないと言う。そして私についてくるように言った。それでコーヒーを飲み干して席を立った。管理人はまず門に掛けられた鎖をはずし、それから道路の地下を走る秘密のトンネルを通って、さらに数十メートル進んだ。突然、思いがけず、私たちは楽園の庭に出た。誇張ではない。周囲には松の木に混じってヤシの木が生えていた。アスファルトに落ちて割れたココナッツの果汁が小径を流れていた。二頭の美しい黒馬がそれを舐めており、さらに別の鹿毛の二頭が少し先で草を食んでいる。その小径を歩いていくと、灌木の茂みの間で色鮮やかな鳥たちが追いかけっこをしていた。

こうしたすべてを通り過ぎると、小径は上り坂になった。

途中、「アブハジア大統領私有地——立入禁止」という看板も通り過ぎた。看板の脇にはこの敷地を見張る職員が二人立っていたが、管理人が手を振ると通してくれた。腐緑色のトカゲが足元から逃げ出し、

スターリンの別荘《ダーチャ》からの眺め

頭上ではまた別の鳥たちがわめいていた。ついにアスファルトが途切れ、私たちは丘の中腹に建つ緑色の家のそばに立っていた。絶景だった。ヤシの木、木立、眼下に見えるターコイズブルーの海。

「ここは極秘の場所だ。スターリンのかつての夏の別荘《ダーチャ》だよ」管理人は言った。「晩年は休暇のたびに毎年ここに来たものだ。あんたが寝ていた家はあとから建てられたんだが、やはりスターリンの地所の一部さ」

それで何もかも合点がいった。この場所は数十年間、ごく少数の人しか立ち入ることができなかった。スターリンが死に、ソヴィエト連邦は崩壊したが、なるたけ部外者の目を遠ざけようという命令を撤回する者はいなかった。おそらく違法なやり方で建物を観光客に貸し出していたのだ——もしかしてスターリンの別邸も貸していたのでは？　あっちじゃわかるものか——存在しない国では何でもありだ。だが、ここで大勢見かけるロシアからの観光客と、ポーランドから来ただれかとでは話が違う。それで管理人はパニックに陥り、警察に通報したというわけだ。

私はすぐにダーチャの内部を見られるかどうか考えをめぐらしはじめた。管理人は私の考えを読み取ったらしい。

「鍵がない」途方に暮れたように両手を広げた。「だが同僚が持っている。お望みなら、今晩入れてくれるよう頼んでみるが」

そこで昼間はノヴィ・アフォンの名所旧蹟を訪ねてまわり、それから戻ってきた。管理人はもう他の男たち数人と一緒に待っていた。そのうちのひとり、アスランという名の男が鍵を持っていた。背が高く白髪まじりで、ソヴィエト連邦時代にはスターリンのダーチャで働いていた人々の会話を録音していたという。私たちを中に通すと、このダーチャがどのように建てられたか、スターリンは正確にはいつここに来たか、どの部屋のどのベッドで寝たかを順を追って教えてくれた。

その間、他の男たちは焚き火を熾し、羊肉のシャシリクを焼きはじめた。皿の上に生の玉ねぎを並べ、アジカ——唐辛子、ニンニク、ハーブ、胡桃で作った肉用のディップ——を添えた。チャチャも注ぎ分けた——いまやそれを飲むべき頃合いだった。全員ここ、ダーチャの敷地内で働いていた。ひとりは庭師、もうひとりは警備員、三人目は馬の世話をしていた。彼らは、ソ連崩壊直後の一九九二年、アブハジアが——ロシアの助けを借りて——グルジアから分離したとき、アブハジアとグルジアの間で勃発した血なまぐさい戦争を憶えているはずの年齢だった。私たちはこの出会いに乾杯し、杯を飲み干した。戦争について彼らがどう思っているか、それが彼らの疑似小国家に何をもたらしたかについてどうやって訊こうかと私はしばし考えた。幸い、またしても管理人が私の心の内を読み取った。

「ロシアもグルジアも同じ穴の貉さ」チャチャを飲み、スイカをかじりながら管理人は言った。「どちらも我々の浜辺と我々の金が欲しいだけ。俺たちは血を流したのに、その後は悪くなる一方だ」

残りの者たちもうなずいた。

戦争のあと、アブハジアはグルジアから分離したが、かつてソ連のコート・ダジュールと呼ばれた豊かな国は完全に潰えた。いまここで人々はミカンの生産とロシア人観光客だけで生計を立てている。なぜならロシア以外にだれも彼らを国家として認めていなかったし、ロシア人以外、ほぼだれもここに来ないからだ。山々、そして、豪華な装飾を施された建物に藪が生い茂っているというのが、ここの典型的な風景である。

「よかったのはスターリンの時代だけだ」と管理人は続け、仲間たちはめいめいのグラスにもう一杯ずつチャチャを注いだ。「スターリンはこの土地をわかっていた。我々のパンを食べ、我々の魚を食べ、我々の塩を食べていた」

残りの者たちはまたうなずいた。

「スターリンは我々と同じだった。普通の人と同じものを食べていた」馬の世話係が言った。「あのダーチャの裏手にスターリンの厨房がある。俺のじいさんはそこで使用人として働いていた、そう聞いてるよ」

私たちはまた杯を飲み干し、チャチャが私の頭の中でざわめいた。シャシリクが直火で焼かれている間、私は小便をしに行った。スターリンの厨房のすぐ裏の場所を選び、戻るときに窓から中を覗いてみた。ダーチャと同じく、何もかも元のままだった――コンロも、床も、テーブルも、さらには鍋や腰掛けまでも。ここで働いていた料理人はだれだったのだろうと思案しはじめた。スターリンのために何を料理したのだろう？　この場所から逃げ出したいと思っただろうか、それともまったく逆に、〈諸民族の太陽〉の近くに立って、そのぬくもりに包まれていたのだろうか？

そしてまさにそのとき、ほろ酔い気分で、スターリンは本当に「普通の人と同じように」食べていたのかどうか知りたい、と初めて思ったのだ。仮にそうだとしたら、なぜ？　仮にそうでないなら――なぜ彼らはスターリンが普通の人と同じものを食べていたと思っているのか？　彼らがそう思うことが重要だったのか？　だれかがそれを計画したのだろうか？

まさにこのようにして、十年ほど前、あの暖かい晩に、本書のアイデアが生まれた。

それは私の中で数年間熟成し、ついに真剣に取り掛かることにした私は旧ソ連構成共和国のいくつかを縦横に旅した。共産党書記長や宇宙飛行士、前線の兵士たちの料理人を務めた人々に、そしてチェルノブイリやアフガニスタンの戦場から帰還した料理人たちに話を聞いた。すぐにわかったことだが、スターリンは平均的なアブハジア人と同じものを食べてもいなければ、平均的なソ連国民と同じものを食べてもいなかった。ついでに料理に関するそれ以外のいくつかの秘密――スターリンとその後継者たちの――も発見した。

本書を読めば、スターリンの料理人がゴルバチョフの料理人に、いつ、どんなふうに――そして何のために――イースト生地に対する歌い方を教えたかがわかるだろう。アフガニスタンの戦場の料理人ニーナが、いい雰囲気を兵士たちと分かち合いたいと願いながら、いかにして無理やり楽しいことを考えるようにしたかも。大事故から数週間後、チェルノブイリ周辺でいかにして最高の食堂を作るかを競うコンテストが開かれ、だれが優勝したかも。

妻の命を救うために独裁者と不平等な戦いを繰り広げたスターリンの毒見役についての物語も読むことになるだろう。宇宙に飛んだ最初のスープのレシピも知ることになるだろう。そして、最後のロシア皇帝ニコライ二世が食べたコキジバトのパスタ添えのレシピも。ブレジネフはどうしてキャビアが嫌いだったのかもわかるはずだ。

また、スターリンが飢餓によって痛めつけようとしたウクライナで、そしてレニングラード封鎖の間、食べるものが何もなかった人たちの厨房についても読むことになるだろう。

しかし何をおいても、食べ物がいかにプロパガンダに役立つかがわかるだろう。ソヴィエト連邦のような国では、カリーニングラードから北極圏まで、キシナウからウラジオストクまで、あらゆる食堂やレストランで揚げられ供されたすべてのカツレツがプロパガンダに一役買っていた。そして、共産党書記長が食べていたものも、一般市民が食べていたものも政治色を帯びていた。他方、ロシアはソ連の立派な後継者なので、ソ連が何十年もそうしてきたように、相変わらず人々にプロパガンダを与え続けている。料理人スピリドン・プーチンの孫、ウラジーミル・プーチンがロシアを支配しているのも偶然ではない。この両者についても本書で読むことになるだろう。

ノヴィ・アフォンにあるスターリンのダーチャは、今日、十数ルーブルのチケットを買いさえすれば、合法的に訪れることができるらしい。だが私が訪問した数年後にそこを訪れた知人によると、スターリンの厨房は依然として立入禁止で、ドアは固く閉ざされているという。

本書の十八枚の皿に分けられた料理人たちの物語は、そのドアをわずかに開く試みである。

第一の皿　イヴァン・ハリトーノフ――最後の皇帝《ツァーリ》の料理人

きちんとアイロンのかかったスーツを着て、髪はブロンドに染めている。自宅のアパートに招いてくれたのは、足が痛くて外出したくないからだが、最初の二時間は私と一定の距離を置いている。私たちは客間に座っていて、テーブルの上にはパサパサのビスケットとサモワールで淹れた紅茶がある。

アレクサンドラ・イーゴリエヴナ・ザリーフスカヤはこれまでずっと高等教育機関で働いてきたので、初対面の人に近づくには、まずその人について評価を下さなくてはならない。ところがそれには時間がかかる。そこで二時間にわたって、最後の皇帝《ツァーリ》ニコライ二世の厨房で働いていた曾祖父フョードル・ザリーフスキーについて語る。曾祖父の記憶はないが、ツァーリ夫妻の写真と記念の杯が家族に遺された。彼女はまるで本を朗読するかのように言う。常に「ニコライ二世陛下」であって、単なる「ツァーリ」ではありませんでした。ニコライとその妻、五人の子供の全員について言う場合は「ツァーリの聖家族」とも言いました。そして彼女は私の反応を見ている。というのもロシア人にとってポーランド人は常にちょっとした謎だから。一見似ているようでいて、その実、同じ物事をまったく違ったふうに呼び、違ったふうに理解する。私が話を聞きたいのは、彼女の曾祖父の知人でツァーリの最後の料理人だったイヴァン・ハリトーノフについてだということを彼女は承知している。ハリトーノフの子孫がインタビューに応じなかったことも知っている。ザリーフスカヤさんは頭の中ですべてを整理しなくてはならない。

ついに何かがカチッと音を立てる。何らかのアルゴリズムがアレクサンドラ・イーゴリエヴナの頭の中で、この人はポーランド人だけど、そう悪い人ではない、信頼してもいいと判断する。そして、私がこのあとロシアで何度も経験することになる何かが起きる。アレクサンドラさんはサイドボードからショットグラスを二つとモスコフスカヤ・ウォツカを一本取り出すと、客間で話すのはもう十分、台所に移りましょうと言う。台所では、彼女だけが知っている方法で、十五分もしないうちにテーブルいっぱいにつまみ《ザクースカ》を並べる——きのこのマリネから、パテ、マセドワーヌ——もしこれが何か知らない人がいたら、辛抱強くこの先を読んでほしい——ロシアの食卓には欠かせない塩漬けきゅうりと塩漬けキャベツ、（ポーランドでは「アヒルの餌」または単に「野菜サラダ」と呼ばれる）オリヴィエ・サラダまで——そして大小さまざまな皿の料理は、おそらく私が来るずっと前から仕込んであったはずだが、客間からロシアの家庭の柔らかな下腹部に招くために、彼女はまず私が何者か見極める必要があった。そこは腹を割って話せる客を迎える場所、人が可能なかぎりいちばん自分らしくなれる場所なのだ。

「パテから召し上がってくださいね、ヴィトルト・ミロスラヴォヴィチ〔ロシア風に父称をつけて呼んでいる〕」と彼女は言う。「曾祖父伝来のレシピなんですよ、ツァーリの厨房で作っていたそのままの。うちではいつも復活祭に作ります」

そこで私はパテを指一本分の厚さによそう。第一に、こうするのが好きだから、第二に、こうすれば女主人を喜ばせられるから。その上にきゅうりを載せる。私たちは乾杯の音頭を上げる——この出会いに、お近づきのしるしに——そのあとすぐに私は、不運な皇帝ニコライ二世とその家族がボリシェヴィキによって壁際に立たされ、射殺される前に食べていたのとほぼ同じ肉のパテに味蕾を沈める。

1

ツァーリの最も忠実な料理人の物語は最後から始めるのがいいだろう――つまり人生最後の夜から。だからこんなふうに始めよう。

料理人は彼らのために夕食を作り、彼らは胸の前で十字を切り、食べた。

イヴァン・ミハイロヴィチ・ハリトーノフ、恰幅のいい、髪を後ろになでつけた四十八歳の男が大忙しなのはこれが初めてではなかった。一九一七年にボリシェヴィキがかつての皇帝とその家族を投獄して以来、彼はツァーリ一家のもとに残った唯一の料理人だった。それまで宮廷で働いていた何百人もの臣下のうち残ったのは、料理人ハリトーノフと料理見習いのリョンカ〔レオニードの愛称〕・セドニョフを含む最も忠実な五人だけだった。ツァーリを見捨てて自分の命を守るよう、ボリシェヴィキに何度も持ちかけられたが、五人はそのたびに断った。彼らを監視し、のちに射殺した集団のリーダーは、後年こう回想した。「彼らは皇帝と運命を共にしたいと言った。それを禁ずる権利は我々にはなかった」。

しかしその最後の晩、ボリシェヴィキは未成年のリョンカを街に向かわせた。やはり長年ツァーリに仕えていた叔父に会わせるという口実で。

叔父が何週間も前に死んでいたことをリョンカは知る由もなかった。

料理人ハリトーノフは幼い頃からツァーリを知っていた――宮廷ではロマノフ家の子供たちは使用人の子と遊ぶ習わしで、ニコライと父親がアレクサンドル三世に仕えたイヴァンはほぼ同い年だった。甘やかさない養育で知られたアレクサンドル三世は、この方法で子供たちにいわゆる平民の生活を学ばせたいと考えたのだった。

だが遊びの時間はすぐに終わった。イヴァン・ハリトーノフは早くも十二歳で料理見習いになった。イヴァンの父親は勤勉と粘り強さと才能によって、孤児院育ちの境遇から宮廷の高い地位に上りつめ、皇帝から貴族の称号まで賜った。この父親が、料理の世界に進むよう息子に勧めたのだった。彼は息子がフランスに行けるよう面倒を見てやり、そこで若きハリトーノフは世界最高の料理人たちに学びながら一流のシェフとなった。

しかしこうしたすべても、ボリシェヴィキが元皇帝を監禁したエカテリンブルクの館では何の意味もなかった。ツァーリが退位してからというもの、食事は日に日に粗末になり、最高の料理人でも手の施しようがなかった。イヴァンには事態の悪化をなるたけ穏やかにすることしかできなかった。本物の名シェフはいかなる状況にも対応でき、その点でもハリトーノフは熟達していたのだが。

イヴァン・ミハイロヴィチ・ハリトーノフ

その晩、一家は八時に夕食を取り、食後に元皇帝は元皇后とお気に入りのカードゲーム、ベジークをして拘禁生活の暇をつぶした。その間、一家の警護兵たちは警護隊長の詰所でピストル六丁とリボルバー八丁を集めた。元皇后は十時半に就寝した。日記の中で彼女は料理見習いのリョンカにかろうじて次の一文を割いた。「私たちはあの子にまた会えるのかしら」――こう案じて書いたのは、かつて幼いハリトーノフがニコライと共に育ったように、料理見習いのリョンカは、夫妻の一人息子、元皇太子アレクセイのお気に入りの遊び相手だったからだ。

彼女は正しかった。一家がこの少年と再会することはなかった。料理見習いの少年に関するこの一文が元皇后の日記の最後の記述となった。

2

特別目的館〔元皇帝一家を拘禁したイパチェフ館を共産党がこのように改称した〕グループのための手引き、一九一八年五月

「警護隊長は己の任務を適切に遂行する責任がある〔中略〕。

警護隊長はニコライ・ロマノフとその家族がソヴィエト当局の捕虜であることを念頭に置くべきであり、それゆえその拘禁場所にはしかるべき規則が定められる。

その規則に従うべき者は、（a）元皇帝とその家族、（b）元皇帝と運命を分かち合う意思を表明する人々である。

第一条で言及された者が地方議会の管轄に移された時点で、彼らの意志を伴うあらゆる自由な合意は終了する。

警護隊長は捕虜に対して礼儀正しく振る舞わなければならない。

捕虜との会話は次の内容のみとする。一、捕虜からのあらゆる種類の口頭陳述への応対、二、当局の発表および命令、三、規則を明確にするために彼らが求める説明、四、糧食、食事、必需品の提供について、

五、医療支援の提供について」

3

「皇帝の取り巻きは並はずれた人たちばかりでした」宮廷料理人の曾孫アレクサンドラ・ザリーフスカヤは、きのこのマリネと次のウォッカ一杯の間に語る。「ロマノフ家が王朝だったように、料理人、菓子職人、給仕人たちもそれぞれが王朝みたいに世襲でした。ツァーリのおそばなら、ロシアがどんなに貧しくなっても飢えることはないように見えたから、父親たちは息子や娘を仕込んだというわけ。わたしの曾祖父フョードルがそこで働いたのは、父親にそう仕込まれたから。曾々祖父の名前は知らないけれど、あまりに貧しくてスーズダリ〔ウラジーミル州の古都〕近辺からサンクトペテルブルクに出たことはわかっています。でもエカチェリーナ二世の時代からそこで働いていた人たちもいたんですよ。曾祖父は、たとえば菓子職人のポトゥプチコフと親しかったのだけど、ポトゥプチコフ家は二百年このかたツァーリに仕えているという話だった。ポトゥプチコフは、凍らせたイチゴにレモン汁とアーモンドとスミレの花びらを振りかけて出すよう曾祖父に教えてくれました」

菓子職人は二十人以上いて、ケーキのみならず果物、酒類以外の飲み物、ロシア最後のツァーリの最愛の妻アレクサンドラ・フョードロヴナの大好物だった白パンも担当していた。職人たちを指揮していたのはパン職人のイェルモラーエフで、彼は両腕を肘まで剃り上げ、仕事が終わるとサンクトペテルブルクの劇場のひとつで舞台に立っていたという。

「曾祖父は皇后が嫌いでね」アレクサンドラ・イーゴリエヴナは語る。「皇后はドイツ人で、ロシア語が下手だったし、使用人の扱いもひどいものだった。ツァーリをそそのかして、宮廷にグリゴーリイ・ラスプーチンを引き入れたのも皇后ですよ。これが諸悪の根源で、そのせいで結局ロマノフ家全員が銃殺される羽目になったんですから。ご存知のようにラスプーチンは数多くのスキャンダルに関わっていて、皇后との恋愛沙汰を非難されたほどです。でも曾祖父がツァーリご自身を悪く言ったことは一度もありません。陛下はいい人だといつも言っていたそうです。ロシアを統治するには人が良すぎるのだと。『人が良すぎる』とはどういう意味かって？　とても繊細で、何もかも自分のこととして受け止めていたんです。ロシアはもっと決然とした人を必要としていた、そんな時代でした」

　酒類とクワスの醸造を担当していたのはアルコール部門で、そこに十四人が雇われていた。ツァーリは若い頃、好んで大酒を飲んだ――当時の日記には、アルコールが主役の子供じみた遊びがたくさん書かれている。即位してからは落ち着いたが、その後も正餐時にポートワインを数杯飲み、旅行中はポーランド王国の副王〔ロシア皇帝の代理〕がワルシャワから送ってきたアルコール度数の高いポーランド産シリヴォヴィツァ〔プラムブランデー〕を一杯飲んだ。

　宮廷の食事の支度をする厨房ではおよそ百五十人が働いており、そのうち十人はもっぱら皇帝とその家族、そして彼らが個人的に招いた客のための料理を作っていた。四人の料理人がロースト肉を担当し、別の四人――イヴァン・ハリトーノフを含む――がスープ担当だった。こうした専任に加えて大勢の見習いがいて、スポンジケーキからサワードウ〔パン種の一種〕へ、サワードウからゼリー寄せへ、ゼリー寄せから料理の盛り付けチームへと日々移動させられていた。当時そこは世界最高の二つ、あるいは三つの厨房のうちのひとつだった。

　典型的な朝食のメニューを詳しく見てみよう。一九〇六年十月十日、皇帝一家は朝食にアスパラガスのクリームスープ、ロブスター、山羊の腿肉、セロリのサラダ、桃、コーヒーを供された。一九〇七年九月九日は、丸麦のスープ（塩漬けきゅうり、ニンジン、エンドウ豆入り）、じゃがいものお焼き、鮭のパテ、ローストビーフ、鶏胸肉のカツレツ、梨のシェリー酒漬け、砂糖をまぶしたクランベリーのタルトが出た。

昼食もそれに劣らず豪勢だった。第一次世界大戦勃発から一年後の一九一五年五月二十八日の普段の食事は、魚のスープ、鱸《すずき》〔パイク パーチ〕、肉のロースト、サラダ、バニラクリームであった。一九一五年六月二十六日は、パテ、鱒《ます》、茹で団子《クネーデル》、あひるのロースト、サラダ、アイスクリーム。一九一五年十二月三十日は、再び魚のスープ、そのほかに茹で団子、冷製ハム、ローストチキン、再びサラダ、再びアイスクリーム。

そのあとさらに焼き菓子が主役の午後のお茶があり、夕食があった。ツァーリはかなり遅い時間に食事を取った。通常、朝食は十三時だった。十七時には家族全員が集まって紅茶を飲んだ——これはヴィクトリア女王の孫娘で英国の王室育ちのアレクサンドラ・フョードロヴナによって持ち込まれた習慣である。正餐は二十時頃、夕食はしばしば、とうに夜半を過ぎていた。

しかし、そのようにふんだんに並んだ豪華な食卓で、ツァーリが食べるのは卵ひとつか二つだけ、皇后は野菜をほんの少し、ということがあった。ふたりとも体型を気にしていて、ニコライは一日に何度もしつこく体重を量った。

「あそこでは食べ物を山ほど捨てていました」アレクサンドラ・イーゴリエヴナはやれやれというように両手を広げる。「まあ、でもツァーリですからね。朝食に卵を二つだけ出すわけにはいかなかったんです。ふさわしい儀式が守られなくてはならなかった」

ニコライが自らにもう少し食べることを許した場合、お気に入りの料理はコキジバトのパスタ添えだった。レシピは「メニュー」の欄に記載する。

給仕頭《メートル・ドテル》、すなわち、宮廷の料理人と食卓に供されるものと給仕を担う責任者は、ニコライ二世の時代、ジャン・ピエール・キュバだった。料理人イヴァン・ハリトーノフはまだフランスにいた頃にジャンと知り合った。ハリトーノフにとって彼は良き指導者であるばかりか、文通して、クリミアでの休暇の思い出を分かち合う友人でもあった。

私たちはこうしたすべてについて語り合い、もうひとりの宮廷料理人の曾孫アレクサンドラ・イーゴリエヴナ・ザリーフスカヤは、もう一度私に――ポーランドとロシアの友情のために――乾杯させ、もう一切れパテを勧める。それから私は、亡き曾祖父を追悼し永遠の休息を祈って、彼女にもう一杯勧める。

「曾祖父は自分が一流の料理人になれるとは夢にも思っていなかった」乾杯のあとで口元を拭いながらアレクサンドラ・イーゴリエヴナは打ち明ける。「二流の料理人の息子だったから、父親と同じ道をたどれればそれで十分だったの」フランス人のキュバは第一次世界大戦が始まった一九一四年にツァーリのもとでの仕事を辞めた。不穏な時代だからフランスにいる家族のもとへ戻ることにしたのだ。しかし代わりに別のフランス人がまもなくやって来た。オリヴィエという名だった。

このオリヴィエはロシアで最も有名なサラダの作者だとしばしば誤って信じられている（実際は同名の別のフランス人によって考案されたのだが、これより半世紀前のことである）。

フランスの料理人たちは帝室の料理を実に高い水準にまで高めたので、ロシアの料理人が宮廷でメートル・ドテルになることは決してないように思われた。

「料理人ハリトーノフはそれを夢見ていたんです」アレクサンドラ・イーゴリエヴナ・ザリーフスカヤは言う。「わたしの曾祖父を含め、宮廷のだれもがそのことを知っていました。でも皆は、ツァーリの厨房の次の料理長になるのはフランス人だと思っていたんです。宮廷料理はフランス料理の影響が大きいから、フランス人が担当するのが当然なのだと。だからハリトーノフが給仕頭になるとはだれも予想していなかった。それが想像できるかぎり、いちばん劇的な状況下で起こるということも」

4

ニコライ二世は善人だったがツァーリの器ではなかったということで歴史家の見解はおおかた一致している。ロマノフ家始まって以来最大の危機に直面したことを思えば、それに対処できなかったのも無理はない。ニコライは正教会の暦で聖ヨブ――神が世界のすべての不幸を負わせた老人――の日である五月六日に生まれ、幼い頃からそれは偶然ではないとよく言っていた。レフ・トルストイが彼を「不幸ないじめられっ子」と呼んだのも偶然ではない。

まず即位からして大惨事となった。一八九六年五月十八日、五十万人のロシア国民がモスクワ郊外のホディンカ軍事訓練場に集まった。そこで無料の食事と即位記念の杯が配布されることになっていたのだ。午前中に屋台が開くや、群衆が殺到し、二千人余りが将棋倒しになり、そのうち千人以上が死亡した。その夜、ツァーリは何事もなかったかのように、フランス大使が皇帝に敬意を表して催した舞踏会で踊った。ロシア国民がそれを忘れることはなかった。ツァーリと臣民の間の不和はこの日から始まり、年々深まっていった。

長年、皇帝夫妻に男子の後継ぎが生まれなかったことが、さらに事態を悪化させた。アレクサンドラは、オリガ、タチアナ、マリヤ、アナスタシアと、続けて四人の女の子を産んだ。だが、待望の男子誕生は夫妻の問題を解決しなかったばかりか、新たな問題を引き起こした。皇太子アレクセイは幼い頃から血友病を患っていた。これは血液が凝固するのを妨げる恐ろしい病である。ちょっとした痣《あざ》やけがでも生命の危険につながりかねない。皇帝夫妻は、当初は従来の医療に、その後ありとあらゆるペテン師、魔術師、偽医者に助けを求めた。こうして宮廷に現れたのが村の説教者グリゴーリイ・ラスプーチンで、自身の性的濫行によって皇帝一家のすでに傷ついた評判にとどめの一撃を加えた人物である。

そんなわけで長い間ロマノフ家には暗雲が垂れ込めていたが、最も困難なときは第一次世界大戦の勃発と共に訪れた。ロシアは一九一四年七月に参戦し、最初から手痛い敗北を喫した。一九一四年八月二十日、グンビンネンの戦いの当日、皇帝は昼食にパテ、豚肉のグヤーシュ、ザリガニのピラフ、シギと桃を詰めた肥育鶏《プーラルド》を供された。肥育鶏というのは特別に飼育された若い雌鶏で、最高の肉質を得るために性的成熟に達する前に殺される。シギは野生の渡り鳥で、桃はただの桃だ。

悲劇の大詰めが近づきつつあった。

5

権力はニコライの手から日に日に滑り落ちていった。人々は采配の下手な戦争にうんざりしていた。兵士たちは反乱を起こした。一九一七年三月、国会《ドゥーマ》さえツァーリに反旗を翻したとき、ニコライは退位を決意した。

臨時政府は皇帝をツァールスコエ・セローの離宮に送ったが、当初ロマノフ一家の生活水準はこれまでとさほど変わらず、依然として料理人や給仕や侍従に囲まれていた。最も大きな変化は、ツァーリの退位後、フランス人給仕頭のオリヴィエが姿を消したことである。突然、宮廷には給仕頭を引き継ぐことのできるフランス人がひとりもいなくなってしまった。
「その肩書きを受け継いだのがイヴァン・ハリトーノフでした」アレクサンドラ・ザリーフスカヤは言う。「それは彼の経歴の頂点だったけれど、悲しいものでした。もはやツァーリではないツァーリの料理長になったのですから。わたしの曾祖父は相変わらず宮廷で働いていました。ハリトーノフは全員にグラス一杯のコニャックを振る舞ってくれました。でもそれは本当にグラス一杯だけ。かつての皇帝に仕える者は尊厳を持って振る舞うことになっていたんです」

　最初の数週間、宮廷での仕事はさほど変わらなかった。退位から数日後、イヴァン・ハリトーノフは厨房の注文書に、リンゴ三個、梨八個、アンズ六個、ジャム半ポンド、それにカゴールのチェリーワインのデカンタ一本と書いた。だがまもなく政府は弾圧を始めた。まずロマノフ一家に果物を出すことを禁じ、部屋から花を片付けるよう命じた。また食費も削減した。その後、事態はさらに進み、臨時政府の首相アレクサンドル・ケレンスキーは、ロシア国民がツァーリに対して起こす訴訟の準備をするかたわら、ツァーリと皇后が同じベッドで眠ることさえ禁じたという――共通の防衛線を用意できないよう、一緒に過ごす時間をなるたけ少なくさせたのだ。夫妻にとって幸いなことに、それは長続きしなかった。

　そんなわけでハリトーノフは皇帝一家の朝食に、健康によい燕麦の粥《カーシャ》〔穀類を炊いたもの〕か、きのこ入り丸麦のカーシャ（一食あたり一・五〇ルーブル）、または米のコロッケを出した。この困難な時期にも、正餐にはポジャールスキー・カツレツ、すなわち鶏肉または仔牛肉の挽き肉を使ったカツレツを、一人分四・五〇ルーブルで作った。体型を気にする人向けには、一人分一・五〇ルーブル相当のパスタコロッケを作った。決算期の終わりが近づくと――ツァーリの食費は十日ごとに決算されていた――決められた予算を超えないように、皇帝一家の大好物だった炭火焼きのじゃがいもを出した。

一九一七年七月末、ハリトーノフはツァーリにマセドワーヌも出すようになった。この安上がりで見栄えのする料理は、おそらくフランスで作り方を学んだのだろう。野菜や果物を賽の目に切り、多くの場合ゼリーで固める。ハリトーノフは野菜のマセドワーヌを、たとえばニンジンとカブで作った。ニンジンとカブを賽の目に刻み、それからインゲン豆とエンドウ豆を加え、バターで味付けした。

甘いマセドワーヌとは、バナナ、グレープフルーツ、オレンジ、イチゴ、リンゴなどの果物を賽の目に切り、ラム酒またはゼリーをまぶしたものだ。いまでも多くの家庭でこうして、いわゆるフルーツサラダが作られている。その頃すでにハリトーノフは、ニコライとその家族に食事を出すため、ずいぶん知恵を絞らなくてはならなかった。

かつての離宮で数か月暮らしたあと、政府はロマノフ一家をツァールスコエ・セローからシベリアのトボリスクに移すことを決定した――皇帝一家は離宮からかつての総督の館に移り住むことを余儀なくされた。新しい給仕頭は国庫からニコライの生活費を受け取れなくなった。それ以来、市民ロマノフは自分自身と家族と側近を自費で養うことになった。

ロマノフ家の人々はまだ比較的普通の食事をしていて、少なくとも飢えてはいなかった。ハリトーノフはある日の正餐に、ボルシチ、パスタ、じゃがいも、米のコロッケを作り、別の日にはソリャンカ〔酸味の効いた具沢山のスープ〕、じゃがいも、カブのピュレ、米を、また別の日にはシチーと仔豚のローストに米を添えて出した。しかしそれ以降は悪化の一途をたどった。とりわけ一九一七年十月にペトログラード〔一九一四年にサンクトペテルブルクから改称された〕で革命が起こり、カリスマ的な指導者レーニンの率いるボリシェヴィキが全権を掌握してからはなおさらだった。

何年ものちに、トボリスクで元皇帝を監視していたヴァシーリイ・パンクラートフが回顧録に記したところによると、最終的に皇帝一家と側近たちの非業の死につながった出来事である十月革命に、ニコライは特に心を乱されなかった。唯一動揺したのは、暴徒がペトログラードの冬宮殿に侵入し、地下のワインセラーを空にしたと聞かされたときだったという。そこに集められていた酒類には五百万ドル以上の価値があった。ボリシェヴィキはアルコールをすべてネヴァ川に注ぐよう命じたが、だれもが従ったわけではない。多くの者は酔っぱらうことができたが、ワインの大部分はバルト海に流れ込んだ。高価なワインをなぜわざわざ川に流したのか、ツァーリには理解できなかった。

ペトログラードで起きたことと、ニコライ二世がこの出来事から理解したこととの隔たりは、彼が当時すでにどれほど浮世離れしていたかを示している。

その間、料理人ハリトーノフは元皇帝のために基本的な食材を買うこともままならなくなっていた。ニコライは自己資金を断たれていた。財産の大部分は国に没収された。そのため料理人は裕福な家々を回って、ツァーリの厨房を支援してくれるよう寄付を募らなくてはならなかった。だが、手ぶらで帰ることもしばしばだった。多くの市民は、裕福な人々でさえ、皇帝による絶対君主制をまったく支持しておらず、とりわけ「血まみれのニコライ」――ロシア国民は最後のツァーリをこう呼んだ――には反感を持っていた。他方、ボリシェヴィキを恐れている人たちもいた。

「曾祖父はツァーリに付き従ってトボリスクに行きました」料理人フョードル・ザリーフスキーの曾孫、アレクサンドラ・イーゴリエヴナは言う。「でもそこで、認めるのも恥ずかしいけれど、ボリシェヴィキは曾祖父を洗脳しはじめたのです。彼らは言葉巧みに言いくるめました。ツァーリなどもういない、金持ちもいない、だれもが平等だと言ったのです。そして、曾祖父は一生料理人でいる必要はなく、教授なり、将軍なり、大臣にだってなれるのだと。ほら、あの、ヴィトルト・ミロスラヴォヴィチ、連中がよく言う戯言《たわごと》ですよ。わたしたちはもうそれに対して免疫があるけれど、哀れなフョードルは人生で初めてそんなことを聞かされて信じてしまった。ツァーリを見捨ててペトログラードの家族のもとへ戻り、しばらくの間、過激な共産主義者になったんです。ヴィトルト、先祖の行いを評価するのはわたしたちではないけれど、でもわたしはちょっとフョードルのことを恥ずかしく思います。とにかく、わたしにとって本物の英雄は、曾祖父ではなく、最後までツァーリと共に残ったイヴァン・ハリトーノフなんです」

6

ボリシェヴィキ革命が勝利したあと、元皇帝とその家族を待っていたのはさらなる移転で、今度はトボリスクからエカテリンブルクに移らなくてはならなかった。そこではもはや元皇帝一家ではなく、囚人だった。彼らの首にかけられた縄はますますきつく締められた。

一家は分かれてそこへ移送された。まずアレクサンドラとニコライが、次いで、皇太子アレクセイの病気のため少し長くトボリスクに残っていた子供たち、そして子供たちと一緒に料理人ハリトーノフが。急なことで、妻に別れを告げる暇もなかった。それまで六人の子を連れて勇敢に夫についてきたエヴゲーニヤは、かろうじて窓越しに夫に手を振ることしかできなかった。だれかが、奥さんに金時計を置いていってはどうかと言った。ツァーリの鷲のカフスボタンと共に、忠実に仕えた褒美にもらった最も大切な贈り物だ。だが料理人は片手を振っただけだった。「なあに、すぐに戻ってくるさ」と言うつもりだったのかもしれない。「仮に戻ってこられないとして、なぜ妻をいまから心配させるのか？」と。

ハリトーノフが唯一家に残していったのは、皇后の献辞入りの聖書だった。

エカテリンブルクで料理人は仕事に奮闘した。そのおかげでニコライ二世とその家族は、ボリシェヴィキが地元の食堂から運んでくるものではなく、再び自分たちの厨房で料理したものが食べられるようになった。ツァーリは退屈極まりない日記に食べ物について書くのが好きで、ハリトーノフが戻ってきたことを次のように記している。「六月五日。火曜日。昨日からハリトーノフが我々の食事の支度をしてくれている。娘たちは彼から料理を習い、夕方に粉を準備してこねること、朝はパンを焼くことを教わる！　すばらしい！」

やはりハリトーノフの復帰を、アレクサンドラははるかに簡潔にこう書き留めた。「正餐。ハリトーノフがパスタ生地を作った」

そんなわけで、料理人は以前と同じように働こうとした。しかし、エカテリンブルクで以前と同じものはひとつもなかった。

「ツァーリは囚人でしたから、ボリシェヴィキはことあるごとに見下すような態度を取りました。紅茶を淹れるのさえ、一家は警護兵に頼まなくてはならなかった」アレクサンドラ・イーゴリエヴナ・ザリーフスカヤは語る。「ささやかな兵士用の糧食を受け取るようになったけれど、それさえ届かないこともしばしばでした」

ハリトーノフは再び食糧不足を埋めるべく、地元の農家から付けで買ったり、物乞いをすることもよくあった。だがたいていは断られた。唯一、地元のノヴォ＝チフヴィンスキー修道院の尼僧たちだけがロマノフ家の人々に、牛乳、卵、スメタナといった生活必需品を供給していた。

元皇帝一家の正餐時にはしばしば警護兵たちが同席した。皇女のだれかのスープにスプーンを突っ込んで、「相変わらずいいもん食ってやがる」などと発言することもあったという。やがて警護隊長のヤーコフ・ユロフスキーが尼僧たちに囚人のために卵とスメタナを持ってくることを禁じた。「運ばれてきた六日分の肉はあまりに少なく、スープにするくらいの量しかなかった」アレクサンドラはある日の日記にこう記している。

処刑のひと月半前の別のある日、娘のひとりタチアナが元皇太子アレクセイに、ヘンリク・シェンキェヴィチの『十字軍の騎士たち』を読み聞かせはじめたと元皇后は書いている。ポーランドのノーベル文学賞受賞作家は、当時ロシアでとても人気があった。

7

七月十五日、驚くべきことが起きた。警護隊長が修道院からの卵の差し入れを許可したばかりか、翌日用にさらに五十個用意するよう尼僧たちに命じたのだ。だれのために？　わかる者はいなかった。

次の日、十四歳のリョンカ・セドニョフは、最近まで同じくロマノフ家に仕えていた叔父と会うため、街に送られた。この料理見習いの少年は、エカテリンブルクの囚人のうち、そこから生きて出てこられた唯一の人物である。あれこれ鑑みるに、ボリシェヴィキは少年を気の毒に思い、叔父に会わせるという名目で命を救ったのだろう。

残りの者たちは真夜中に起こされ、荷造りするよう命じられた。ボリシェヴィキの敵である白軍が街に迫っているというのだ。実際、彼らが拘禁されていた商人イパチェフの館では一日中銃声が聞こえた。

「何だね、また引っ越しか」とニコライは言った。彼らは中庭を横切り、両開きの扉を通って地下室に入った。先頭にアレクセイを抱えたニコライ、続いてアレクサンドラ、元皇女たち、そのあとに使用人が続いた。地下室では従僕トルップと料理人ハリトーノフが元皇女たちの傍らに立った。最後まで彼らは、移動のために連れ出されるのだとばかり思っていた。処刑の直前になって初めてヤーコフ・ユロフスキーが手短に真意を明かし、部下たちが発砲した。

最初に死んだのはツァーリだった。その直後に料理人ハリトーノフと従僕トルップ。だが元皇女たちの衣服には宝石が縫い付けられていた。銃弾は宝石に当たって跳ね返された。ボリシェヴィキは至近距離から撃ってとどめを刺さねばならなかった。

ノヴォ＝チフヴィンスキー修道院の尼僧たちが用意した五十個の卵は、ロマノフ家の人々の墓を掘ることになっていた地元の農民たちのための食料だった。

皇帝一家を処刑したあと、殺人者たちは遺体をトラックで街の外へ運び出した。だが埋葬地として選んだ場所はぬかるみで、亡骸がしょっちゅう浮いてきた。そのうえ穴掘りのために雇われた農民たちは埋葬を手伝うことよりも、皇帝と皇后とその子供たちの遺骸を略奪し、陰部をまさぐることに関心があった。

警護隊長ヤーコフ・ユロフスキーは遺体の扱いに手を焼いた。まず全員裸にするよう命じ、衣服に隠されていた宝石類を確保し（アレクサンドラはブラジャーに重さ一ポンドもある金のブレスレットを縫い付けていたし、皇女たちは大きなダイヤモンドをたくさん詰め込んでいた）、それから骨を折り、顔に硫酸をかけた。いずれもツァーリとその家族および使用人の遺体を識別できないようにするためである。

ツァーリの遺体は料理人の遺体の上に投げられた。ツァーリの肋骨がハリトーノフの頭の上に落ちた。

皇帝一家、そして最も忠実だった使用人たちが殺されてから七十年後の一九九一年、考古学者たちは沼地のそばに掘られた穴から九百を超える遺骨を発掘した。その骨が九人のものであると判別するのに数か月を要した。

だれが葬られていたのか、学者たちが特定するまでにさらに数か月が過ぎた。

最も特定が容易だったのは皇后とメイドのアンナである。そこに葬られていた中年女性は二人だけで、アレクサンドラの頭蓋骨には非常に近代的な義歯がついていたのだ。アンナにそんなものをつける余裕はなかったろう。

その後、頭蓋骨を写真と比較することで骨格が調べられた。それは骨の折れる作業だった。というのも、最終的に料理人ハリトーノフのものと判明した頭蓋骨は、眼窩の縁を含む上部しか残っていなかったからである。正面から顔を撃たれたか、殺害後にボリシェヴィキが頭部を粉々に破壊したのか。

最良の結果は頭蓋骨と殺された者たちの写真を比較することで得られた。この方法で、一九一八年にエカテリンブルクで起きた惨劇の登場人物たちの手がかりとなる骨を特定することができた。だが、病理学者たちが非公式に認めているように、個々の小さな骨を識別する方法はなかった。

「ヴィトルト・ミロスラヴォヴィチ」アレクサンドラ・イーゴリエヴナ・ザリーフスカヤはコレステロールと中性脂肪を気にして、もうグラス半分しか飲まない。もうこれで最後と言っているが、これから彼女が話したあとで、私たちはもう一杯飲まなくてはならない。「ひとつ知っておいてほしいことがある。わたしがハリトーノフに興味を持ったのは、彼が曾祖父と一緒に働いていて、お互いよく知っていたからよ。わたしはこの件について何らかのことを知っている人たち全員に話を聞きました。可能なかぎり、すべてに目を通したわ。捜査官や人類学者にも会いました」ここでアレクサンドラさんは間を置く。これは非常に微妙な問題だからだ。「そして彼ら全員が非公式に述べていることだけど、最後のロシア皇帝、聖ニコライ二世の遺骨として今日サンクトペテルブルクに埋葬されているものは、実はツァーリと彼の料理人の遺骨が混じったものなのよ」

「料理人がツァーリと同じ柩に入っていると?」私は確かめる。

「そう言われているの」ザリーフスカヤさんは悲しげに両手を広げる。「象徴的でしょ?」さらに問いかける。

そして自分で答える、象徴的だと。

メニュー――ツァーリの厨房のレシピ

ストラスブール風パテ
ガチョウのレバー　四〇〇グラム
玉ねぎ(中)　五個
仔牛肉　四〇〇グラム
鶏肉　四〇〇グラム
マッシュルーム　二個
卵　五個
バター　二〇〇グラム(三等分する)
塩、胡椒
ハーブ
飾り用マヨネーズ

レバーを一口大に切り、薄切りにした玉ねぎと共にバター三分の一で炒める。仔牛肉と鶏肉を一口大に切り、バターもう三分の一で黄金色になるまで炒める。肉に焼き色がついたら、卵を割り入れ、固まるまで待つ。炒めた仔牛肉と鶏肉、卵、レバーと玉ねぎ、茹でたマッシュルームを肉挽き機で挽く。塩、胡椒を加え、よくこねる。深皿に層になるように広げる。

残りのバターを溶かして流し入れる。冷蔵庫で十二時間冷やし、ハーブとマヨネーズで飾る。

オリヴィエ・サラダ——クロライチョウ入り

クロライチョウ　二分の一羽
じゃがいも　三個
きゅうり　一本
エルブ・ド・プロヴァンス〔プロヴァンス地方のハーブミックス〕　小さじ一
ザリガニの頭　三匹分
レタスの葉　三枚
ゼラチン　四分の一カップ
ケッパー　小さじ一
オリーブ　三～五個

クロライチョウの肉はエルブ・ド・プロヴァンスをまぶして茹で、賽の目に切る。茹でたじゃがいもの角切りときゅうりの輪切りを加えて混ぜる。型に入れてケッパーとオリーブを添える。肉の茹で汁に溶かしたゼラチンを流し入れ、冷蔵庫で冷やす。固まったら取り出し、ザリガニの頭とレタスで飾る。
クロライチョウは仔牛肉かヤマウズラ、または鶏肉に置き換えても可。

オリヴィエ・サラダ――エゾライチョウ入り

エゾライチョウ　二羽
仔牛のタン　一枚
ゼラチン　四分の一カップ
ピクルス　二分の一缶
〈ソヤ・カブール〉ソース〔大豆を発酵させて作ったソース〕　二分の一缶（ウスターソースで代用可）
きゅうり　二本
固茹で卵　五個
ケッパー　小さじ一
魚卵（イクラまたはキャビア）　一〇〇グラム
レタスの葉　数枚
ザリガニ　二五匹

エゾライチョウの肉を茹で、同じく茹でたタンと共に賽の目に切って混ぜ、〈ソヤ・カブール〉ソースまたはウスターソースと賽の目に切ったピクルスを加えて混ぜる。きゅうりの輪切りと、やはり輪切りにした固茹で卵を加える。型に入れ、肉の茹で汁に溶かしたゼラチンを流し入れ、冷蔵庫で冷やす。固まったら取り出し、ケッパーと水気を切った魚卵、茹でたザリガニで飾る。レタスの葉を数枚添える。

ツァーリ風ポジャールスキー・カツレツ

鶏胸肉　四〇〇グラム
パン　一切れ（または丸パン一個）
スメタナ　二分の一カップ
卵黄　一個分
パン粉
バター　二分の一個
植物油
塩

鶏胸肉は肉挽き機で挽く。パンを砕いてスメタナを注いで十分間置く。パンを絞って挽いた肉と混ぜる。卵黄を加え、塩で味付けし、冷水大さじ一を少しずつ足しながらこねる。挽き肉が手にくっつかなくなるまでよくこねる。
バターを小さな賽の目に切り分ける。肉を十二等分し、それぞれ楕円形にして真ん中にバターを入れる。パン粉をまぶし、植物油で揚げる。

ザリガニのスープ（六人前）

生きたザリガニ　一五〜二〇匹
卵　五個
砕いたクラッカー　一カップ
スメタナ　一カップ
バター　一〇〇グラム
レモン　一個
すりおろしたアーモンド　一〇個分
砂糖　大さじ一
塩、胡椒
月桂樹の葉　三枚
ディル　一束
スメタナ　大さじ六（仕上げ用）

沸騰した湯にザリガニを入れ、塩、胡椒、月桂樹の葉を加える。その後、湯をこぼし、ザリガニが冷めたら殻を剝き、頭と鋏は分けておく。

ザリガニの身を、卵、砕いたクラッカー、スメタナ、バター、レモン半個分の果汁、すりおろしたアーモンド、砂糖、塩少々と混ぜ合わせ、ザリガニの殻と大きめの鋏に詰める。これを十分間茹でる。残りのレモン半個分の果汁を加える。茹で汁ごと深皿によそい、刻んだディルを散らし、スメタナを落とす。

コキジバトのパスタ添え

二〇二〇年、ロシアの日刊紙「コムソモーリスカヤ・プラウダ」は著名な料理人イーゴリ・シュルポフに、ニコライ二世の大好物だったコキジバトのパスタ添えを再現してほしいと依頼した。問題は、この中型の鳥がツァーリの没後、絶滅の危機に瀕し、現在は厳重に保護されていることだ。シュルポフはハトまたはウズラの肉で代用するよう勧めた。

料理の味をツァーリが食したものに近づけるには、数羽のウズラをマリネ液に一晩漬けておき、ざるに上げて、薄切りにしたベーコンを詰め、フライパンで一時間半焼くのだという。

こうして調理された鳥に、小麦粉とじゃがいもで作った自家製パスタを添えて食べるのをツァーリは好んだ。

不運なニコライ二世が肉の中に銃弾を見つけたりしないよう、ツァーリに供するコキジバトが撃たれることはなかった。宮廷に雇われた農民たちが外に撒いたヒマワリの種をついばんでいたコキジバトに大きな網を投げ、その後、鳥たちは手で絞められた。

第二の皿　シューラ・ヴォロビヨワ──レーニンの料理人

我々はユートピア主義者ではない。［中略］我々は知っている──どの労働者も、どの料理人も、一夜にして国を統治できるようになるわけではない。

ウラジーミル・イリイチ・レーニン

前菜

ウラジーミル・イリイチ・レーニンが人生最期の日々を過ごした場所、ゴールキ・レーニンスキエへようこそ。特に食べ物の話題に興味がおありとのことなので、レーニンの食事を作っていた厨房に参りましょう、もう鍵は持ってきましたよ。レーニンの料理人だったアレクサンドラ・ヴォロビヨワについてお話ししましょう。わたしはこの料理人の痕跡を探してきましたが、この人物は長年影に隠れていたんです──だって世界のプロレタリアートの指導者が使用人を雇っていたなんて、いったいだれが知っていたでしょう？

でもまずはこの場所についてお話ししますね。いまわたしたちが立っているのは、ファニー・カプランによる暗殺未遂のあと、レーニンが暮らしていた館の前です。レーニンはここで静養することにしていました。彼の有名な写真の多くは、ここの庭園で撮影されたものです。何ですって？　何とおっしゃったのか聞こえませんでした。あの目を剝いた写真も、ですって？　ええ、そうです、死の数日前に撮影された病気のウラジーミル・イリイチのあの写真も、この館の庭で撮影されたものです。とはいえ、彼について話すときはもっと敬意を払ってほしいものですね、無論あなたがポーランド人だということは存じていますが。あなたとは厄介なことになるだろうと思っていましたよ。ポーランドではレーニンは嫌われ者で、あることないこと言われているのは知っています。何ですって？　梅毒？　ほらまさに、あなたご自身もおわかりでしょう。いいえ、目を剝いていることと性病との関連は知りません。レーニンの敵対者たちですよ、彼の恥ずべき病気とやらに関する噂を広めたのは。でも、彼らはツァーリズム〔ツァーリによる絶対君主制〕の支持者だったことをお忘れなく。彼らはレーニンを骨の髄まで憎んでいた。レーニンの信用を傷つけるためなら何でもしました。贅沢な暮らしぶりや性的濫行を非難するといったことを。

ところがそんなことは一度も起きたためしがないんです。いいですか、レーニンは生涯を通じて実につつましく暮らし、食事も質素でした。彼の唯一の愛と情熱は革命だったと言われていますし、それには正当な論拠があります。まあ、あなたはもう黙っていてください。最初から始めましょう。

一階には古い電話機のある電話室と書庫がある。狭い階段が二階に続いている。レーニンの要望で内側の手すりが増設され、そのおかげで職員の邪魔をせずに階段を上り下りすることができた。

二階にはレーニンの部屋、食堂、書斎、妻ナジェージダ・クループスカヤの部屋がある。

書斎には庭園を見下ろす広い窓の前に机がある。机の上には、レーニンが読んだ新聞、本、雑誌、それから封筒と「人民委員会議議長」の印が捺された便箋も並んでいる。彼はこのベッドで亡くなりました。そのことをしばし想像してみてください。できましたか？　では先へ参りましょう。

ウラジーミル・イリイチ・ウリヤノフ〔レーニンの本名〕は、ツァーリ統治下で世襲貴族の地位を得た家の出身だった。父親はシンビルスク地方の公立学校の視学官となり、ロシアのエリート層の仲間入りをしたが、経済的に裕福とは言いがたかった。彼の願望とは、家族が田舎者や貧農が食べるような黒パンではなく、当時のエリートのように白パンを食べることだった。ロシア食文化研究の先駆者ヴィリヤム・ポフリョプキンは、レーニンの食生活に関する文章の中で、この白パンが彼のその後の人生全体に影響を与えたと書いている。黒パンは白パンより味は劣るが、ビタミンやミネラルが豊富だ。白パンは栄養に乏しいが、金持ちは白パンを食べていたので、レーニンの父は自分も食べたいと思った。ただ、金持ちは他の供給源からミネラルを得ていたが、ウリヤノフ家にはそうしたものを買う余裕がなかった。レーニンが幼年期にパンから得られなかったものは、もう決して取り戻せなかった。だから晩年あれほど病気がちだったのだ。このことが、暗殺未遂後に回復するだけの力がなく、あのように早死にした理由のひとつであると。

　幼いヴォロージャは家では規則正しく食事を取っていた――母親は沿ヴォルガ地方のドイツ系の一族の出身で、食事の時間を含め、家庭の秩序《オルドヌンク》にとても気を配っていた。レーニンは生涯を通じて、食事には毎回時間どおりに現れ、だれかが一分でも遅れるとひどく腹を立てた。また甘いものを好まないのもこの家の影響だった――両親はウラジーミル・イリイチの姉妹にしか甘い菓子を与えなかった。当時はあらゆる甘いものが男らしくないと考えられていたのだ。

　だが大学に入って家を出るや、ウラジーミル・イリイチは規則正しく食事を取らなくなり、やがて胃の不調を訴えるようになった。そして大なり小なり、死ぬまで胃に悩まされることとなる。皮肉にも、レーニンがきちんと食事を取ったのは、拘束・追放されてツァーリの世話になったときだけだった。初めて収監されたとき、気分は悪かったかもしれないが、そこで規則正しく食事を与えられ、胃の不調は治まった。釈放されて革命を志向する学生生活に戻るや、すぐにまた胃の不調を訴えはじめる。

　ツァーリがレーニンをシベリアのレナ川沿いのシュシェンスコエ村に流刑にしたときも同じことが起き

た。手当として支給された八ルーブルは自由に使えたので、それで地元の家に部屋を借り、食事と洗濯の世話もしてもらえた。そこに社会民主党の知人ナジェージダ・コンスタンチノヴナ・クループスカヤがやって来た。彼女もシベリア流刑になり、ウラジーミルと同じ場所に送ってほしいと役人に懇願したのである。クループスカヤが来たことをレーニンがどう思ったか推測するのは難しいが、レーニンの家族が喜ばなかったのは間違いない。姉のアンナはクループスカヤに我慢ならなかった。アンナは彼女を不細工で厚かましいと思っていて、その容貌をニシンに譬えたほどである。弟にはもっとずっとましな相手がいるはずだと考えていた。

だがレーニンは文句を言わなかった。革命に関わるクループスカヤの多大な支援を高く評価した。もっとも、『資本論』を読みこなし、列車の時刻表を理解し、チェスが上手な女性には出会ったためしがないと死ぬまで繰り返していたが。

そんなわけでレーニンとクループスカヤはツァーリのおかげで、シベリアで三年間の「休暇」を過ごした。レーニンは前回収監されて以来初めて、一日三食、規則正しい食事を取るようになったが、それはおいしく健康的な、脂質の多いロシア料理だった。ペリメニ、ウハー、シチー、ラッソーリニク〔塩漬けきゅうりと大麦と牛の腎臓のスープ〕、それに自分で釣った魚や、自分で仕留めた野生動物の肉も焼いて食べた。流刑中に訪ねてきたクループスカヤの母親が、ふたりを見るなり「まあ、あんたたち太ったわねえ」と声を上げたと言えば十分だろう。

クループスカヤの母親は長年に渡って娘夫婦に同行することになる。シベリアに来て最初にしたことのひとつが家庭菜園づくりだった。クループスカヤと母親はそこに、トマト、きゅうり、チャイブ、ディル、玉ねぎ、にんにくを植えた。きゅうりは冬に備えて塩漬けにした。それは元々おいしいシベリアの農村の食事にさらに味の変化をもたらした。レーニンは人生でシベリアにいたときほどいい食事をしたことはなかった。

刑期を終えたとき、レーニンもクループスカヤも革命活動をあきらめるつもりはこれっぽっちもなかった。ロシアに留まるのは危険だとわかっていたので、ふたりはヨーロッパを放浪する生活を始め、フランス、イギリス、スイス、ポーランドで暮らした。ポーランドにいた頃のふたりを訪ねたスターリンは、レーニンのポーランド語の知識を称賛したが、レーニンはいつも控えめに、ポーランド語ならクループスカヤの方がずっとよくできる、他の多くの場所でも同様だと答えた。ふたりは革命家だったが、家事に関しては実に伝統的な態度をとっていた。つまり、クループスカヤがやることになっていたのだ。当人も認めていたように、彼女は三つの料理しか作れなかった——卵一個の炒り卵か、卵二個の炒り卵か、卵三個の炒り卵。そして亡命中のレーニンがもっぱら炒り卵を食べていたのは事実である。実際、卵ばかり食べていたからといって、すぐに死ぬわけではない。だが、人間の身体はビタミンを含め多くの必要な成分を得ることができず、こうした欠乏は遅かれ早かれ影響を及ぼす。

これがまさに、哀れなウラジーミル・イリイチの身に起きたことだ。

そのうえ、レーニンの育った家では生乳を飲む習慣があった。妹オリガはサンクトペテルブルクで腸チフスに罹って死亡したが、前述のポフリョプキンが書いているように、水道が利用できる都市で平時にそのような病気で死ぬことはあり得ない。オリガが腸チフスに罹ったのは、家で火を通していない牛乳を飲む習慣を身につけたからだとポフリョプキンは考えており、私もそれに同意する。しかし、牛から搾りたての牛乳を飲める田舎では問題なくても、都市部ではまったく状況が異なる。牛乳が届くまでに長い道のりがあり、その過程で細菌が混入する可能性があるからだ。

要するに、レーニンも生乳を好んだが、やはり健康によくなかったということである。まして生乳で炒り卵を飲み下したら？　そのせいで彼の脳細胞がどれだけ殺されたかなど考えたくもない。

レーニンの脳についても面白い話があります。というのも——ご存知かもしれませんが——スターリンは、ウラジーミル・イリイチは天才だったので頭の働きも常人とは異なっていたことを証明したいと考えました。それを確かめるため、哀れなレーニンの脳を取り出したのです——もちろん、死んでからの話ですよ、えっ、何ですって!?　ああ、そうですか。わたしが真面目に話しているのに、あなたはまたそんなくだらない冗談を。そんなことはどうでもいいです。それで、レーニンの遺体から脳が取り出され、三万個に切り分けられました。当時、ロシアではしかるべき検査ができなかったので、大半はモスクワに残されたものの、一部はドイツに運ばれ、ドイツの科学者が調べることになりました。ただ、スターリンは何か驚くべき結果を期待していたのに、レーニンの脳はほかの人の脳となんら変わらないと言われただけでした。何も特別変わったところはないと。そしてその検査結果をスターリンが公表することはありませんでした。スターリンのしたことは無意味でした。というのも、レーニンの強みはまさにそこにあるからです。レーニンは他人より特に強くも賢くもなく、脳の構造も変わっていたわけではありません。一般のロシア人と同じで、特に背が高くもなく、禿げていて、見た目も平均的だった。しかし、はるかに勤勉で決然としていました。共産主義や革命について読み、小さな村の出の少年である自分が世界中の人々の生活をよりよくできると信じていました。そしてそれを成し遂げたんです！　美しい話じゃありませんか？

一方で、悲しいことにレーニンの脳は、スターリンのせいで、自らの死後に設立されたモスクワ脳研究所に、いまも切り刻まれたまま保管されています。何ですって？　何を調べることができたかですか？　梅毒？　あのですね、わたしはここであなたに美しい話をしているのに、あなたはレーニンの性生活にこだわっているようですね。いいえ、ヴィトルト・ミロスラヴォヴィチ、あなたをがっかりさせてしまいますけど、レーニンの脳の三万個の断片の中に脳梅毒の痕跡は見つかりませんでした。それに、梅毒の検査は生前にも行われていた。なぜならレーニンは晩年、目に見えて衰弱したので、医師たちはどこが悪いのか突き止めようとしたんです。その可能性は除外されました。本当に、次回ポーランドからだれか来たと言われたら、ガイドツアーはお断りしますよ。そんな戯言《たわごと》を聞いちゃいられませんからね。

厨房に戻りましょう、そうすれば少しは集中できるかもしれません。面白い話をしましょうか。レーニンはまったく食べ物に関心がありませんでした——出されたものをただ食べていたんです。美食家ではなく、味蕾がない人という感じでした。こんな冗談をわたしは年中、観光客に言っています。ほらね？ わたしだって冗談を言うのは好きなんですよ、ただわたしの言葉はレーニンのように簡潔ですけど。ウラジーミル・イリイチは食べ物については何も言えませんでした。だれかに口に合ったかと訊かれるたびに肩をすくめるだけでした。そもそも質問の意味がわからなかったのです。シュトゥットガルトに亡命していたとき、クループスカヤともども、ひどい食中毒に罹ったことがありました。かろうじてレストランから家に戻ると、クループスカヤは医者を呼ぶことにしました。当時レーニンはたまたまフィンランド人の……料理人名義の偽の身分証明書を持っていました。ところが医者がレーニンに、クループスカヤと具体的にどんな料理を食べたのかと問いただすと、ウラジーミル・イリイチは料理名をひとつも挙げられなかったんです。

医者はすぐに何かがおかしいと気づいた。通常の往診代のほかに、当局に不法滞在を通報しないでもらうために、ふたりは多額の支払いをする羽目になった。

ロシア国外で暮らしていた間、レーニンとクループスカヤはたいてい一日一食だった。恐ろしいことに、レーニンは相変わらず卵をよく食べ、それを牛乳で飲み下していた。世代が異なるせいで、ふたりは食べ物が人体に与える影響について何も知らなかった。ウラジーミル・イリイチを見ると、革命というひとつの目標が彼の人生のすべてに優先していたことがわかる。

食べ物にまつわる別の事件はパリで起きた。レーニンとクループスカヤは自分たちには家賃が高すぎるアパルトマンを出ようとしていて、そのあとに越してきたのがポーランド人だった。その男は同国人のふたりに——当時ポーランドはロシア帝国の一部だった——地元の市場で牛肉やガチョウその他の肉の値段はいくらか訊こうとした。その質問を聞いてレーニンは途方に暮れた顔つきをしたため、その後何年も家族の冗談の種にされ、さまざまな機会にさまざまな相手に向かって、ヴォロージャにガチョウの肉がいくらか訊いてごらんと言われたそうだ。

亡命中、レーニンは多くの著作を書き、社会民主党の幹部として活動した。ひっきりなしに集会や会合を開き、旅に出た。もちろん、多くのロシア人民が食べるものにも事欠き、飢えていることをよく知っていたが、レーニンの関心の大半は、食料供給よりもずっと抽象度の高い問題だった。食料問題に関してレーニンが書いた文章のうち、私が憶えているのは、ウォツカは泥炭から作れるのだから、ロシアはウォッカの生産にじゃがいもを浪費すべきではないという興味深い要求だけである。レーニンはウォッカの大敵だった。母親がドイツ系だったからか、アルコールのうちレーニンが認めたのはビールだけだった。しかし権力の座につくと、レーニンはアルコールと戦い、いかにしてツァーリがロシア人民に飲酒癖を植えつけ、意識朦朧とさせたかと訴えた。酒類の密造は銃殺刑に処せられた。「ウォッカを売るくらいなら死んだ方がましだ」とレーニンはよく言っていた。

ストックホルム滞在中、レーニンの母親が息子夫婦に魚の燻製やロシアの菓子の入った小包を送ってくるようになった。甘いものに目がないクループスカヤは、手紙でこうした小包に対する礼を述べたが、あいにくそのせいでますます太ってしまった。クループスカヤはレーニンにもチョコレートやキャンディーを勧めたが、レーニンの家では甘いものは女か病人向けであって、自分のような働き盛りの健康な男性の食うものではないとされていた。別の友人たちがアンズのジャム、ハルヴァ、干しブドウを送ってくれたが、レーニンはそれも口にしなかった。

亡命中の日々はおおむね牧歌的だった。とりわけ、のちに起こったことと比べれば。

メインディッシュ

第一次世界大戦が勃発したとき、レーニンはポーランドのポロニンにいました。そこには彼の名を冠した立派な博物館があったのですが、体制が変わって閉鎖されたことは存じています。当時わたしどもの館も閉鎖させられそうになり、その後、歴史におけるレーニンの有害性について記したプレートをつけるように言われました。最終的に、共産主義時代には厨房も含めて博物館となっていたレーニンの書斎と住居の家具一式をクレムリンからここに移しました。厨房にはレーニンの妹マリヤ・ウリヤノワとナジェージダ・クループスカヤが調理に使った穴の空いた鍋まであります。ポーランド人の運転手ギルが穴をふさぐのを手伝ったんですよ。この穴の空いた鍋も彼らのつましい暮らしを証明するものではないというなら、ほかにあなたを納得させられるものはなさそうですね。

ともかく、革命が勃発したとき、レーニンはそれを率いるためにペトログラードにやって来ました。あとは歴史の教科書に書いてあるとおりです。権力を握ったレーニンは弾圧を実行し、そのせいで人々が飢えたことがいまとなってはわかります。実際、レーニンが権力の座についたとき、ロシアは無政府状態に陥っていました。何ひとつまともに機能せず、ツァーリのかつての臣下たちはボリシェヴィキの邪魔をしたため、ボリシェヴィキは五つの前線で同時に戦わなければならなかった。彼らは冷酷で毅然とした態度をとらないと勝ち目はないと信じていたのです。彼らは人々を撃ち殺した、ですって？　ええ、撃ち殺しました。ほかに選択肢があったか？　いいえ、ほかに選択肢はありませんでした。この件についてあなたとこれ以上話したくありません。わたしはそう考えているということをただ受け入れてください、あなたの見方は違うということをわたしが受け入れているように。

今日ゴールキ・レーニンスキエと呼ばれているゴールキにウラジーミル・イリイチが来るようになったのは、革命に勝利してまもなくのことです。当初、彼はこの遠出に乗り気ではありませんでした。自分の居場所はさまざまな出来事の中心地、新首都モスクワだと考えていたのです。ところが一九一八年に銃撃され、健康状態が著しく悪化したとき、ゴールキは療養するのに理想的な場所でした――ここでひとつ面白いエピソードを。レーニンが狙撃されたのは、女たちのひとりと、パンを買うのがいかに難しいかという話をしているときでした。わたしたちがこのことを知っているのは、ウラジーミル・イリイチの運転手だったポーランド人スチェパン・ギルのおかげです。ギルがその日、レーニンの命を救ったのです。というのも、指導者が撃たれたとき、電光石火でクレムリンに運んだからです。もっとも、スチェパン・カジミロヴィチ・ギル自身の経歴も変わっています。というのも、この人は以前、ニコライ二世の運転手で、ツァーリ一家に長年仕えていたからです。これはわたしにとって、旧体制と関わりがあった者でも革命のために働く覚悟があれば、ウラジーミル・イリイチは異議を唱えなかったという証拠です。

そんなわけでレーニンにふさわしい場所が長い間求められていました。一方では必要とされるあらゆる快適さを提供できるような場所、他方で宮殿みたいに見えないような場所を——というのも、レーニンはそんなものは我慢できず、受け入れなかったからです。

ゴールキはかつて、モスクワ特別市長の妻で億万長者だったジナイーダ・グリゴーリエヴナ・モロゾワが所有していました。そこはレーニンにとって理想的でした。絢爛豪華ではありませんが、電話がついていたので、ウラジーミル・イリイチはいつでも必要なときに重要な決定を下すことができましたし、お湯も使えました。当時はまだ一般には普及していなかったんです。でも、家具があまりに優美だったので、ウラジーミル・イリイチは職員に覆いを掛けてほしいと頼みました。そんな贅沢な暮らしを恥じていたんです。

何ですって？　盗んだとはどういう意味？　モロゾワから？　ヴィトルト・ミロスラヴォヴィチ、こんなふうに話を続けることはできません。だってここはサナトリウムだったんですよ！　レーニンは健康を取り戻すために借りただけです！

ゴールキにはまず党員のためのサナトリウムが設立されました。掃除婦や料理人も含め、あらゆる職員が雇われました。そのうちのひとりがおそらく、我が国の大統領ウラジーミル・プーチン氏の祖父であるスピリドン・プーチンでした。大統領自身がインタビューでそう語っています。

ここでついにお待ちかねの料理人の登場です。シューラ〔アレクサンドラの愛称〕・ヴォロビヨワという名で、年齢は三十ちょっと過ぎ、最初はこのサナトリウムの厨房で働いていましたが、その後レーニンとクループスカヤ、その客たちの専属料理人になりました。厨房に参りましょう、ちょっと待って、ドアを開けますから。わたしどもはかねてからここを来館者に公開したいと考えているのですが、いまのところ見学する機会を持てる人はごくわずかです。鍋、皿、包丁研ぎ器、かまど、かまど穴の蓋、すべてレーニンの時代に使われていた本物ですよ。モロゾワが所有していた頃からある地下トンネルが残っていて、そこを通って、わたしたちがいまいる管理棟から本館に料理が運ばれていました。地下室で食べ物が一人分ずつ皿に盛られ、そこから二階の食堂にまっすぐ運ばれたのです。

シューラについてはあまりよくわかっていません。ゴールキ村の出で、品行方正な人物ではなかったようです。というのも、彼女について記憶されている数少ないことのひとつは、レーニンの警護員による報告で、ある窃盗に関するものだからです。どうやら敷物を盗んだという話です。ウラジーミル・イリイチは、自分が物を盗まれるのはいかにも象徴的だとしてこれを許し、シューラは死ぬまで彼に感謝したそうです。そして、できるだけレーニンによい食事を取らせました。

ソ連時代は、レーニンに料理人や身の回りの世話をする人々がいたと口にすることは禁じられていた。彼とクループスカヤは他の一般のロシア人と同じように暮らし、家ではクループスカヤかレーニンの妹マリヤかクループスカヤの母親が料理していたことが常に強調されていた。そこには多くの真実があった。なぜなら長年の間まさにそうやって暮らしていたからだ。しかし、ゴールキにおいてレーニンの人生で初めてプロの料理人が現れたという事実は黙って見過ごされた。それに、シューラの手書きの買い物リストは保存されているとはいえ、彼女に関する資料の一部は破棄されたのではないかと私はにらんでいる。どこで読み書きを覚えたのだろう？　わからない。当時の農村出にしては珍しいことに、シューラの字はとても上手だ。ひょっとしてその前は、館のかつての所有者モロゾワのもとで働いていたのだろうか？

モロゾワは自分の地所にラトビア人を連れてきた。革命前、農業が最も発展していたのがラトビアだったからで、モロゾワは敷地内に、果樹園、庭園、養蜂場、温室まで持っていた。当時モスクワで売られていた切り花の大部分はモロゾワの地所で栽培されたものだった。

そんなわけで、国は住居となる建物だけでなく、よく管理された農場も雇い人ともども引き継いだ。そこにロシア最初のソフホーズ――ソヴィエト式農業《サヴィエツカエ・ハジャイストヴァ》の略語――すなわち国営農場のひとつが作られた。以前そこで働いていたラトビア人のほぼ全員が残ったが、モロゾワの時代よりも生産量が落ちた。このことは統計を見ても明らかで、レーニンはなぜこんなことが起きているのか理解できなかった。おそらく人生で初めて彼は、自分の頭の中にあるすばらしい理論が常に実行に移されるとは限らないこと、少なくとも容易ではないことを目の当たりにしたのだろう。彼はソフホーズの労働者のもとに足を運んでは、なぜ資本家のためにはよく働いていたのに、農場が国営になった途端、すなわち――彼の考えでは――事実上、全員の所有になった途端、生産性が下がったのかと尋ねた。

というわけで、レーニンの暮らす館のすぐ隣で雌牛がモーと鳴き、雌鶏たちが周囲を駆けまわることもあり、蜜蜂は蜂蜜をもたらしました――これらはウラジーミル・イリイチの食卓に並びましたが、それだけではありません。というのも一部はサナトリウムに、一部は近くの学校に、一部は孤児院に、また一部はさらに別の場所に運ばれたからです。これは他のソフホーズでとれた食材についても同様でした。今日に至るまでわたしどもの蜜蜂は、レーニンが食べた蜂蜜をもたらした蜜蜂の子孫です。胡桃の木も何本か残っています。わたしどものリンゴの木も、その果樹園のリンゴの木の子孫です。

レーニンは運ばれてきたものをすべて几帳面に清算しました。何であれ、ただでもらうことをよしとしなかったのです。それに関して思い知らされた人たちもいます。あるときヴォルガ河畔の漁師がふたり、レーニンへの感謝のしるしにチョウザメを持ってきました。シューラ・ヴォロビヨワが魚の下ごしらえを始め、鱗を掻き取り、はらわたを抜いて、切り身にしました。警護員を含め、館にいた全員が、魚を味わうのを楽しみにしていたんです。

そこへレーニンがやって来て、何だこの魚は、どこから来たんだと尋ねました。そして、魚が自分への贈り物だと知るや、かんかんになって、これほど大勢の子供が飢えている国でこんなことは許しがたいと言って、その魚を直ちに最寄りの孤児院に運ぶよう命じたんです。

食後酒

ヴィトルト、あなたが何を言おうとしているかわかりますよ。こういったことはすべて共産主義時代に印刷されたレーニンにまつわるおとぎ話のように聞こえる、真実とは何の関係もない、とね。いいですか、体制が変わって以降、わたしどもの博物館は、来館者がウラジーミル・イリイチの真の姿を知ることができるよう多くのことをしてきました。レーニン主義から離れて、生き、愛し、感情を持ち、また食事もしたひとりの人間としてのレーニンに至るために。わたしはここで二十年以上働いていますが、彼の人となりにはいまでも驚かされます。

残念ながら、ここゴールキでも、相変わらずレーニンの好物は卵と牛乳だった。それにまつわる面白い話がある。暗殺未遂の一年後、レーニンはまたもや辛くも生き延びた。リムジンでモスクワを走っていたとき、強盗の一団に行く手をふさがれたのだ。強盗は銃で脅し、スチェパン・ギルに運転席から降りるよう命じると、国の最重要人物から車を略奪した。これには特に奇妙なところはなく、レーニンに近いもうひとりのポーランド人、フェリクス・ジェルジンスキーがちょうど指導者の警備体制を構築している最中だった。同じ頃、前の車がクレムリンのすぐそばから厚かましい泥棒に盗まれてしまったからだ。だが興味深いことに、襲撃の際、レーニンは強盗たちに車を引き渡し、せめて牛乳一本だけでも残してほしいと頼んだという。

レーニンはモスクワで多忙を極めていた。権力の座についたとき、周囲のすべてが敵だった。第一次世界大戦がまだ続いていて、ロシアは打撃を受けていた。内戦も続いていて、白軍、すなわちツァーリ体制の支持者たちが共産主義を打倒しようとしていた。ボリシェヴィキに対抗して農民たちが団結し、共産主義の理想が世界のどこかで実践されることに激怒した帝国主義諸国も手を組んだ。これらすべてに加えてレーニンはさらに改革を行い、ツァーリが残した焼け跡の上に新たな国を築こうとしていた。疲れ果てていたのも不思議ではない。短期間に数回の脳卒中を起こし、そのうちのひとつのあとで車椅子での生活となり、二度と立ち上がることはなかった。

晩年は虚弱で病身だった。スターリンは見つかるかぎりのありとあらゆる医者をここに呼び寄せ、中には、当時ドイツ領だったブレスラウ〔現ヴロツワフ〕から来た世界的に著名な専門家オトフリート・フェルスターがいた。

こうした医師たちはウラジーミル・レーニンをひどくいらだたせた。だれもが違うことを勧めた——つまり、それぞれが食事に何らかの制限を加えたのだ。フェルスターは体力をつけるためにブイヨンを飲むよう指示し、蕎麦の実の粥《カーシャ》〔蕎麦の実を炊いたもの〕を出すことを断固として禁じた。レーニンは、ロシア人ならたいていそうであるように、蕎麦の実のカーシャが大好物だった——ある文章の中でカーシャの比喩を使ったほどだ——「我々は政治の粥を食べさせられるような子供ではない」と。母親が子供に食べさせるようにレーニンに食事を出していたシューラ・ヴォロビヨワは、ドイツ人医師らに隠れてこっそり蕎麦の実のカーシャを作ってはレーニンに出した。シューラが食卓にカーシャを出すと、その頃はもうレーニンは口を利ける状態ではなく、微笑むだけだったと、レーニンを訪ねてきた者たちが述べている複数の回顧録がある。知ってますよ、ヴィトルト、西側では蕎麦の実のカーシャは犬にやるものだって、ポーランドでもそうなんですか？　でもロシアでは多くの人々にとって主食なんです。仮にレーニンが子供の頃、蕎麦の実のカーシャをもっとたくさん食べていたら、白パンばかり食べていたせいで不足したあらゆる必須微量栄養素を摂取できて、長生きしたかもしれません。もはやわからないことですが。でもわたしは、シューラ・ヴォロビヨワが医師たちの言うことを聞かず、ウラジーミル・イリイチに我々ロシア人の抗生物質、蕎麦の実のカーシャを出してくれたことに深く感謝しているんです。

さて最後に、特別な場所にお連れしましょう。どうぞこのベッドのそばに座ってください。最も偉大な革命家であり、当時の最も偉大な夢想家であったウラジーミル・イリイチ・レーニンは、ここで息を引き取りました。あなたが彼のことをどう考えようと、それはあなたの勝手です。でも仮に彼の夢が叶っていたとしたら、わたしもあなたも、いま生きているより、はるかによい世界に生きていたでしょうね。

メニュー

卵三個の炒り卵

卵三個
油またはラード
塩、胡椒

フライパンに油を熱する。卵を割り入れる。注意——かき混ぜないこと。レーニンとその妻が炒り卵と呼んでいたものは、実際には目玉焼きである〔元来同源の語だが、ロシア語のヤイーチニツァは目玉焼きを、ポーランド語のヤイェチニツァは炒り卵を指すため。著者はわざと取り違えている〕。

黄身と白身が固まったらできあがり。塩、胡椒を振る。

レーニンはおそらくそんなことはしなかっただろうが、彩りが欲しければ、チェリートマト、ハム、チーズ、あるいはサーモンを添えてもよい。そしてアボカドと共に召し上がれ。

野菜入り蕎麦の実のカーシャ

蕎麦の実　一カップ

冷凍野菜ミックス——エンドウ豆、ニンジン、セロリの賽の目切り

蕎麦の実を鍋に入れる。カップ三杯の水を注ぎ、火にかけて沸騰させる。野菜を加え、蕎麦の実がやわらかくなるまで煮る。

レーニンと彼の料理人だけでなく、多くのロシア人は、彼らがグレチカと呼ぶ蕎麦の実の魔術的かつ薬効があるという特性を信じている。「ロシアのバイアグラ」と呼ぶ人すらいる。実際、蕎麦の実はコレステロールと中性脂肪の値を下げ、活力を与え、若返らせもする（死んで霊廟にいても、レーニンは相変わらず矍鑠《かくしゃく》としている！）。

ただし健康維持のためには、ロシアで普及している——革命の父が食べたような——ローストされた蕎麦の実よりも、ローストされていないものをお勧めする。

厨房のドアから

世界のプロレタリアートの指導者が息を引き取った場所、ゴールキ・レーニンスキエのガイドの話を少し整理してみよう。

梅毒の件がどうだったかは完全にはわかっていない。というのもレーニンは生涯、革命のことばかり考えていたとはいえ、フランス滞在中は売春宿に足繁く通ったらしいからだ。そこである不快な病に感染し、それが彼の後半生――と世界の運命――に影響を与えたという噂は、同時代の人々の間でよく知られていて、今日でも歴史家の中にはこの説を支持する人が多い。

一方、ロシア史上例のない規模の弾圧を始めたのがレーニンであることは明白である。帝政時代には年間およそ一千人がさまざまな犯罪の廉で銃殺されていた。これも多いとはいえ、ボリシェヴィキが権力の座につくと、この数字は年間五万人（！）にまで増えた。

農業集団化の失敗の結果、村は飢えはじめた。だが、自分の邸宅に隣接したソフホーズが、なぜ共産主義者よりも資本家のもとでよく働くのかを理解できなかったレーニンは――彼の人生にまつわるエピソードの中でも、この話はとりわけ信憑性があるように聞こえる――どうして農村に食べ物がないかも理解できなかった。レーニンはそのすべてを富農《クラーク》のせいにしたが、彼らの財産といってもせいぜい雌牛一頭か二頭でしかなかった。ボリシェヴィキが農民から容赦なく食糧を徴発しはじめたせいで、村には冬を越すための蓄えがなかった。タンボフ県では農民が武力で抵抗した。のちのソヴィエト＝ポーランド戦争の司令官のひとりで、その後スターリンによる粛清の犠牲者となったミハイル・トゥハチェフスキーが指揮したこの武装蜂起の鎮圧作戦で、二十五万人以上が命を落とした。

また、ゴールキのソフホーズの歴史は、プロパガンダが主張するより少々複雑である。レーニンが夢見たのは、自らが静養しているサナトリウムに隣接する農場が——彼は常に、ゴールキは自らの所有ではなく労働者階級のものであり、自分はそこを借りているだけだと強調した——模範的農場となることだった。そこで働く労働者たち自身が、自分たちの農場をレーニン記念農場と名付けるよう求め、それが革命の生きた広告となるはずだった。

そうなる可能性はあった。革命前、ここには百四十五頭の雌牛が収容できる牛小屋、豚舎、最新の孵卵器を備えた鶏小屋、乳製品製造所、鍛冶屋、金属加工と木工の作業場、製氷室があり、そのすべてで水道と下水道が使え、当時としては非常に珍しいことに電気も利用できた。第一次世界大戦前、モロゾワの農場はあらゆる農産物品評会で上位を占めていて、戦争の直前にモスクワで開催された品評会では三つの部門すべてで一位を獲得した。ところが、ボリシェヴィキによる経営があまりに稚拙だったため、この模範的な農場でさえ荒廃し、彼らが権力の座についてわずか二年後、委員会が農場の査察に来てみれば、家畜は病気で、穀物は挽かれていないし、人々は痩せ衰えていた。農場がなんとか再び軌道に乗るまでには何年もかかり、それはもうレーニンの死後のことだった。それでも元の水準には戻らなかった。

レーニンのあとに政権を引き継いだスターリンは、レーニンの遺体に防腐処理を施すよう命じ、赤の広場に彼の霊廟を建てることで、前任者に対して大がかりないたずらを仕掛けた。ウラジーミル・イリイチは、自分のミイラ化した遺体の周りに半ば宗教的な個人崇拝を発展させることなど望んでいなかったに違いない。彼の生涯の伴侶、ナジェージダ・クループスカヤも抗議したが、無駄だった。正教会の司祭を志していたこともあるスターリンは、人々には人生に意味を与えてくれる神々や偶像が必要だということを

シューラ・ヴォロビヨワ

理解していた。防腐処理を施された革命の指導者は、そうした神の役割にお誂え向きだったので、モスクワ中心部の広場で安らうことになり、そしていまも安らっている。

一方スターリンは、クループスカヤに反対されたことを忘れなかった。元々ふたりはいがみ合っていた。あるときゴールキのレーニンを訪れたスターリンはクループスカヤを何かの件で厳しく叱責し、もしも態度を改めなければ、党はレーニンに別の配偶者を選ぶだろうと述べた。このためスターリンは危うく自分の政治的キャリアを台無しにするところだった。レーニンはその後しばらくの間、スターリンとの関係を断ったのである。

レーニンが死ぬと、もはやクループスカヤをかばう人はいなかった。彼女は相変わらずゴールキとクレムリンのかつての住居を行き来していた。クループスカヤは一九三九年に、食いしん坊だった彼女らしく、ケーキの食中毒で死んだ。そのケーキはスターリンから贈られた可能性が高い。革命から十数年後の当時、毒物はすでに、不興を買った人々をお払い箱にするためのクレムリンお得意の方法のひとつとなっていた。

ゴールキのレーニン博物館は、シューラ・ヴォロビヨワの現存する唯一の写真を私に送ることに同意した。実際、ボリシェヴィキは使用人がいることでレーニンのイメージが損なわれると知っていたからこそ、シューラの存在と彼女がゴールキにいたことを長年極秘にしてきたのだ。写真のシューラは、ゴールキの館の脇の入口のそばで雪の中に立っている。アイロンのかかっていないエプロンを着けている。短く切った黒髪を七三に分けている。微笑んでいるが用心深い顔つきだ。単に内気なだけかもしれない。傍らには犬がいる――犬というのは料理人と切っても切れない友達だが、レーニンもまだ歩けた頃は、犬と一緒に散歩や狩りに行くのを好んだ。

レーニンはかつて、どの労働者もどの料理人も一夜にして国を統治できるようになるわけではないと述べた。だが、シューラ・ヴォロビヨワは何かを統治するように訓練された人のようには見えない。彼女は、革命前のロシアに大勢いた金持ちの家の典型的な料理人兼家政婦のように見える。

その悪行にもかかわらず、ロシアとソヴィエト連邦を支配した者たち全員のうち、レーニンは最も人民に近く、最も人民に関心を持っていた。だから、彼が料理人を雇ったことはおそらく、人民のために行われた革命が人民から離れはじめた最初の小さくも重要な瞬間なのだ。その後は悪化の一途をたどる。

スターリンはレーニンから権力だけでなく有能なテロ組織も引き継いだ。それを容赦なく利用した。スターリン時代の代表的な建物や計画の大半は政治犯によって建てられたものだ。彼らは線路を敷設し、空港を建設し、白海とバルト海の間に運河を掘った。何百万人もの人々が重労働とグラーグ――政治犯強制労働収容所――で命を落とした。

人民政府に抵抗したさらに何百万もの人々を、スターリンは飢えさせるよう命じた。

第三の皿　ハンナ・バサラバ――大飢饉《ホロドモール》

「見つかったものは何だって食べた。カビ。木の皮。死んだ動物の肉。ゴボウも掘った。シナノキの葉っぱをむしったりもした。少し苦いけど、食べられなくはない。とりわけ、ほかにどうしようもないときはね」ハンナ・バサラバは言う。穏やかな笑みを絶やすことはない。「畑に行って、穴を掘って、腐ったじゃがいもを探すこともあった」少ししてこう付け足す。「でもそれは力のいることで、あたしは力なんて出やしなかった。当時あたしは六歳で、いつだって、本当にいつだって腹ぺこだったのを憶えてるよ」

1

こんなふうに話を始めよう。

ロマン・カバチイはウクライナ人の歴史家だ。粋な口ひげをたくわえ、豊かな髪をしたハンサムな男。そのうえ見事に歌う――この歌への情熱は、現在はもう引退しているが、長年、学校の合唱団を率いていた父親から受け継いだ。

ロマンのこの充実した人生と楽観主義がこの世に存在しなかったかもしれないとは到底信じがたい。だが危うくそうなりかけたのだ。

私たちふたりはキーウからヴェリカ・ロスチフカ村に向かって車を飛ばしている。ロマンの母親がそこの出身で、彼自身、子供の頃に毎年夏休みを過ごした場所だ。ロスチフカには大飢饉《ホロドモール》を記憶している女の人がいまも何人かいることをロマンは知っている——これは珍しいことだ。なにしろ私たちが話しているのは、ほぼ九十年前の、一九三二年から一九三三年にかけて起きた出来事なのだから。スターリンはそのとき六百万人以上のウクライナ人を餓死させた。ウクライナでは七分にひとりが飢え死にしたのだ。

ロスチフカがあるヴィンニツァ州は、当時ウクライナで最も被害が大きかった地域のひとつだ。

地元の歴史家たちの計算によると、ヴィンニツァ市および大《ヴェリカ》ロスチフカと小《マラー》ロスチフカを含むポジッリャだけで、推定百五十万人から二百五十万人が餓死した。『ウクライナ大飢饉』の著者アン・アプルボームはこの地域について何度も言及している。「ヴィンニツァ州では、ある鍛冶屋が村の委員会に召喚された。三人の子に食べさせるために小麦の穂を盗んだのだ。『彼らは鍛冶屋を殴り、拷問にかけた。頭を前後逆さまによじって、階段から投げ落とした』。〔中略〕食べ物を隠しているのを見つかった農民は、持ち物をすべて奪われ、家から追い出され、身ぐるみはがれて雪の中に放り出された」。

あるいはもっと劇的な話もある。これもヴィンニツァ州だ。「ある農民は子供たちが餓死すると思うと耐えられず、『かまどに火をつけ、煙突を塞いで』子供たちを殺そうとした。『煙のせいで子供たちが窒息しはじめ、助けを求めて叫ぶと、父親は自分の手で子供たちの首を締めた。それから村の評議会に行って自白した〔中略〕』。その農民は、自分が殺人を犯したのは『食べるものが何もない』からだと供述した」。

飢饉全体で合計五百万人から七百万人が死亡した。だれも死亡者数の統計を取っていないため、正確に計算するのは難しい。

それは、その後の数年間にウクライナのみならずヨーロッパ全土に影響を及ぼすことになる災厄の最初のひとつでしかなかった。飢饉が続いていたまさにその年の冬、一九三三年一月三十日に、ドイツではアドルフ・ヒトラーが政権の座についたのである。

そんなわけで、私たちは車内でヒマワリの種を食べ、ロマンは家族の話をしてくれる。

「親父のおふくろ、ヴェーラばあちゃんは、二十二歳のとき、最初の夫を飢饉で亡くした。食べるものが尽きて、じいちゃんはビーツを少し取りに隣の畑に行った。そしたら見つかって、ぼこぼこにされて、だれかに熊手で刺された。そこで、畑で死んだよ。ビーツ数本で人を殺すだなんて、いまじゃ考えられないように思うけど。でも、盗まれた側の人たちだって自分たちの命がかかっていたんだ」

沿道の喫茶店に立ち寄って、しばし休憩。ロマンは地図を広げて飢饉の及んだ範囲を示す。実際、飢饉は三回あった。なぜならソヴィエトはウクライナを何度も平定したからだ。

「最初はボリシェヴィキが権力を握った直後、一九二〇年から一九二一年にかけてのことだ」とロマンは言って、地図でウクライナ南部を指し示す。飢饉が最もひどかった地域だ。「このときはロシアでも、主に沿ヴォルガ地方で何百万人もが命を落とした」と語る。

その後、一九三二年から一九三三年にかけて二度目の飢饉があった。

「これは明らかにウクライナを狙い撃ちしたものだった」ロマンは言う。「スターリンは故意に飢饉を引き起こしたんだ、ウクライナはボリシェヴィキに抵抗していたからね。ここじゃしょっちゅう農民が蜂起していた。そのうえ多くの人たちが村の集団化に反対だった。人々が餓死しているというのに、奴らはウクライナの穀物を鉄道でロシアに運び出した。まさにそのとき、うちの両親の村ロスチフカではほぼ全員が死んだ」そしてロマンは、ポーランドとの国境から私たちがいまいるウクライナ中部を通ってハルキウに至るひと続きの土地を地図で示す。

「三度目は？」私は尋ねる。

「終戦直後の一九四六年から一九四七年にかけてここで起きた。スターリンはまたしてもウクライナにとどめを刺そうとした。まるで三十年に二度の飢饉と二度の世界大戦では足りないとでも言うかのようにね。三度目についてはあまり語られないが、そのときも百五十万人のウクライナ人が亡くなっている」

2

大《ヴェリカ》ロスチフカには、二つの丘で隔てられているだけの双子の村の片割れ、小《マラー》ロスチフカ側から入る。ここには一七七六年建立の正教会がある。珍しい木造建築で、おそらくはコサックが建てたものだろう、確かにコサックが建てたような様式である。

「共産主義者はウクライナの正教会のほとんどと同様、一九三〇年代にこの正教会を閉鎖した」とロマンが言う。

それ以来、荒廃していたが、数年前に地元の農家のひとりが自費で改修した。

二つの村の間で私たちはしばらく車を停める。丘の上からはこの地域全体が見渡せる。二つの村は、春になると地域一帯に氾濫するいくつかの小川沿いに広がっている。

「そのせいで、ここにはほとんど果樹園がなかった。木が水に浸かってしまうから」とロマンは言う。

「こういう水辺の場所は岸《ベレフ》と呼ばれていた。ここの土地は実に肥沃だった」と付け加える。そして車を停めた近くの畑に私を連れていくと、土を少し手に取ってみてくれと言う。夜のように黒く、肥えている。「黒土《チェルノーゼム》だ」とロマンは言う。「想像しうるかぎり最高の土壌だよ、何でも育つ。第二次世界大戦中、ドイツ軍はこの土を列車で第三帝国に運び出したんだ。それを思うと、そんな土地で何百万人もが餓死するなんて、なおさら信じがたいよ」

ロマンの家族のもう一方、母方の祖母の歴史も、ロスチフカの村がある岸《ベレフ》と関わりがある。

「祖母が生まれた家には、飢饉の前、三人の子がいた」とロマンは言う。「一家に伝わる話によれば、昔、一九二〇年代には、人々は村々を回って、ウクライナの伝統的なルシュニク――婚礼の前に新郎新婦の足下に敷く美しい刺繡を施した布――を食べ物と交換していた。僕の曾祖母リザヴェータのところにたまま隣家の娘が来ていて、ふたりともそのルシュニクを買いたがった。でも曾祖母は隣家の娘にこう言った。『悪いけど、あんたはあたしの家にいるんだから、あたしの方が先だよ』すると隣家の娘はひどく腹を立て、怒って出ていきざま、戸口でこう悪態をついた。『あんたにルシュニクを足下に敷く相手なんかいませんように』

我が家には、そのとき隣家の娘がうちの一族に呪いをかけたのだといまでも信じている者がいる。というのも、曾祖母はまず息子を、それから娘のひとりを亡くし、僕の祖母マリカは重い病に罹ったからだ。マリカもやはり死ぬだろう、そしたらうちにはルシュニクを足下に敷く相手が本当にいなくなってしまうとだれもが思っていた。

ある日、マリカの父親は娘を近くの町の市場に連れていった。市場に着くと、入口の前に馬車を置いて、農夫たちは市場の中を眺め、噂話をしたり、買い物をしたりし、その間、馬車は待っているものだった。曾祖父はマリカを馬車に残して、ひとりで市場に入った。戻ってくると、娘の傍らにロマの女がいた。追い払おうとすると、こう言われた。『このままだと娘は死ぬよ。なぜこの子は死ななければならない？わたしは助ける方法を知ってるよ』そして、マリカがボルシチを食べたいと言うまで、三つの小川で水浴びさせるようにと言った。

家族はそのとおりにした。マリカに水浴びさせると、ある日、本当にボルシチが食べたいと言った。そして食べると、元気になった。自らの病と、長期にわたる飢饉の両方を生き延びた。だがマリカの両親は生き残れなかった。曾祖父も曾祖母も死んだ。飢饉の前にふたりはビーツをいくらか蓄えておくことができた。それを地下室に隠していたが、隣人のひとりがそれに気づいて、村を巡回して食べ物を隠していないかどうか調べる委員会のひとつに密告した。委員会はビーツをすべて取り上げ、何も残さなかった。曾祖父母は次々に餓死した。祖母は十五歳で天涯孤独になった。親も兄弟もなく、食べ物もなかった。

まさにそのとき、何でもいいから食べられるものを探して、祖母は岸《ベレフ》を歩きはじめた。ある畑でトウモロコシを見つけ、一本もぎ取った。ところがその話を聞いた農夫が銃を手に駆けてきて、発砲しはじめた。祖母は池に逃げ、だれにも見つかりませんようにと祈りながら一昼夜そこに座っていた。

ついに向こう岸の親切な隣人たちが祖母に気づき、じゃがいもの皮を持ってきてくれた。じゃがいもの皮が祖母の命を救ったんだ。そのあとも何度か食べ物をもらった。その人たちのおかげで、親切な隣人とその人たちがくれたじゃがいもの皮のおかげで、祖母は大飢饉《ホロドモール》を生き延びたんだ」

3

私たちは玄関ホールに置かれた木製のテーブルに着いている。外は猛暑だが、ここは幾分涼しいからだ。

ハンナ・バサラバさんは穏やかな顔で、頭に暗い色のスカーフを巻き、人生でたくさん笑った人によくあるように、たくさんの皺が刻まれている。家の中には、私たちがこれから話そうとしている時代を憶えているかまどがある。壁には聖像画《イコン》がいくつか掛かっている。いちばん手前は、この地ではユーリイと呼ばれる聖ゲオルギオスで、竜の開いた口にまっすぐ槍を突き刺している。

ハンナさんは相変わらず微笑んでいる。今度は私たちに向かって。息が少しぜいぜいするのはおそらく慢性的な喘息のせいだが、それ以外は元気そうだ。

「この年にしちゃ、とても元気だよ」と強調する。そしてロマンにみんなのことをあれこれ尋ねはじめる。もう九十五歳とはいえ、ロスチフカで暮らしたことのある人ほぼ全員の氏名を完全に憶えているのだ。ハンナさんがそうやって尋ねるのは、気になるから。村人たちが村を出たあともなんとか順調にやっているかどうか知りたいのだ。「どうしてあんたの母親は来ないんだい？　あたしたちはここで待ってるよって伝えてちょうだい」とロマンを叱る。それからロマンが一年前に撮って送ってくれた自分の写真を見て、さらに叱りつける。「この写真だとあたしゃひどく老けて見えるよ」とため息をつく。「手はこんなに皺だらけだし。こんな写真を撮るくらいなら、全然撮らないほうがましだね」と言って、挑むような笑みを浮かべる。

もちろん、ハンナさんは大飢饉《ホロドモール》について話すことに同意しているが、お宅を訪ねたからには、まずはテーブルに着いてコーヒーか紅茶を飲み、そうして初めてあの痛ましい事件について話を聞かせてもらうことにしよう。

そんなわけで私たちは座ってコーヒーを飲んでいる。そして耳を傾ける。

ハンナ・バサラバの話

「あんな恐ろしいことが起こりそうな気配はひとつもなかった。あの夏——あとになって人々が話していたところじゃ——収穫はかなりよかった。ロスチフカじゃもうコルホーズ〔集団農場〕が始まっていたけど、多くの人はまだ裏庭で牛や馬や鶏を飼っていた。コルホーズに移せっていう圧力は大きかったけどもね。共産主義者は自分の農場を持ってる人たちのことが気に食わなかったんだよ。うちの両親はもうコルホーズで働いていた——母さんは牛の世話、父さんは馬の世話。

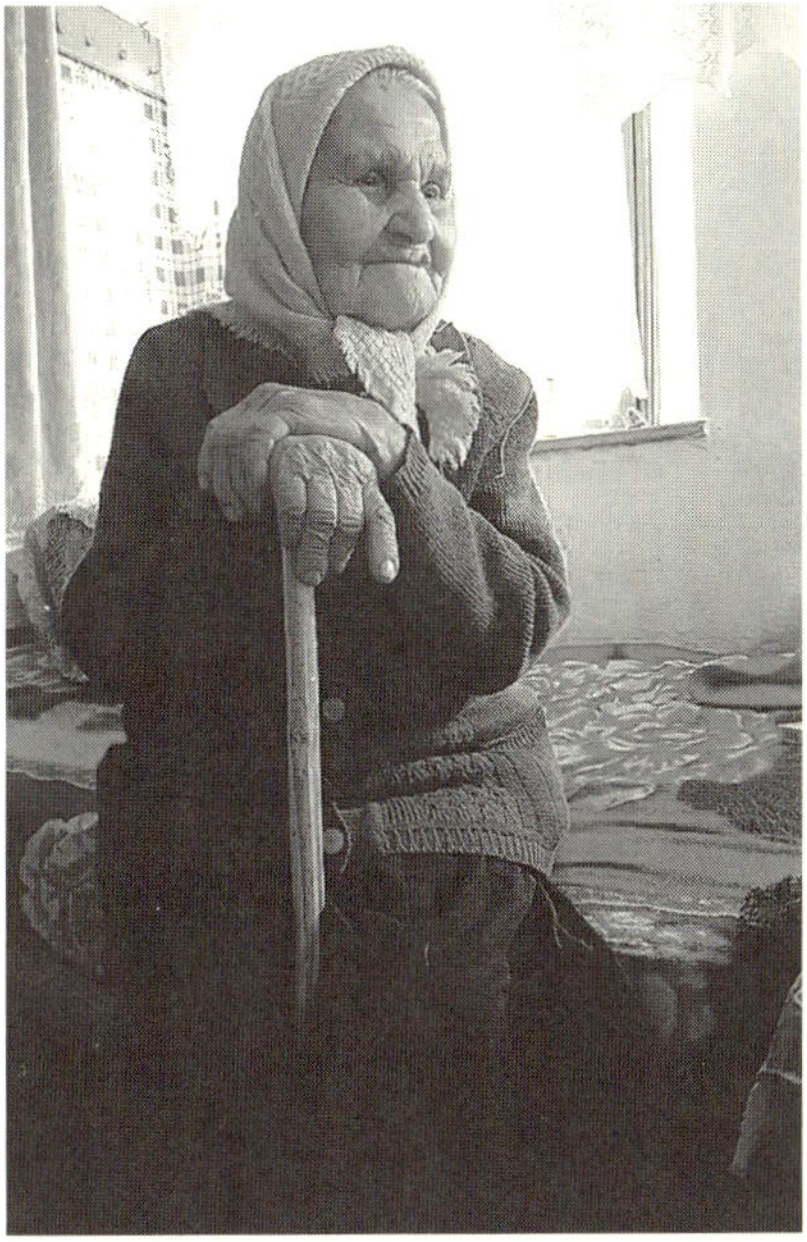
ハンナ・バサラバ

飢饉が始まる数か月前、コルホーズのだれかが間違えて仔馬に餌を多くやりすぎて、その仔馬は食べ過ぎて死んでしまった。うちの父のせいでは全然なかったけども、馬の世話は父の受け持ちだった。それで父は数か月、刑務所に入れられたんだよ。サボタージュの罪でね。父が刑務所を出る頃、ちょうど飢饉が始まって、でもそれがどれだけひどくなるか、まだだれも知らなかった。母さんは父さんをとても愛してたから、町から裸足で帰ってきてほしくなかった。当時うちには牛が一頭いたんで、母さんはその牛を売って、靴を買うためのお金を送ったんだよ。

父さんは靴を買って家に向かった。ところが、もう村に入りかけてたとき、森の中で追い剝ぎに襲われて殺されてしまった。何もかもその靴のせいだよ、きれいな靴だったから盗もうとしたのさ。そして母さんは飢饉の数週間前に夫も牛も失って、六人の子供と共に残された。死んだ父さんが残したのはあだ名だけ。父さんはカチャヌィ〔ウクライナ語でトウモロコシの穂軸の意〕って呼ばれてた。トウモロコシの芯みたいに小柄でずんぐりしてたからね。それに歩くとき左右に揺れてたらしい。ここロスチフカじゃ、だれにもあだ名がある。あたしは末っ子だったんで、死んだ父さんにちなんでカチャヌィハ〔小さな穂軸の意〕って呼ばれるようになったんだよ。

飢饉についちゃ、いついつに始まったと、きっかり日付を言えるようなもんじゃなかった。少しずつ、日を追うごとに、ますます食料が乏しくなっていった。あたしはまだ小さかったけど、何か食べるものをちょうだいと言っていつも母さんを追いかけていたのを憶えてるよ。それに母さんが泣いていたのも憶えてる。子供が六人。母さんはひとり。食べるものはますます少なくなっていった。初めは雌鶏が何羽かいて、卵を産んでくれたけど、その後いなくなってしまった。だれかに盗まれたんだよ。あの頃、人々は生きるのに必死だった。皆がもう、隣人を隣人とも、親戚を親戚とも思わなくなっていたんだ。

それから人が死にはじめた。最初はいちばん弱い人たち、病人や幼い子供たち。要領の悪い人たち。初めは知らない人たちばかりだった――ロスチフカは人口千五百人を超える大きな村だったから、最初に死んだ人たちのうち、あたしが知っている人はいなかった。

ところがその後、うちの通りに住んでいる人たちが死にはじめた。うちの遠い親戚が。それからうちの隣のグレゴルコとその連れ合いのアレクサンドラが亡くなった。

その後、あたしたちは体がむくみはじめた。みんな。変な感じだったよ。

あたしは運がよかった。まだ幼稚園に通っていたから、一日一回、あたしたちがバランダ〔囚人用の粗末なスープ〕と呼んでいた薄いスープを食べさせてもらえたんだ。ひどい味だったけど、そんなことはどうでもよかった。飢饉の時期に一日一食、温かいものが食べられたのは本当にありがたかった。でもそのスープを食べたところで、あまりに体がむくんでいて歩けなかった。どの子もそうだったよ。うちの小屋から幼稚園まで走ればたいてい十分で着くんだけど、その頃は歩いて片道一時間半かかった。でも行かなくちゃいけなかった。スープのために。力が出ないと言うと、母さんは無理やりあたしを追い立てた。そのスープを食べないとあたしが死ぬってわかってたから。

細っこい脚、細っこい腕、それに大きなお腹、あたしたちはみんなそんなだった。当時あたしたちは『くる病の子』って呼ばれてた。こんなに痩せ衰えてってね。

ときどき、あたしの知ってる一緒に遊んだ子のだれかがいなくなった。その子はもう幼稚園に来なかった。何があったのか、だれも訊かなかった。訊いても無駄だった。訊かなくてもわかることだからね。

幼稚園での遊びも子供の遊びには見えなかった。園に着くと、先生が何か言って、みんなで隅っこに座るんだ。想像してごらん、力が出なくて遊ぶこともできない三十人の子供たちの集団を。だって腹ぺこだから。で、あたしたちはそうやって座って、体を揺らしたり、うたた寝したりした。よく憶えているけど、子供たちのだれかがうたた寝から起きないことが何度かあったよ。

その後、恐ろしいことが起きはじめた。

うちの二軒先にハンカ・カルトプリョワという主婦が住んでいた。カルトプリョワってのはあだ名で、カルトプリャ〔ウクライナ語でじゃがいもの意〕みたいな丸顔だったんで、みんなからそう呼ばれてたのさ。ある日だれかが、ハンカが自分の子供を食べちまったと言っているのが聞こえた。空腹のあまり発狂したんだって。恐ろしいのはね、それはあたしたちにとってちっとも不思議じゃなかったってことなんだ。あたしたちみんな、そうなったことを知っていた。だって子供がいたのに、一人また一人といなくなって、死体はどこにもなかったから。母さんはあたしたちにこう言っただけだった。何があっても決してハンカ・カルトプリョワのところに行ってはいけないよ。ハンカが何を言おうと、何を約束しようと、ハンカのうちに行ってはいけません。

そして実際、あるとき姉のマリカと学校の帰りにハンカの家の脇を通りかかると、ハンカが柵のそばに立っていて、声をかけられた。うちにおいで、いいものをあげる、ってね。もう一目散に逃げたのなんの！　どこにそんな力が残ってたか知らないけれど、だってもう何か月も飢えていたからね、でもなんとか家まで走った。ハンカは追いかけてもこなかった。やっぱり力が出なかったんだろうね。

その後、このハンカ・カルトプリョワも死んで、それ以来ハンカの小屋は空き家になっている。あそこにはだれも住みたがらなかった。コルホーズができて、ウクライナの別の地方からここに人々がやって来るようになっても、そこは空き家のままだった。この家で母親が自分の子供たちを食べたという噂が広まったから。でも、もう一度言っておきたいんだけど、ハンカは悪い人じゃなかった。ただ飢えのあまり頭がどうかしてしまっただけなんだ。

最悪の時期は春で、そのときいちばん大勢の人が死んだ。まるで冬を越すために力を出し尽くして、その後はもう生きつづける力がなかったみたいに。

ところがそのとき、あたしたちに幸運が訪れた。校長先生が変わって、シェプチフスカヤという名のその新しい校長先生が、うちの母さんがひとりで六人の子を抱えているって話を耳にした。そしてこう言った。『フスチャ（というのが母さんの名だった）、子供たちを養うのは大変でしょう。学校に働きに来てくださいな』『何をするんです？』『調理ですよ』

母さんは一瞬たりとも迷わなかった。その前はコルホーズで乳搾りをしていたけど、それがどんな仕事かは知ってのとおり。調理師なら食べ物に手が届く。飢饉の時代、これ以上いい仕事はない。

学校の厨房は、数年前に財産を没収されてシベリアに送られたある一家のうちにあった。あたしが幼稚園で食べさせられたバランダみたいなものを作るための材料として、母さんが働く厨房にはあらゆるものが運ばれてきた。あるときはビーツ、あるときは穀物、またあるときはじゃがいもが少し――たまたま手元にあったものが――持ち込まれた。飢饉の間ずっと、肉が出た記憶はないね。肉は一度も食べなかった。その代わり母さんは、ハルーシュキというじゃがいも入りの茹で団子や自家製パスタを作った。あたしはまだ六歳だったけど、校長先生は、わたしも学校に通うことを認めてくれた。母さんが作った食べ物を一日中心待ちにしていたのを憶えてる。その時間になると、ハルーシュキやパスタのどろっとした茹で汁を飲んで、残りは姉さんたちに持ち帰ったんだよ。

そうやってあたしたちは生き延びたんだ。

その頃、一九三三年のことだけど、特別委員会が村々を回って、食べ物を隠している人がいないかどうか調べていた。見つかったものは、徴発された。近所の人がそういう委員会にいてね、あいつらは食べられるものなら何でも取り上げた。スイバ。白樺の木の皮。蠟燭まで取り上げられたよ。人々は捨て鉢になって蠟燭でスープを作ろうとしたからね。亜麻の服を茹でて、その茹で汁を飲もうとした人もいた。その委員会がうちに来たときのことを憶えてるよ。あいつらは順番にくまなく見て回った。屋根裏、櫃の中、鍋の中、かまどの中までね。

その後も例の近所の人はあたしたちと同じ通りに住んでいた。シドルって奴だった。いつも母さんに会釈して、こんにちは、こんにちは、最近どうです、お子さんは、なんて声をかけてきた。まるで悪いことなんか何も起こらなかったかのようにね。母さん？　何て言えばよかったの？　そいつは立派な共産主義者で、きっと自分はやるべきことをやったまでと思ってたんだろうよ。

父さんを殺した追い剝ぎどもも、その後あたしたちと同じ通りに住んでいたんだけど、それはあいつらが刑務所から出てからの話――ボリシェヴィキがその間に全員捕まえていたんだ。うちがあったのはそんな通りだったんだよ、どうすりゃいいのか。母さんが連中に言い返せると思うかい、子供を六人も抱えたひとり親が？

あの頃、村中で子供が大勢死んだ。でもどういうわけか、うちではひとりも死ななかった。あたしたちは全員生き延びることができたんだ」

4

ハーニャ〔ハンナの愛称〕さんは私とロマンに頼みたいことがある。もう片方のロスチフカに、いとこで学校時代の親友だったヴェーラ・モルトコが暮らしている。ふたりとももう九十過ぎで、村の端から端まで歩く力がなく、どちらの家にも車がない。

「どっちかが死ぬ前に一目会いたいんだよ。乗せてってくれるかい？　ほんのちょっとの間でいいから」とハーニャさんは言う。

乗せてってあげますとも。いたいと思う時間だけ。

ヴェーラさんは四方をブドウの木に囲まれた家に住んでいる。いまはもっぱらかまどのそばで布団にく

ハンナ・バサラバとヴェーラ・モルトコ

るまって横になっている。年を取るにつれて体から熱も逃げてしまったかのように。ヴェーラさんの目は分厚い瓶底眼鏡越しにかろうじて見えるだけなので、訪ねてきた相手をしばしまじまじと見つめる。だが、ついにいとこの顔を認めると、ハーニャさんをしっかりと抱きしめ、互いに引き離せなくなる。しばし手を離し、涙を流す。そしてまた抱きしめる。

ハーニャさんも感極まっている。

「ヴェーラ、あたしたちはどんだけたくさんのことを体験してきたんだろうねえ」と言う。「考えるだに恐ろしいよ」

「それでまだ生きてるんだからねえ」とヴェーラさんが言う。

「そうだね、まだ生きてるよ。この子たちにあんたの話をしてやってちょうだい」

ヴェーラ・モルトコの話

「あんたたちにどう話せばいいのかわからないよ。あんなことは理解できない。あの飢饉を経験したことのない人にはわからないだろうね。

でも話してみるよ。

すべてが始まったとき、あたしはハーニャと同じく六歳だった。うちの父ちゃんもハーニャのところみたいに死んだ。やっぱりコルホーズから監獄に送られて、尋問中に殴り殺されたんだ。母さんは来る日も来る日も畑で収穫してたけど、あたしと兄弟には食べるものがなかった。

幸い、母さんはうちの通りのとっつきに住んでいた近所の人と話をつけた。そこのうちには子供が二人、生後六か月の男の子と一歳半の女の子がいたんだけど、仕事に出ている間、子供を預けられる人がいなかった。それであたしがその子たちの子守をして、それと引き換えに親御さんがコルホーズでもらったスープを少し分けてくれることになった。弟と妹はそこのうちの牛を放牧して、お駄賃に毎日カップ一杯の牛乳をもらった。

飢饉が始まった頃はうちにも雌牛が一頭いたんだよ。でもある日いなくなっちまった。

母さんは泣きだした。昨日のことのように憶えてるよ。子供にとっちゃ、泣いている母親ほど心に刺さるものはないからね。雌牛を盗んだのは農夫のサクだってだれかに言われたもんだから、母さんはサクのとこに行った。中庭に入って牛小屋に足を踏み入れると、床が血だらけで、サクと息子たちがうちの雌牛を切りさばいてるじゃないか。サクは母さんを見た。母さんはサクを見た。母さんに何ができたっていうんだい？　サクがしたことをどうやったら証明できる？　それに、たとえ証明できたとして、それでどうなる？　肉を売って金を稼げるなら、母親と三人の子が飢え死にしてもかまわないような男とどうやって言い争えばいい？

あたしたちは皆ひどく貧しい暮らしだった。野生のゴボウの根っこや白樺の木の皮を食べていた。冬にはとにかく何か食べるものがあればと、森で何かの根っこを掘ったもんだよ」

「でも、何があんたたちを救ってくれたかを話してやりなよ」ハーニャさんは言う。「なにしろあんたの母さんも、うちと同じで、やっぱり飢饉のときに料理人になったじゃないか」

「それは本当だよ、母さんはコルホスプ〔ウクライナ語でコルホーズの意〕の厨房に雇われたんだ。女親ひとりで子供を三人抱えてたから、農場長が気の毒に思ってくれたんだよ」

「うちとまったく同じ」ハーニャさんはうなずく。「あたしたち二人とも料理人の娘だ。だから生き延びたんだよ」

「母さんは毎日、畑仕事をしていた人たちのために昼食を作った。コルホスプで働いてた人のほとんどは、この母さんのスープのおかげで生き延びたんだよ。でも母さんにはうちで待ってる子供たちがいたから、あたしたちのことも考えないといけなかった。ある日、母さんはあたしにこう言った。『ヴェーロチカ〔ヴェーラの愛称〕、今日の夕方みんなが仕事から帰る頃、母さんのところにおいで、サーニャ〔アレクサンドラの愛称〕も連れてくるんだよ』それであたしは妹のサーニャと一緒に母さんのところに行くと、母さんはあたしたちにドアの陰に隠れてと言って、だれも見ていない隙にあたしたちにビーツを三本くれた。『子供たち、これを持ってお帰り、あんたたちにもスープを作ってあげるから』

それであたしとサーニャは帰った。そして言うのも恥ずかしい話だけど、あたしたちはひどくお腹が空いててね、飢饉のときのビーツ三本っていうのは想像もできないくらい貴重なもんだった。あたしとサーニャは畑に座って、どちらも何も言わずに、そのビーツを食べちまった。

母さんがコルホスプから帰ってくると、ビーツを家まで持ち帰ったかと訊いた。そして持ち帰らなかったと知ると、あたしたちを怒鳴りもせず、ぶったりもせず、ただわんわん泣きはじめたんだ、泣きに泣いて、もう泣きやまないんじゃないかとあたしは心配になったほどだよ……」ヴェーラさんは言う。そしてヴェーラさん自身も、村の半分が飢え死にしたのを目の当たりにした幼い少女の涙を流して泣きだす。もうひとりの幼い少女、ハーニャさんはヴェーラさんを慰めはじめる。

「もう泣かないで、ヴェーラ。あんたは悪くないよ。あんたはまだ子供だったんだから……」と言う。そして色褪せたセーターにいとこを抱き寄せる。

「わかってるよ、ハーニャ、わかってる。でも、あのビーツを一本半食べてしまったことを思うと、いまでも嫌な気分になるんだよ。そうじゃなくても苦労していた母さんをがっかりさせてしまったのが」とヴェーラさんは言う。そして泣きつづける。

「でもあたしたちは生き残ったじゃないか、ヴェーラ。そしていまも生きている」ハーニャさんはヴェーラさんを一層強く抱きしめる。

「そうだね。生き残った。ふたりとも生き残るなんて並大抵のことじゃない」ヴェーラさんは白いハンカチで鼻を拭くと、少し落ち着いた。物思いにふけっているのが表情でわかる。そしてこう続ける。「飢饉の前、この通りには十六軒の家があった。それぞれの家に、十人、十二人、十五人ずつ住んでいた。子供が大勢いたよ。飢饉が始まる一年前は、いつも通りで遊んでいたのを憶えてる。ところが飢饉のあとは？　まるで墓地だったよ。だれかしら生き残ったのはたった六軒だけ。子供はほとんどいなくなって、残った子供も生きる力がなかった。ハーニャ、死体を運ぶ荷馬車を憶えてるかい？　あたしたちはまだ子供だったし、子供はそんなものを見るべきじゃない、けどね、週に二回、ときには三回、荷馬車がやって来て、乗ってる男の人たちが死体を積み込んでいった。死体を墓地まで運ぶ力はだれにも残っていなかった。祈る力も残っていなかった。母さんにこう注意されたのを憶えてるよ。『学校から帰る途中、立ち止まったりしないで、それと絶対に座っちゃだめよ。あいつらは座ったり横たわったりしてる人ならだれでも拾っていくんだから、生きてるか、死んでるかなんて確かめもしないで』
あたしたちが見たようなものを子供が見るべきじゃないね」

5

私たちはもう一軒立ち寄る。

マリカ・コレニュークはロスチフカのもう一方の側、土地を二つに分ける小川の向こうに住んでいる。マリカさんはロマンの遠い親戚で、ハーニャさんとヴェーラさんよりひとつ年上だ。マリカさんのところにはほんの短い間しかいられない。というのも、もうかなり弱っているので、あまり長いことお邪魔したくないからだ。

家はトタン板に覆われている。玄関には、畑仕事をしている子供たちの作業着。マリカさんは布団にくるまって座っている。活気づくのはほんの一瞬だけ。

幸い、私たちが着いたときにちょうど活気づいた。

マリカ・コレニュークの話

「悪いことは富農《クラーク》撲滅運動〔クラークから土地その他の財産を取り上げること〕から始まった。ソヴィエト政府は、ある農夫より少しでも裕福ならシベリアに送るべきだと考えたのよ。ここ、うちの通りにはそういう人が家族と一緒に住んでいて、イヴァンおじさんと呼ばれていた。その人の財産というのは雄牛が一頭きりで、種付け用に貸し出していたの。若い雌牛を孕ませる雄牛が必要になると、イヴァンおじさんがその雄牛を連れてきたというわけ。それが全財産だった、わずかな土地と雄牛だけ、なのに、それだけの理由でソヴィエトの連中はイヴァンおじさんをクラークだと見なして、奥さんと三人の子どももシベリアに送ったのよ。イヴァンおじさんはそのシベリアで亡くなり、奥さんは刑期を終えたとき家に帰るお金がなかった。そこで生後八か月の末の息子——フョードルっていう名だった——を抱いて、上の二人の子はお母さんの脇をよちよち歩かせて、そうやって徒歩で進みはじめたの。一週間、さらに一週間歩いた。そりゃあ大変だったのよ。赤ん坊が泣いたり、具合が悪くなったりしても、母親は抱いたまま進みつづけなくちゃならなかった。ついに母親は、このままだとあと数日で全員死ぬと気づいたのね。そして泣きながら、幼いフョードルをスカーフにくるんで、残りの子と一緒に穴を掘り、その穴にフョードルを置き去りにして先へ進んだ。

　小一時間して、その女の人——みんなはカリーナと呼んでいた——は突然こう叫んだ。「ああ、わたしたちはなんてことをしてしまったの！」そして大急ぎでさっきの穴に駆け戻ると、赤ん坊を掘り出した。幸い、まだ息があった。女は息子の髪から砂を払った。死ぬときはみんな一緒よ、と女は言った。みんな座って泣いた。それからまた歩きつづけたのよ。

奇蹟的に親子は死ななかった。

そしてここ、ロスチフカに戻ってきたの。一家が着いてすぐのときのことを憶えてるよ、みんなでその親子を見に行って話を聞いたんだから。それから数週間後だったかねえ、飢饉が始まったのは。何より恐ろしいのは、はるばるシベリアからカリーナと一緒に戻ってきた子供たちのうち、飢饉を生き延びたのがあの幼いフョードルだけだったってことだね。フョードルはここから数軒先に住んでいたよ。二年前に亡くなったけども。

うちの小屋は村はずれの岸《ベレフ》にあった。義理の父は——実の父親はあたしが生まれてすぐに死んだ——とても怖がっていた。というのも悪党どもが村々を回って、家々に押し入っては食べ物をあさって、家の主《あるじ》を殺していたから。奴らが押し入るとしたら、村はずれのこんな小屋以外にいったいどこがある？　義理の父はなんとか穀物を少し隠せたんだけど、悪党どもがあんまり怖かったもんだから屋根裏の藁の下に隠しておいた。そうしたらカラスがうちの穀物のにおいを嗅ぎつけて、だれかに見つかる前に蓄えを全部食っちまった。

それであたしたちは、みんなと同じく、凍ったじゃがいもを食べた。それとゴボウも。やっとのことで冬を乗り越えて、木々が芽吹くと、すぐにだれかが食っちまった。その年はリンゴのひとつも見た憶えがないね、ちゃんと花が咲く前に全部食べられてしまったから。

でも全員が生き残ったわけじゃない。弟のリホルコはある日起きて、庭に出ていって倒れて、そのまま起き上がらなかった。その頃にはだれも弟を墓地に運ぶだけの力がなかったのよ。墓地はロスチフカの反対側の端にあったからね。かわいそうにリホルコは、墓掘り人がやって来て墓地に運んでくれるまで、そこに倒れたままだった」

6

ハーニャさんを家まで送る前に、私たちは車で一緒にロスチフカの墓地に寄る。私がハーニャさんの片腕を取り、ロマンがもう片方の腕を取り、こうして私たちは、かつての村人数百人が眠る場所にゆっくりと歩みを進める。

右側はウクライナ各地で見られるような普通の墓地だ。青灰色の墓石には、しばしば口ひげを蓄えた男やスカーフをかぶった女の写真プレートがついていて、草が生い茂り、金属のフェンスで囲まれていることもある。金文字と花飾りが最近の流行で、十字架にはしばしばウクライナ伝統のルシュニクがピン留めされている――ルシュニクは新郎新婦だけでなく、故人にも与えられるのだ。

墓地の真ん中には――これもウクライナではよくある風景だが――ファシズムとの戦いに斃《たお》れた赤軍兵士の共同墓碑がある。円錐形をしたそれは打ち上げられようとしているロケットにちょっと似ているが、ただし先端に金色のソヴィエトの星が付いている。人々は墓の傍らに小さなベンチを置いている。親しい人たちのそばに座って、永遠の事柄について考えられるように、そして――年を取れば取るほどますます――静かで戦争のない、だれも飢えることのない場所に自らも移ることについて思いめぐらせるように。

墓地の左側は不穏だ。ぼうぼうに生い茂った緑の藪が、ところどころで木々に変わる。ここにはゴボウも、イラクサも、オオバコも、フウロソウも、クローバーも、ウシノケグサも生えている。通り抜けることもできない。そもそも、だれであれなぜここに来る必要があるのか。ここは死者の国だ。きちんと埋葬してくれる人がいなかった死者たちの。

「荷馬車で運ばれてきた人たちはみんなここに眠ってるよ」ハーニャさんは言う。「ハンカ・カルトプリヨワも、隣のグレゴルコも、その連れ合いのアレクサンドラも。ここにはあたしと一緒に幼稚園に通ったり、一緒に通りで遊んだりした子たちも数十人眠ってる。自分の子供たちのためにライ麦の穂を数本盗んで刑務所に入れられたハンカ・テルニチハも。サクも息子たちと一緒にここに眠ってる、ヴェーラのお母さんの雌牛を盗んだ男だよ。そいつも飢饉を生き延びられなかった」

「……それに僕の曾祖母と曾祖父も」ロマン・カバチイが加わる。

「マリカの弟、リホルコも。もう少しであたしもこの子たちと一緒にここに眠ってるところだった」

私たちは無言でしばし佇む。

こんな場所で言える言葉などない。

7

ロマンの母親の故郷ロスチフカを発つ前に、ロマンと共にハーニャさんを家まで送りがてら、もう一杯コーヒーをいただきに寄る。今度は玄関ホールではなく、家から数メートル離れた夏用の炊事場に腰を下ろす。

そして気づくと、目の前のテーブルには、肉入りのヴァレーニキ〔水餃子に似たウクライナ料理〕やら、ハムとチーズのサンドイッチやら、オリヴィエ・サラダ、ケーキ、魚、塩漬け肉のようなものまで次々に並べられている。おとぎ話に出てくる、ひとりでに食べ物が並ぶテーブルのように料理が所狭しと並び、数分もすると置き場所がなくなる。私たちがハーニャさんと一緒に村を回っている間、娘のオラが全部ひとりで用意していたのだ。

これじゃあまりに申し訳ない。ここまでしてもらわなくてもよかった、ご迷惑をおかけしたくないので、と私は言う。ところがハーニャさんは私の言葉にまったく耳を貸さず、うちに来るって前もって知らせてくれなかったから、娘と一緒にちゃんとした昼食を用意できなかったと、またロマンを叱るばかり。これがちゃんとしていないなら、どんなのをちゃんとした昼食というのか、考えるだに恐ろしい。

ロマンはもう何度目かの小言に黙って耐え、それから私にこう耳打ちする。

「だから前もって電話しなかったんだ、この人たちのことをよく知ってるからね。僕らをもてなそうとして、哀れな鶏か仔豚が危うく命を失っていたはずだよ。飢饉を生き延びた人たちは、お腹を空かせたまま お客を帰すことは絶対にないのさ」

メニュー

松葉と樹皮と松かさのスープ。大飢饉《ホロドモール》のことを世界に思い出してもらうため、ウクライナの学生たちがブリュッセルの友人たちに出した料理だ。学生たちは顔をしかめて吐き出したが、リーフレットを手に取り、スターリンがウクライナに負わせた、この知られざる大虐殺について読んだ。二〇一九年のことだ。このイベントはウクライナ・リーダーシップ・アカデミーが企画した。これが初めてというわけではない。その前から毎年、ウクライナやヨーロッパのさまざまな都市の街頭で同様のイベントを催し、大飢饉の犠牲者を追悼している。ウクライナ国内を主にフードトラックで回って、そうした料理を提供してきた。

だがその一年後、新型コロナウイルス感染症の影響で、路上でスープを出すことができなくなった。そこでウクライナの若者たちは、パンデミックの時代に向けてこんなものを思いついた――オンライン・レストランだ。そこでは、彼らの祖父母が飢饉の最中、生き延びるために食べたものの美しい写真を見ることができる。

松かさ、小枝、雑草、凍ったじゃがいもや亜麻で作られた料理と、洗練された食器で高級レストラン風に演出されてプロが撮影した写真とのギャップは極端な感情を呼び起こした。

ウクライナ・リーダーシップ・アカデミーの代表、ヴァレンティン・フリホレンコは、この世界初の試みを「記憶のオンライン・レストラン〈Uncounted since 1932〉」と名付けた。サイトを訪れると数種類の料理が出てくる。それぞれの料理の写真の脇に、料理名と材料、そして「価格を見る」と書かれたボタンがある。

ボタンをクリックすると、飢饉を憶えていて写真の料理を食べたことがある人の体験談を聞くことができる。

それはこんな具合だ。最初の料理は「トラヴィヤニキ〔草パン〕」といい、すりつぶした草に亜麻仁を加えて熱湯でこねて焼いたパンだ。「価格を見る」をクリックすると次のように表示される。「この料理の価格は、幸運にも飢餓の冬を乗り越えたウクライナ人にとっての生きるチャンスです。春にはスイバ、アカザ、クローバーなどの草が芽を出し、生き延びやすくなったからです」。

こうしたパンのおかげで十二歳のとき大飢饉を生き延びたマリヤ・フルビチの話も聞くことができる。

その次の「パリニャチキ〔パンケーキ〕」とは、すりおろしたじゃがいものくずとふすまを混ぜて焼いたものだ。「この料理の価格は、奇蹟的にひと握りの穀物を守ることができた何千もの人の命です。しばしばそれらは齧歯類の巣穴から掘り出されました。畑から数本の麦の穂を引き抜くだけで射殺されかねなかったからです」。
「フリプツィ〔パン〕」とは、ほぐした藁に黍《きび》と蕎麦のもみ殻とすりつぶした麻の種を混ぜて焼いたものだ。「この料理の価格は、乾いた藁、腐ったスイカ、じゃがいもの皮といった代用品のおかげで生き延びた何百万人ものウクライナ人です。彼らは文字どおり動物たちの食べ残しを盗み食いしていました」。

などなど。

このプロジェクトに参加し、インターネット上の写真や料理について意見を述べた若者たちはしばしば、自分の家族に大飢饉の時代の話を聞くのはこれが初めてだったと強調した。だが、それから九十年近くが経過しても、飢饉が自分たちの家族と次の世代の歴史にどれほど深く浸透しているかに驚いてもいた。

「これがもう百年近く俺たちにつきまとっている」私のウクライナ人の友人、オレフは言う。「うちの家族は途方もない量の食料を買いだめする習慣がある。まるでいつ次の飢饉が来るかわからないとでもいうかのようにね。女房は妊娠したとき、子供たちに食べさせるものがないという夢を繰り返し見た。つい最近になって、その悪夢は自分の曾祖母が現実に体験したことそのままだったってことに女房は気づいたんだ」

追記

ハーニャさんと私たちが訪ねてから二週間後、ヴェーラ・モルトコさんは亡くなった。私たちは、大飢饉を奇蹟的に生き延びたいとこ同士の最後の出会いを目撃したのだ。

第四の皿　山での出会い――スターリンの厨房

1

彼は私の二の腕に手を置く。私の目を覗き込み、それからあきらめたように山の方を眺める。それからまた私を見る。「俺は人を殺した、ヴィトルト、わかるか?」また空を見る。どうやら私と話しても期待していたような安堵は得られないらしい。「そいつは俺の横に立ってた、いま弟がいるあたりのところに」そしてすぐ近くに座っている弟を指差す。「俺はそいつを撃った、わかるか?」

そして、私が何か言うのを待っている。

何と答えたらいいのかわからない。それに私はこの会話の雰囲気に入っていけない。二〇〇九年のことだ。私たちの座っている場所では前年にロシアによるグルジア〔現ジョージア〕侵攻があった。私はこの気まずい状況からどうやって抜け出そうかと思案している。私はひとりで、酔っ払って、オークの木みたいに大柄なグルジア人たちに交じって座っている。私たちは、私が名も知らぬ山々に囲まれている。いましがた聞いた話によると、彼らは王家の出身なのだそうだ――ここカフカースでは、自らを王族だと主張する人がよくいることを私はすでに知っている。

ところがその後、自分たちの大おじはスターリンの兄弟だったと言いだした――こっちの話の方がまだましだ。というのもグルジアではだれもがスターリンを誇りに思っているとはいえ、スターリンの親戚にはまだお目にかかったためしがなかったから。

とりわけ、スターリンの二人の兄は生後まもなく死亡しているのだから。

ところがいまや彼らは、昨年のロシア＝グルジア戦争〔二〇〇八年に起きた南オセチア紛争〕中にロシア兵をいかに殺したかを語っている。猪首で筋肉隆々の四人の男たち。

相手が多すぎる。脱出計画を練る。

だが私が身動きする前に、男のひとりが飛びかかってくる。私は押さえつけられる。そうして捕まっている。

2

彼自身は炊事が大嫌いだった――彼が子供の頃、母親はさまざまな仕事をしていた。とりわけ料理人として働いていた。そのせいでスターリンは生涯、調理中に漂ってくる食べ物のにおいを嫌い、厨房はすべて自分の別荘《ダーチャ》や邸宅から離れた場所に建てるよう命じた――私が訪れたアブハジアのノヴィ・アフォンのダーチャでもそうだった。

ツァーリによって他の同志ともどもシベリア送りにされたとき、仲間たちは、炊事、掃除、食料の調達など、あらゆる義務を平等に分担することに決めた。ところが、スターリンは料理をするつもりも掃除をするつもりもないことがすぐに判明した。ただ狩りや魚釣りに行くだけだった。

とりわけ腹を立てたのが、スターリンと共に流刑になったヤーコフ・スヴェルドロフである。「昼食は自分たちで作ることになっていた」。後年、スターリンはこう回想した。「当時私は犬を飼っていて、ヤーシカと名付けたが、もちろんスヴェルドロフは気に入らなかった。あいつもヤーシカ〔ヤーコフの愛称〕、犬もヤーシカじゃあな。それで昼飯のあとはいつもスヴェルドロフがスプーンと皿を洗っていたが、私は一度も洗わなかった。食べ終わった皿を床に置いておけば、犬がなめて全部きれいにしてくれたからな」。

流刑の終わり頃、三人目の共産主義者レフ・カーメネフと寝起きを共にしていたとき、スターリンは洗い物当番になると家から逃げ出した。

革命後は、当時モスクワでもまずいと評判だったクレムリンの食堂で、妻のナジェージダ・アリルーエワと共に食事をした。

フランスの作家で共産主義者のアンリ・バルビュスは、ナジェージダの自殺直後にスターリンを短い時間訪ね、その生活環境を次のように記した。「狭い玄関ホール。その先に三部屋と食堂。きちんとしてはいるが質素なホテルのように簡素な家具調度。食堂は楕円形。クレムリンの厨房で作られた昼食か、料理人が家で支度した昼食がここで供される。資本主義国ならば、こうした住居も、このようなメニューも、平均的な労働者を満足させはしないだろう」。

ソ連の外相を務めたヴャチェスラフ・モロトフの回想によると、当時スターリンにとって唯一贅沢な食べ物は……浴槽いっぱいの塩漬けきゅうりだったという。

3

山での出会いに戻ろう。

すべては無邪気に始まった。私はスターリンの故郷ゴリにいた。グルジア中部の美しい山々に囲まれた町だ。近くの風光明媚な村々を車で回り、クレムリン御用達だった地元のワイン製造業者を探した――スターリンはワインといえばグルジア産しか飲まなかった。

もっとも「ワイン製造業者」というとずいぶん大層なもののように聞こえる。グルジアでは自負のある農民ならだれでもブドウの木をいくらか持っていて、たいていそのブドウですばらしいワインを作るし、加えて、しばしばアルコール度数七〇パーセントもあるチャチャという蒸留酒も作る。まさにそうした家内工業的醸造所を訪ね回っていたのだ。

この取材には問題が二つあった。一つ目はグルジア人のとどまるところを知らないもてなしぶりで、そのせいで仕事ができなくなった――というのもここで取材しようとすると、どこに行ってもテーブルにワインとチャチャが出てきて、相手は質問に答える前にもてなそうとするからで、こんな歓待が三十分も続くと、もうべろんべろんに酔っ払ってしまい、この先どこにも行けないのは明白だし、それにまだ日は高い、自然は美しいし、農家の主《あるじ》は親切だ、そもそも何で働かなくちゃいけないんだ？　二つ目は、そうやって一緒に飲むと、だれもが、どの相手も必ず、飛行機がモスクワからまっすぐ飛んできて、まさにうちのワインを持っていったもんだ、と言ったからだ。そのうえ二人に一人はそれを証明する書類を持っていると請け合い、そのうち二人は書類を見せてくれさえしたが、第一に書類はグルジア語で、第二に、それを見て何かを理解したり記憶したりするには、私はもうへべれけになりすぎていた。

こうしてゴリ周辺を数日間楽しくドライブしていたが、ついに私はタルカニシヴィリ兄弟の一人目と出会った。ちょうど菜園からオフロード車で出てくるところだった。菜園は――あとで判明したところによると――亡くなった祖父が遺したものだった。少しお腹が出ていて、アメリカのバスケットボールクラブのロゴが付いた帽子をかぶっていた。私が村で何を探しているかを聞くと、夕方俺に電話しろと片言のロシア語で言った。

「後悔はさせない」彼は言った。「うちにはほかのだれも知らないような、スターリンにまつわる話があるんだ。ゴリ中のだれも知らない話だ」

二度言われる必要はなかった。

4

次の日の夕方にはもう、兄弟は私を乗せて山に向かった。ジープの荷台には、シャシリクを作るため、特別に屠った羊を乗せた。すでに道中、四人全員が次々に話しはじめた。

「我が国の偉大な息子スターリンは、ロシアに『小グルジア』を作ったんだ。それで自分の取り巻きをグルジア人ばかりにしようとした。何より自分の身内に」

「身内は裏切らない、もし裏切ったら帰る場所がないと知ってるからね」

「だからモロトフやフルシチョフのような自分の腰巾着どもの手綱はしっかり引き締めていた。彼らは知っていたんだ、ちょっとでも間違った動きをすれば、バンッ！　一巻の終わりだ、偉大なる人民委員殿ってね。グルジア人だけだよ、安心していられたのは」

こうして私たちの旅はあっという間に過ぎていった。道中、兄弟は自分たちがスポーツ方面で収めた成功についても話してくれた。ひとりはレスリングのコーチで、もうひとりは重量挙げのコーチだった。彼らは国際レベルの選手たちを抱えていた。

山に着く頃には私たちはずいぶん親しくなり、少々腹ごしらえもしていたので、兄弟はついにスターリンにまつわる話をしてくれることになった。

「この話は長年秘密でね、親父が俺たちにサーシャ〔アレクサンドルの愛称〕おじさんの話をしてくれたんだ、でもだれにも言ってはいけないっていつも強調してたな……」

「そんなの無意味さ、だってグルジアじゃ、どうせみんなが知ってるんだから……」

「俺たちの大おじアレクサンドル、つまりサーシャはスターリンの弟だった。そんな目で俺を見るなよ！　弟だったんだ。おいみんな、こいつ俺たちの言うことを信じてないぞ……」

「いまに信じるさ。いいか、ヴィトルト。スターリンの母親はうちの曾祖父のところで料理人をしていた。それで曾祖父はその料理女と一度か二度、まあ、あれだ、男と女がやることをやったわけだ。彼女が妊娠しているとわかると、文盲の靴職人ヴィッサリオンと結婚させた」

「ヴィッサリオンは読み書きはできたさ！　ただ大酒飲みだったんだ」

「俺は三つまで数えられなかったって聞いたけどな。どっちにしても、靴職人は何がどうなっているのか全然わかっていなかった。ところが事の次第を知ると、そりゃあもうこっぴどく、幼い息子をぶつようになった」

「幼いスターリンはしょっちゅう家から逃げ出しては、やはり曾祖父の息子だった同い年のサーシャじいさんの家に入り浸っていた。ふたりは友達になって、何年も経ってからサーシャじいさんはクレムリンでスターリンの料理人兼毒見役になった。ほれ見ろ、こいつまだ信じてないぞ」

それは本当だ。私はひとことも信じていなかった。

5

スターリンは長年、レーニンに倣《なら》って、食べ物に重きを置かなかった——こうした革命家たちは何か別のものから栄養を得ていたのだ。妻のナジェージダ・セルゲーエヴナ・アリルーエワも、レーニンの妻と同じく、料理に関してはさっぱりだった。一方、スターリン自身はかなりちゃんとしたシャシリクを作ることができた——まだグルジアにいた頃に覚えたのだ。

だが、一九三二年にナジェージダが自殺すると——夫が意図的にウクライナを飢餓に追いやっていると気づき、精神的に耐えられなかったという話だ——スターリンはシャシリクも、うまい料理も受けつけなくなった。自分の殻に閉じこもり——今日、精神科医が示唆するように——鬱状態に陥った。彼は政府機関の他の職員と同じように、クレムリンの食堂で食事を取った。遺された子供たちのために国は料理人を雇った——どうやらごく普通の料理人だったらしい。

ヴャチェスラフ・モロトフは後年、スターリンのために作られた料理は「ごく簡素で気取らないものだった」と回想している。冬はいつも塩漬けキャベツ入りの肉のスープ、夏は新鮮なキャベツで作ったシチーが出た。メインディッシュは——蕎麦の実のカーシャにバターと牛肉一切れを添えたもの。デザートは——あるとすれば——クランベリーのゼリーまたはドライフルーツのコンポート〔果物の砂糖煮で作る飲み物〕が出た。「どれもソ連のごく普通の夏の休暇の家で出るような献立だったが、年中それを食べているのだ」。

兄弟は大おじについてさらにいくつかの話を語り、それから二〇〇八年のグルジア＝ロシア戦争について話してくれた。長男のラティは本当に私に飛びかかってきたので、一瞬、何かの攻撃かと思った。だが彼はただ私を抱きしめて、ポーランドのレフ・カチンスキ大統領に乾杯したかっただけだった。「グルジア人はカチンスキが大好きだ。ロシアの侵略から俺たちの国を守ってくれたからな。レフ・カチンスキは、グルジア人にとってスターリンと同じく英雄なんだ」と兄弟は私に言った。

翌朝、兄弟のうち少なくともひとりが運転できる程度にしらふに戻ると、彼らは私をゴリまで車で送ってくれた。二日酔いのときにはよくあるように、あまり感情のこもらない別れだったけれど、私たちは一生友達でいようと約束した。それ以来、彼らとは会っていないが、あの出会いをとても懐かしく思い出す。しかし、スターリンに料理を作っていたという大おじの話は、取材旅行中に人々が語ってくれた言い伝えやおとぎ話と共に、頭の中の棚に何年もしまい込んでいた。

大きな間違いだった。サーシャじいさんは実在したのだ。それどころか、スターリンの厨房に真の革命をもたらした人物だった。気の滅入るクレムリンの食堂からスターリンを連れ出し、グルジア料理がいかにすばらしく、活力に満ちているか、友人たちと楽しむグルジアの宴にいかなる美点があるかを思い出させたのだ。スターリンはこうした教訓をその後の人生に生かした。

彼は本当に、あの夜、私に羊肉のシャシリクを振る舞ってくれた四人兄弟の大おじだったのだろうか？私にはわからないし、おそらく今後もわからないだろう――兄弟を捜し出そうとしてみたが、無駄だった。

だがまずは最初から始めよう。

第五の皿　美女とベリヤ――スターリンの料理人とその妻

1

髪はオールバック、流行の裾すぼまりのズボンとエナメル革の靴を履いている。アレクサンドル・エグナタシヴィリは、一九二〇年代のトビリシ社会で人生の王者だった。気に入らない相手は容赦なく打ち負かした――長年レスリングの選手で、モスクワのサーカスに怪力男として出演したこともある。だが一旦だれかを気に入ると、気前がよくなり、すぐに冗談を言ったり一緒に飲んだりする仲になった。父親のヤーコフは、革命がサンクトペテルブルクからここカフカースに及ぶ前は、チェーン展開しているレストラン――ゴリに数軒、トビリシに数軒――を所有し、食料品店とワイン卸問屋も営んでいた。レストランの一軒で、ゴリ出身の美人だが貧しい女、ケケ・ジュガシヴィリを雇っていた。ヤーコフは、ケケと靴職人の夫ヴィッサリオンの間に生まれたとされる二人の息子の名付け親だったが、二人とも生後まもなく死んだため、ケケとヴィッサリオンに三人目の息子ヨシフが生まれると、別の人が名付け親になった。とはいえ人々は噂した――息子は三人とも、本当は靴職人ヴィッサリオンの子ではなく、やり手の居酒屋経営者の子なのだと。

しかし、グルジアがソヴィエト連邦の一部になると、こうしたすべては無意味になった。ヤーコフのような経営者は人民の敵となった。新政府は彼を、すべての資本主義者と同様に、ソヴィエト社会という健康な体にできた潰瘍のように扱いはじめた。ヤーコフはすべての店を失った。彼はアゼルバイジャンの首都バクーでレストランを開くために、息子のアレクサンドル、つまりサーシャを送り出した。そうすることでせめて商売の一部だけでも守れたらと考えたのだ。サーシャは夜もろくに眠らず、トルコ語とアゼルバイジャン語の勉強までしたが、何の役にも立たなかった。バクーでもボリシェヴィキは彼を資本主義者と見なすようになった。

それでサーシャはグルジアに戻った。

父子にとって幸いなことに、まもなくレーニンがＮＥＰ——新経済政策——を導入し、それによって中小企業の経営が認められた。進取の気性に富んだサーシャは二度言われる必要はなかった。彼はたちまち父の帝国を再建しはじめた。

サーシャは主に強圧的な説得によって仕事を進めたが、それにはこんな状況があった。彼はグルジアで最も強い男のひとりと見なされていたのだ。サーシャはたちまち四軒のレストランとワイン卸問屋を開いた。酒が飲める店のうち二軒は〈兵隊市場〉のそばにあった。そこでは家具、靴、寝具、あらゆる種類の手工芸品が売られ、雇われるのを待つ職人たちが集まっていた。しかしだれかに雇ってもらうまで、職人たちはワインとチャチャで時間をつぶすのが常で、チャチャはグリーシャ〔グリゴーリイの愛称〕という名のバーテンダーが樽から注いで売り、つまみには炒めたレバー、シャシリク、魚、塩漬けの野菜、二十日大根、パンを出した。ウォツカ一杯につまみ付きで、グリーシャの店では五カペイカだった。

もう一軒の店は〈金の錨〉といって、まったくの偶然だが、やはりグリーシャという名の男が切り盛りしていた。「ある日、グリーシャは朝食にトマトの入った炒り卵をうまそうに食べていた。突然そこにサーシャが現れ、メニューに炒り卵はあるかと尋ねた」。イヴァン・アリハーノフはこう回想している。サーシャ・エグナタシヴィリはやがてこのイヴァンの継父となった。「炒り卵はなかった。するとサーシャはグリーシャの頭をフライパンで引っぱたき、『そんなにうまいならメニューに載せるべきだ』と言った」。

市場のそばの二軒に加え、サーシャはさらに二軒経営していた。とりわけ、町はずれにあった〈ダリヤル〉は客に多くの呼び物を提供した。エグナタシヴィリのためにこの店を切り盛りしていたステプコなる男は、冗談好きであると同時に、かなりの才能に恵まれていた。「宴会の進行役《タマダ》が新参の客をからかいたいときには、ステプコに『特製料理』を出してくれるよう頼んだ。するとステプコは皿の上に自分の一物を置いて、葉物野菜で覆った」とイヴァン・アリハーノフは書いている。

アレクサンドル・ヤコヴレヴィチ・エグナタシヴィリ

だが、やり手のこのグルジア人の商売のうち、本当の目玉は〈クラ川のほとり〉という名のレストランで、そこでは酒が飲めるほか、部屋を時間貸ししていた。だからほろ酔いの常連以外に――やはりほろ酔いの――売春婦がたむろしていたのも不思議はない。

一九二〇年代の末、サーシャ・エグナタシヴィ

リリー・アリハーノワ

リはほぼ一夜にして富を築いた。そのうえ、同じ建物に住むドイツ人女性リリー・アリハーノワにぞっこん惚れ込んでしまった。夫である地元の資産家イヴァン・アリハーノフ〔前述のイヴァン・アリハーノフの父〕が休暇先のテューリンゲンから連れて来たのだ。リリーはテューリンゲンでメイドとして働いていたのだが、あまりの美しさにアリハーノフは首ったけになった。それまでの人生をそっくり投げ捨ててアリハーノフと共にグルジアに来たとき、リリーはまだ十八歳だった。イヴァンは家族にメイドとの結婚を反対されないよう、リリーをまず落ちぶれたドイツ人男爵と結婚させ、その後すぐに離婚させて、彼女をドイツの男爵夫人としてグルジアに連れてきた。その結果、彼女は当時の上層階級にすぐさま受け入れられ、夫妻の家はトビリシの地図上で最も重要なサロンのひとつとなった。

　リリーもまた才覚に富んだサーシャを好ましく思った。とりわけ、夫が重い病を患い、ボリシェヴィキによる支配の下、言葉も覚えられない国で三人の子を抱えて生活するのはますます難しくなっていた。サーシャはリリーと子供たちを休暇に招き、海辺への旅行を計画し、彼女の好意を得るためにあれこれと手を尽くした。イヴァンは相変わらず同じ共同住宅内の住居でベッドに横たわっていて、事実病気だったにもかかわらず、何が起きているのか完璧に把握していた。

　この奇妙な状況に終止符を打ったのがイヴァンの死だった。

その後まもなく、サーシャとリリーは結婚した。そして人生の蜜月を過ごした。イヴァン・アリハーノフの同名の息子はサーシャが一家にどれだけのエネルギーと生命をもたらしたかを嬉々として語った。サーシャは母親を贈り物攻めにした。自分の子とリリーの子供たちを、クラ河畔のタンティ兄弟のサーカスにレスリング・ショーを見せに連れて行ってくれた——アリハーノフは、継父とのこうした遠出のおかげで、最初は選手として、後年はコーチとして、生涯を通してレスリングに関わった。

当時サーシャは四十歳、リリーは三十七歳だったが、ふたりは人生で最も美しい時を分かち合った。そのうえ、ふたりとも料理をして過ごすのが大好きだったので、その年月はおいしい食べ物に満ちている。「肉、魚、鶏、ハーブ、チーズ、うちにはいつもどっさりあった」とイヴァン・アリハーノフは回想している。

サーシャにはひとつだけ欠点があった。リリーに対して恐ろしく嫉妬深かったのだ。リリーに化粧することを禁じると、以前からの知り合いは彼をアジア人呼ばわりするようになった。

夫妻は週に一度買い物に出かけ、それ自体が一大イベントだった。サーシャは何かと文句をつけては値切り、トマトやアンズや魚をいちいちためつすがめつした。にもかかわらず商人たちは喜んで彼と値引き交渉をした。それも不思議はない。サーシャが市場を出るときはいつも二つの柳編み籠を縁までいっぱいにしていたのだから。

籠のひとつは家に持ち帰った。

もうひとつの籠をサーシャは帝政時代のカフカース総督の旧邸に運んだ。そこにはスターリンの母親、ケケ・ジュガシヴィリが住んでいた。自分の元家政婦の世話をするようサーシャに託したのは父親のヤーコフだった。ロマンスがあったとされる頃から長い年月を経て、いまはもう皺だらけで、ゴリの年輩の女性がかぶるような顔の半分を隠すスカーフ姿のケケは、ヤーコフにとっていまも大切な存在だった。指導者の母親といえども、ケケはごく質素な生活を送るのに足りる程度の年金しか受け取っていなかった。スターリンは母親思いの心情を綴った手紙を寄越してはいたが、もう何年も訪ねてこなかった。サーシャの贈り物にはしばしば気まずい思いをさせられたとはいえ、ケケにとってはとびきり重要なものだった。

その頃、ケケは幼いイヴァン・アリハーノフにとって義理の祖母のような存在だった。ケケはしょっちゅう彼らの住まいに立ち寄っては、母親のリリーと一緒にババ抜きをして遊んだ。

時折、トビリシに来ることがあれば、ケケの孫でスターリンの息子のヤーコフ・ジュガシヴィリも訪ねてきた。彼の名は、口さがないトビリシっ子にとって、ヤーコフ・エグナタシヴィリが国の指導者の実の父親であるというさらなる証拠である——なぜならグルジアの伝統では、長男に祖父の名が付けられるからだ。

2

リリーとサーシャののどかな生活は、新経済政策《ネップ》の終焉と共に終わった。

「豚が大きくなったら屠らなくてはならない」。後年イヴァン・アリハーノフは、自営業者に対する政府の新政策をこう定義した。この政策は度重なる増税により私企業にとどめを刺した。「ひとつ税金を支払うとまた別の税金が課され、支払う金がなくなるまでこれが繰り返された。その結果、ネップマン〔新経済政策の時代に個人事業主となった人——原註〕は結局、刑務所行きとなった」。

リリーは夫を救うため、先夫が残した家宝——銀の食器、金時計、宝石など——をすべて売り払った。

焼け石に水だった。サーシャは何度目かの税金が払えず、投獄された。新興のネップマンは重い判決を受けていた。当時はまだだれも知らなかったが、彼らの多くは二度と刑務所から出られなかった。

リリーは手をこまぬいたりはせず、直ちにこの知らせを携えてケケのもとに駆けつけた。ふたりはグルジアの共産主義者のリーダーだったフィリップ・マハラゼのもとに行った。エグナタシヴィリを解放してもいい、ただしだれかが刑務所で彼の身代わりを務めるならば、とマハラゼが言うと、スターリンの母親はためらうことなく志願した。「スターリンの母親は逮捕できんよ」マハラゼは途方に暮れて両手を広げた。しかし、ふたりの決意の固さを知ると、サーシャの代わりに弟のヴァシーリイ（グルジア語ではヴァソ）を収監することに同意した。

刑務所を出たサーシャは一刻も無駄にしなかった。すぐさまモスクワへ行き、そこでグルジア人のコネを通じて――おそらくヤーコフ・ジュガシヴィリを通じて――スターリンと接触することができた。ふたりは夜遅くまで話し合った。スターリンは、サーシャの税金不払いに対する判決を無効としたばかりか、信頼できる人々にだけ任せるような仕事まで与えた――サーシャは、クリミアのフォロスにある党中央委員会の第一保養所の管理者になったのである。スターリンはまた、当時ザカフカース地方委員会第一書記だったラヴレンチー・ベリヤに、エグナタシヴィリに対するすべての告発を取り下げるべしという手紙を書いた。

このときからサーシャの起業家精神と組織力は党と国家に奉仕することになった。そして直ちにその一員に任ぜられた内務人民委員部（ＮＫＶＤ《エヌカーヴェーデー》）にも。

「こうしたまったく驚くべき方法で、私の継父はティフリス〔トビリシの旧称〕の成功したレストラン経営者から、突然クレムリンの特権階級《ノーメンクラトゥーラ》の頂点、いわばスターリンの側近にまで昇りつめた」とイヴァン・アリハーノフは記している。

　だがこの蜂蜜の樽には一匙の木タールが入っている。その名をラヴレンチー、姓をベリヤという。

3

　ベリヤは自分の邪魔をする者たちをみずから拷問するのを好んだ。彼らの爪を剝いだ。自分の手下に、逮捕された夫の目の前でその妻を強姦させた。

　スターリン時代の大粛清、銃殺刑、そして強制労働収容所《グラーグ》の執行者であるラヴレンチー・ベリヤほど明瞭に邪悪な人物は世界史上そういない。何百万もの人々が彼の命令で命を落とした。

　ベリヤは目標の追求にあたって無慈悲だった。スターリンの友人で、アブハジアの党委員会議長を務めたネストル・ラコバの経歴がそれを証明している。ラコバは長年ベリヤの助言者だった。だがラコバがスターリンと親しくなると、ベリヤは一貫してラコバの立場を弱めはじめた。ベリヤはそれをゆっくりと、だが着実に進め、ついに一九三六年、スターリンは彼にラコバ暗殺のゴーサインを出した。ベリヤ自身、毒を盛った夕食の席にラコバと共に着き、友人が死ぬ様子を最後まで見届けた。その後、みずからラコバの妻を拷問し、十代の息子を殺した。

　ベリヤはだれかを自分の敵と見定めるや、相手を滅ぼすまで手を休めなかった。自分の管轄する組織が有罪と見なしたサーシャ・エグナタシヴィリが刑務所を脱け出し、スターリンに近づいて自分自身の運命を変えたという事実を、ベリヤはみずからに対する侮辱と見なした。

　こんな男がサーシャの敵だったのだ。

自分がだれを相手にしているのか、そもそもサーシャが知っていたかどうかは何とも言えない。だがスターリンのそばで働くことが他の職業とはまるで違うことは、きっとわかっていただろう。

スターリンのそばでは毎日が命を賭けた戦いだった。

サーシャは期待に応えてクリミアの保養所をうまく管理したに違いない。というのも、一年半後にはモスクワに呼び戻され、党から別の任務を託されたからだ。当時、モスクワ近郊のクンツェヴォに新しく建設されたヨシフ・ヴィッサリオノヴィチの別荘《ダーチャ》と、それに隣接する農場（乳製品製造所、菜園、鶏舎を含む）の監督である。レーニンと同じく、スターリンも自分の警護員が管理できるような、安全かつ健康的な食品を求めていた。

ダーチャの建設は、ミロン・メルジャーノフによる設計で、スターリンの妻が自殺したのちに始まった。メルジャーノフは大元帥のほぼすべての別邸を設計した建築家で、アブハジアのノヴィ・アフォンの別邸と同様、モスクワ近郊のものも、クリミアのも、カフカースのもそうである。建物には百五十人の警備員が常駐し、六本の電話線が引かれていた。安全性を高めるため、周囲に七万本の木が植えられ、道路側から建物を隠すために人工の丘が造られた。クンツェヴォの広大な敷地には職員用の建物も数棟あった。そのうちの一棟にサーシャ・エグナタシヴィリとリリーが住むことになった。

妻に死なれて落胆していたスターリンはここに安全な隠れ家を見出した。ここには、みずから世話するのを好んだバラ園やレモンやリンゴや梨の果樹園もあったし、スイカの畝まであった。

サーシャはそこの厨房に、腕ききの料理人を輩出していることで名高いラチャ地方出身のメトレヴェリというグルジア人を雇った。「サーシャはその男に料理長の給与の最高額の二倍の給料を支払ったが、ひとつ条件があった。盗みはご法度だった」とイヴァン・アリハーノフは書いている。「アレクサンドル・

ヤコヴレヴィチ〔サーシャのこと〕の説明によると、料理人はたいてい食べ物を盗むという。そして料理長が不正行為を働くと、従業員たちも皆、同じことを始める。この方法で節約できる食品の費用は、料理長の給与の二倍をはるかに超える」。

サーシャはまた、最近まで首都の工場のひとつで働いていた十八歳のヴァレンチーナ・イストーミナを雇った。彼女は何らかの理由で保安機関の目に留まり、スターリンの家政婦に選ばれた。やがてイストーミナは年老いた独裁者にとって最も重要な人物のひとりとなった。料理と給仕をしただけでなく、愛人にもなったのである。

学業のためにモスクワに引っ越していたリリーの子供たちも毎週クンツェヴォのサーシャとリリーを訪ねてきて、つかの間とはいえ、トビリシで共に暮らしたすばらしい時代を皆で思い出すことができた。一家の生活は様変わりしたものの、夫妻は相変わらず互いに深く愛し合っていた。リリーは、子供たちが訪ねてくる日には牛肉のカツレツを揚げ、じゃがいもを茹で、きのこやきゅうりやトマトの瓶詰め、トケマリ〔唐辛子と香草入りプラムソース〕やアジカ〔トマトと赤唐辛子のソース〕といったグルジア風ソースをたくさん用意した。かつてと同じく、サーシャは料理を手伝った。ふたりが子供たちのために作ったものは、当時スターリンが相変わらず食べていた質素な料理と大差なかった。たとえば、スターリンは自分の五十五歳の誕生日の夕食会で、シチーと仔牛肉の煮込みで客をもてなした。しかし、クンツェヴォのご馳走はその場でしか食べられないものだった。サーシャはこの点については並はずれて杓子定規だった。子供たちはたとえ一瓶たりともモスクワに持ち帰ることはできなかった。

サーシャは農場を実にうまく経営したので、スターリンとその客の食卓に食べ物を供しただけでなく、農産物の一部、主にイチゴを最寄りの食料品店に卸してもいた。

サーシャは何もかも自分で監督したがった。仔牛が生まれると真っ先に牛舎に駆けつけた。収穫の時期が来ると、労働者たちと肩を並べて働いた。厨房の仕事も手伝った。料理長のメトレヴェリや、ダーチャが大規模になるにつれて雇った他の従業員たちと共に厨房に立ったことも一度や二度ではない。

スターリンのためにみずから料理を作ることもあった。ときには自宅でリリーと一緒に作ることもあった。指導者の母親ケケのことも忘れなかった。ケケに手紙を書き、弟にはケケの世話をしてくれるよう頼んだ。一九三四年の手紙にはこう書いている。「親愛なる我が心の母よ。昨日ソソ〔スターリンの若い頃のあだ名——原註〕のところに行って、長いこと話し込みました。体重が増えたようです。冗談ばかり言っていましたよ」。

サーシャは厳しいが公正な上司だったようだ。部下たちは毎日仕事のあとに集まってはアコーディオンの伴奏でしばしば夜が明けるまで歌った。「この国営のダーチャで彼は率先して働き、進取の気性、才能を示した。ここではそれを妨げる者はいなかった」とアリハーノフは書いている。アリハーノフの本には、継父とその機知と活力への称賛がみなぎっている。そしてリリーも彼女の子供たちも、スターリンが信頼するこの男と親密な間柄だったことから長年恩恵を受けていたのは事実である。

しかしながらエグナタシヴィリは同時に将校——当時NKVDの将官——でもあり、完全無欠な人物でなかったことは確かだ。彼の同僚でスターリンの警護隊長だったニコライ・ヴラーシクは、強姦、職権濫用、さらには食料の横領により、しょっちゅう告発されていた。スターリンは何度かヴラーシクを解任した。あるとき経費をみずから精算してみたところ、自分が一日十キロのニシンを食べたことになっていた（その十キロの大半はヴラーシクが盗んだのだ）。キャビアが行方不明になっていたこともあった。こうした告発がエグナタシヴィリに対してなされたことはそもそもなく、少なくとも彼自身の行状が暴露されることはなかった。

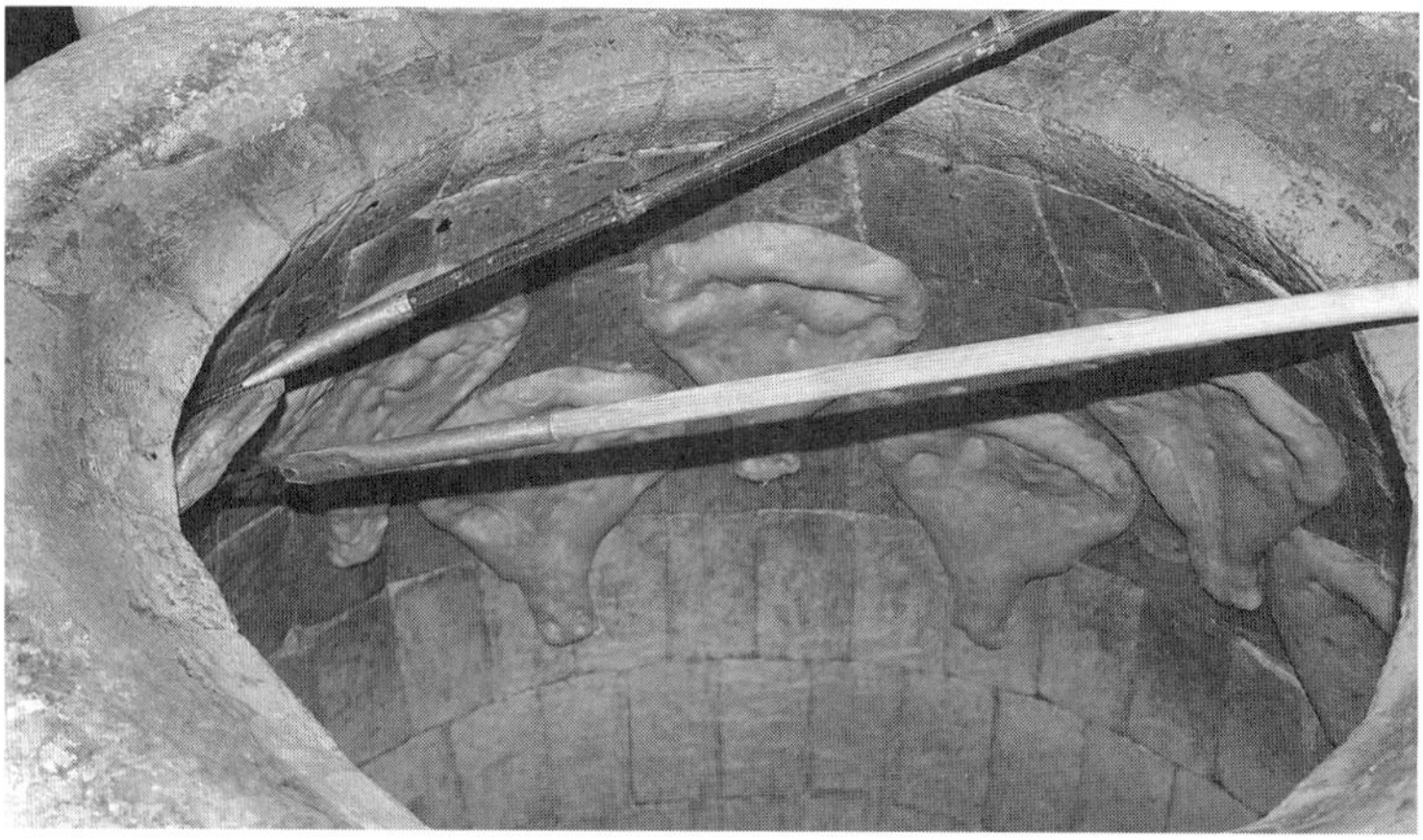

トネでパンを焼く

わかっているのは、生涯を通じて浮気癖があったことだけだ。しかしそれは妻のリリーを自分の命よりも愛する妨げとはならなかった。スターリンの側近の多くはそんなふうに働いていた。

4

サーシャはスターリンのもとで十分に足場を固めると、ある日、グルジア料理が恋しくないかと不意に尋ねてみた。

「食べさせてくれ」スターリンはこう答えたはずだ。

そこでサーシャとリリーは列車に乗り込んでトビリシに出かけ、二台の車両いっぱいに以下のものを詰め込んだ。羊、七面鳥、自家製ワインの樽――サーシャは、市販のワインは農民が作ったものより劣ると考えていた――そしてトネというグルジアのパン焼きかまどさえも。また、二人の元従業員も連れてきた。かつて自分のワイン卸問屋で働いていたグリクラは、いまやスターリンのワイン地下蔵を管理することになった。パーヴェル・ルシシヴィリはグルジアの名門一族の出で、パーヴェルの父親がサーシャの父親の店にワインを卸していた関係で、いちばん古くからの知り合いだった。彼がクンツェヴォに現れるやいなや、皆が親しみを込めてパーヴリクと呼んだ。パーヴリクは最初警護隊に入ったが、寒いなか遮断機を開閉して凍えているのを見たサーシャはかわいそうに思い、農場に移動させた。パーヴリクはそこで精肉担当になり、その後、クンツェヴォの厨房でスターリンのために作った料理をクレムリンに運ぶ車の運転手になった。

エグナタシヴィリのグルジア訪問は、当初はスターリンの厨房に、のちにはソヴィエト連邦全土の厨房に真の革命をもたらした。

スターリンはグルジア料理の伝統と儀式を思い出し、高く評価した。彼はそれをソヴィエトの土壌に根づかせようとした。まもなくスターリンの食卓にはタマダが現れた——乾杯の音頭を取り、宴会の参加者に発言権を与え、スプラ、つまり宴席の流れを司る進行役である。当初この役割は側近の政治家のだれかが担っていたが、そのうちスターリンは自分のお気に入りのプロの俳優を指名するようになった。

スターリンはまた、グルジア人が何世紀も前から知っていたことにも気づきはじめた。グルジア料理とグルジアの宴席《スプラ》とは、主人が己の富と権力を誇る機会だということである。金持ちにとっては、貧しい人々を怖気づかせ、ますます自分に従わせることができる機会なのだ。

こうした大まかな考えは、やがて具体的な言葉で裏打ちされ、クレムリンの食卓に移された。もはやクレムリンの食卓が質素になることはない。それは、グルジアの金持ちの食卓のように、富の滴る食卓となるだろう。たとえ困難な時期であっても、その過剰さで、これほど豪勢な料理を出せる国の役割と重要性と力を示すために。

だがこうしたすべてはまだ先の話だ。さしあたり、リリーはみずから七面鳥の世話をしていた。七面鳥はだれもが想像していた以上に役立つ。というのも、一九三七年、医師がスターリンに七面鳥のレバーを主な材料とする食事を処方したためである。クンツェヴォの七面鳥だけでは足らなかったので――イヴァン・アリハーノフが書いているように――サーシャは「キャデラックを運転してモスクワ一帯でこの鳥を探しまわった」。クンツェヴォにあるスターリンの別荘《ダーチャ》の責任者が本当に公用車のキャデラックを持っていることをだれにも疑われないように、義理の息子が母親とその車が一緒に写っている写真を新聞に載せた。サーシャは自分で運転することもあったが、たいていはナダーエフという名の専属の運転手がハンドルを握った。

アリハーノフは続けてこう書いている。「その頃、私はすでに体育研究所で生理学を学んでいたので、余分な糖が肝臓に蓄えられることを知っていた。それで母に、七面鳥にやるトウモロコシ団子にカップ一杯の砂糖を加えてはどうかと助言した。七面鳥の肝臓は急速に三倍の大きさになった。私は冗談めかしてアレクサンドル・ヤコヴレヴィチに、私をスターリン賞にノミネートしてくれないかと頼んだ」。

食事をグルジア料理に変えたことでスターリンは大いに喜んだ。エグナタシヴィリはスターリンとさらに近しくなった。それほどまでに接近することがどれだけ危険か、すでに知っていたのだろうか？　そして、〈諸国民の太陽〉に近づきすぎた者は焼かれてしまうかもしれないことも？

いや、おそらくまだだ。

その頃、ソヴィエト連邦全土で、カフカースからモスクワに完全に拠点を移したラヴレンチー・ベリヤによる組織的な大粛清が進行していた。国家の土台を築いた人々は、ルビャンカにあるＮＫＶＤの拷問室か、強制労働収容所《グラーグ》か、あるいは銃殺隊の前に送られた。さまざまな民族の作家、将校、画家、知的エリートが銃殺された。ベラルーシ人、タタール人、ウクライナ人、そしてポーランド人も。スターリンの近くにいた者、あるいはいまも近くにいる者は皆、いつなんどき判決が下されてもおかしくないとわかっていた。だがサーシャは、指導者との友情――そしておそらく血統の絆――は政治より強いと思い違いしていた。

クンツェヴォの労働者たちは相変わらず夜ごとアコーディオンを奏で、美しいリリーは七面鳥にやるトウモロコシ団子に砂糖を練り込んでいた。

5

一九三八年九月、スターリンの警護隊長で、サーシャのもとをしばしば訪ねてきた友人でもあるニコライ・ヴラーシクが、国家保安部〔ＮＫＶＤ第一部〕の責任者に就任した。サーシャは業務管理担当の副責任者に任命され、少佐に昇進した。ふたりの職務はＮＫＶＤの組織内ではあったが、スターリン直属だった。

一九三八年にＮＫＶＤの長官となったベリヤもまた経歴の頂点にいた。ベリヤはソヴィエト連邦が占領した領土からポーランド人を含む諸民族を大量追放した責任者だった。第二次世界大戦勃発後の一九四〇年には、なかんずくカティンの森におけるポーランド人将校の大量虐殺を引き起こした。

平穏なクンツェヴォでも、世界情勢の悪化が次第に明らかになりつつあった。ヨーロッパでは第二次世界大戦が続いていた。一九三九年、スターリンはヒトラーと勢力圏を分け合う協定を結んだものの、指導者の側近たちの間でさえ緊張が感じられた。

サーシャが負うべき責任はますます増していった。スターリンに料理を作ることは稀になったが、いまやはるかに重要な任務を担当していた。戦争が近づくにつれ、スターリンは自分の身の危険をより一層懸念するようになった。サーシャは、スターリンの食卓に運ばれる料理が安全かどうかを確認する役目を担った。

サーシャはその仕事に身を挺した――たいていは自分自身で毒味した。そのため「ウサギ」〔実験動物の意〕というあだ名を頂戴した。

サーシャはワインを仕入れにみずからグルジアまで出かけた。スターリンは、エグナタシヴィリの手――と喉――を通らなかったものを食べてはいけないことになっていた。スターリンの食卓に並ぶ魚も、サーシャの農場でとれたものでなければならなかった。そのために兵士たちが穴を掘って池を二つ作り、そこへ鯉の稚魚を放った。問題は、スターリンが最も好んだ魚がニシンだったことで、ニシンは池では育たないのだった。

月を追うごとに国際情勢はますます緊迫していった。

サーシャはドイツ人に対する風当たりが強くなっているのを見て取った。彼は、浮き沈みの多い己の人生で最愛のリリーを守りたかったので、心苦しくもドイツに帰国してはどうかと説得しはじめた。だがリリーは耳を貸そうとしなかった。第一に頼れる人がいなかった。両親は亡くなっていたし、親戚には、粗暴なグルジア人に嫁いだリリーとの結びつきを取り戻す気はなかった。第二に、自分が国外に出れば、二人の息子と最愛の夫の頭上に暗雲が垂れ込めることになると知っていた。

そこでリリーはスターリンに手紙を書いた。ソ連を出るよう夫に説得されたが、同意しなかったことを認めた。リリーはロシアに残って、自分を受け入れてくれた国のためにできるかぎり役に立ちたかった。

スターリンからの返事はなかったが、リリーは残った。しかしサーシャは、妻を救うにはあらゆる知恵を絞らなくてはいけないとわかっていた。とりわけ、ベリヤは当時スターリンに最も近い人物のひとりで、エグナタシヴィリを釈放せざるを得なかったときの屈辱を忘れていないのは明らかだった。

他方ベリヤは、サーシャはスターリンに近すぎて正面から攻撃できないとわかっていた。サーシャはあらゆる重要な機会にスターリンに同行していた。ソ連が独ソ不可侵条約に署名した際のヨアヒム・フォン・リッベントロップの訪問中にも、クンツェヴォでの重要な会合にも。

リリーは別だ。スターリンはしばしば相手の妻を使って夫を恐喝し、言うことを聞かせた。一九三九年、スターリンの秘書アレクサンドル・ポスクリョーブィシェフの妻が逮捕された。名目上のソ連国家元首だったミハイル・カリーニンの妻は、強制収容所で八年を過ごした。ソ連邦元帥で国防人民委員〔国防大臣〕のクリメント・ヴォロシーロフは、ピストルを手に秘密警察から妻を守らねばならなかった。配偶者の逮捕を阻止できたのは彼だけである。

エグナタシヴィリは、リリーが次の標的になり得ることを承知していた。とりわけ、スターリンとヒトラーの同盟関係が永遠に続くはずはなく、それが終わればドイツ出身のリリーは目の上のたんこぶになるだろう。

また、自分の敵が残酷なベリヤであることも知っていた。そして自分がヴォロシーロフのようには妻を守れないことも。

6

エグナタシヴィリ夫妻はスターリンの別荘《ダーチャ》の敷地内に暮らしていたが、スターリンが夫妻を訪ねたのは、一九三八年の一度きりだった。予告なしにいきなりやって来たので、ぎょっとしたリリーはカーテンの陰に隠れた。「主婦は隠れてはいけませんね」ヨシフ・ヴィッサリオノヴィチはちょっと冗談めかして、少々非難がましく言った。

トビリシ時代からリリーをよく知っていたベリヤが同行していた――当時、地元の共産党の執行委員として彼女の住まいを徴発したことがあったのだ。ベリヤはリリーを憶えていたに違いないが、初対面であるかのように自己紹介した。

それはよくない兆しだった。

彼らがサーシャとリリーのもとに立ち寄ったのは、ここ何日かエグナタシヴィリ家に滞在中の珍しい客を訪問するためだった。それは、はるか昔にスターリンの父ヴィッサリオンのもとで見習いをしていたゴリ出身の靴職人ダト・ガシタシヴィリだった。サーシャはグルジアでダトに会い、スターリンを驚かせようと連れてきたのだ。学のない靴職人はクンツェヴォに数日間滞在した。スターリンは大喜びだった。何か手助けが必要ではないかと尋ねたところ、これほど高い地位に昇りつめた同郷人にダトが求めたのはただひとつ、一緒に歌うことだけだった。「サーシャが俺を見つけてくれてよかった。さもなきゃ、あんたがどうなってたか知らずに死んでたとこさ」とダトは昼食の席でスターリンに言い、笑いを巻き起こした――当時、指導者の肖像画はいたるところに掲げられていた。

それから彼らはしばらく互いにからかい合っていたが、スターリンが何度目かの冗談を言うと、ダトが、あんたのズボンを下ろして、「あんたの旗みてえに真っ赤になるまで」ケツをひっぱたいてやるぞ、とおどかした。

すると不思議なことに、スターリンは有頂天になった。この老人のおかげで一瞬、子供時代を思い出したのである。

スターリンはリリーとも短い会話を交わし、グルジア人とドイツ人の間に何らかの遠い親戚関係を見つけさえした。それから自分の言葉を確認するかのように、そのときたまたまクンツェヴォの敷地内にいたグルジア人を全員エグナタシヴィリの家に呼び寄せ、ささやかな即席の宴会《スプラ》に加えた。老靴職人の訪問のおかげで、サーシャとリリーの頭上の雲を追い払うことができたようだった。

「スターリンが私たちの家を訪れたのは、継父とベリヤの間に生じつつあった軋轢を和らげるためだったと思いたい。自分とサーシャ一家との良好な関係をベリヤに見せたかったのだと」。後年イヴァン・アリハーノフはこう書いている。「だが、あの激動の時代の論理を踏まえれば、訪問の目的は、自分の取り巻きたちの間の互いの憎しみを煽ることだったのかもしれない。仮にそうだとしたら、目標は達成された。この訪問のせいでベリヤは私の継父をますます嫌うようになった。私たちは皆これに高い代償を払ったが、最も高い代償を払ったのは私の母だった」。

7

一九四一年六月、ロシア人はラジオでソヴィエト外務人民委員〔外務大臣〕の演説を聞いた。ヒトラーの軍隊が宣戦布告なしに我が国に侵攻したという。国民の大半は愛国心に満ちていた。そして戦争はせいぜい数か月しか続かないだろうと思い込んでいた。なぜ国家元首である同志スターリンその人ではなくモロトフが話しているのか、不思議に思う人はほとんどいなかった。

その頃スターリンは怖じ気づいて何も言えなかった。ヨーゼフ・ゲッベルスが敵について述べたとおり、何か月もの間、スターリンは蛇に催眠術をかけられたウサギのように振る舞った。まず、攻撃を予測するあらゆる諜報データがあったにもかかわらず、ヒトラーが実際に攻撃を計画しているとは長い間信じようとしなかった。侵攻を受けた際には、ドイツ国防軍から国を効果的に防衛することができなかった。

開戦二日目、ソ連は航空機二千機以上を失ったが、ドイツ軍はわずか六十一機のみだった。五日目には、第五十六装甲軍団はレニングラードへ向かう途上にあり、どこでも大した抵抗に遭わなかった。最初の三週間の戦闘で二百万人の赤軍兵士が死亡した。いくつかのソヴィエト軍は、スモレンスク近くでドイツ軍の罠にはまった。こうして、さらに三十万人のロシア兵が捕虜となった。

ソヴィエト連邦は戦争への備えがまったくできていなかった。国はスターリンによる将校の大粛清の重い代償を払うことになった——一九三七年から一九三九年の間に四万人が逮捕され、そのうち一万五千人が銃殺されたのだ。その中には元帥五人のうち三人、陸軍司令官十六人のうち十五人、軍団司令官六十七人のうち六十人、師団長百六十九人のうち百三十六人、提督二十五人のうち十五人が含まれていた。

スターリンの取り巻きたちは、自分の家族の命を守るために戦いはじめた。サーシャはリリーをクイビシェフ〔現サマーラ〕に送った。そこではヒトラーにモスクワを占領された場合に備えて、ソヴィエトの役人たちが臨時の首都を準備していた（サーシャ自身はスターリンのもとに残り、戦争中ずっと同行した）。それは理にかなっていた。クイビシェフは前線からもベリヤからも遠く離れていた。

とりわけ、戦争の勃発以来、ドイツ系住民に対する迫害がロシア全土で始まっていた。エカテリーナ二世の時代からロシアに住んでいた者もいれば、歴代ツァーリの宮廷に仕えるために移住してきた者もいた。レニングラードだけで三万人以上のドイツ系住民が追放された。

リリーも刑務所に送られた。

だがサーシャは彼女を救えると信じていた。

戦争は本格化していた。ロシア軍は相変わらず敗北を続けていた。ドイツ軍はスターリングラード〔現ヴォルゴグラード〕を占領し、そこでなおも持ちこたえていたのはソ連軍の小さな橋頭堡だけだった。北部ではレニングラードも包囲され、ヒトラーは武力ではなく飢餓によってこの都市を征服することにした。ドイツ軍はモスクワに近づいた——決して占領することはできないとはいえ。

サーシャはその間ふたりのために働いていた。この困難な時期にスターリンに揺るぎない忠誠心を示すことができれば、自分もリリーも救ってもらえると期待していたのだ。

メニュー

グルジア風シチー

塩漬けキャベツ〔ザワークラウト〕　八〇〇グラム
牛肉　二〇〇グラム
仔牛肉　二〇〇グラム
鶏肉　二〇〇グラム
ニンジン　一〇〇グラム
根パセリ　一本
玉ねぎ　一個
にんにく（大）　一片
バター　五〇グラム

トマトピューレ　大さじ二
小麦粉　大さじ二
塩、胡椒

仔牛肉と牛肉は一緒に茹でてから、一口大に切る。下ごしらえした肉に茹で汁三リットルを注ぐ。ブイヨンが沸騰するまで中火に保つ。沸騰したら火を弱め、塩を加えて、弱火で二時間半煮込む。

その間に別の鍋で一口大に切った鶏肉を茹でる。

塩漬けキャベツをブイヨンに加え、十分間煮る。

ニンジンと根パセリ、玉ねぎ、にんにくを細かい賽の目に切る。よく熱した鋳鉄製の大鍋か片手鍋にバターを入れる。バターが溶けたら刻んだ野菜を加え、玉ねぎと根パセリが黄金色になるまで炒める。小麦粉を振り入れて手早く混ぜ、一分経ったらトマトピューレを鍋に加える。もう一度かき混ぜて、さらに二分間煮る。

茹でた鶏肉をブイヨンごと加える。仔牛肉と牛肉、塩漬けキャベツの入ったブイヨンも加え、さらに三十分間煮込む。塩、胡椒で味を調える。

胡桃ジャム
砂糖　一キログラム
水　三カップ
青い胡桃　一キログラム

クエン酸　三グラム（またはレモン汁　大さじ一）
バニラパウダー　一グラム

まず胡桃をよく水に浸しておく。二日間浸水させる間、三、四時間ごとに忘れずに水を替えること。二日後、水を切った胡桃を冷たい水道水ですすぎ、それからもう一度水を注ぎ、さらに二日間浸す。五日目、鍋に湯を沸騰させ、胡桃を入れ、十分間茹でて、ざるに上げる。三カップの水に砂糖を加えてかき混ぜ、火にかける。出てくる泡（あく）はスプーンで取り除く。クエン酸またはレモン汁、バニラパウダーを加え、最後に胡桃を加える。ジャムが冷めたら、もう一度煮立て、これを二回繰り返す。

このグルジア風ジャムは、スターリンの母親ケケが息子に、サーシャ・エグナタシヴィリを介してクレムリンに直接送ったものである。殻ができる前の未熟な胡桃を使うこと。

仔羊のグリル

仔羊肉　一キログラム
グルジア産の辛口白ワイン
玉ねぎ　二、三個
ケフィール　五〇〇ミリリットル
塩、胡椒、好みのスパイス

肉を切り分け、みじん切りにした玉ねぎと混ぜる。肉が浸る程度にワインを注ぐ。そのまま数時間漬けておく。焼く一時間前にケフィールを注ぎ、三十分前に塩、胡椒、好みのスパイスを加える。

こうやって下ごしらえした肉を、子供たちや側近のためにスターリンみずからグリルで焼いた。

第六の皿　タマーラ・アンドレーエヴナ——包囲下のレニングラードのパン職人

九十歳を過ぎたばかりのぽっちゃりした女性タマーラ・アンドレーエヴナは、世界のこの地域でしかお目にかかれないような老婦人だ——強くて、決然としていて、戦争と飢餓を生き延び、もはやこの世に怖いものなしだが、それでいて世界に対して温かく優しく親切であることを決してやめない。私たちの共通の知人が、彼女と会う約束を取り付けてくれた。握手をして挨拶すると、すぐに私が呼んだタクシーがやって来る。ハンドルを握っているのはカフカース出身の若者だ。彼のような男たちは故郷の共和国ではなかなか仕事が見つからないので、職を求めてロシア全土に出かける。浅黒い顔、切り揃えた顎ひげ、たいていの運転手がバックミラーの上に置いている芳香剤の代わりに——ミニチュアのコーラン。

「サラーム・アレイクム、きょうだい」タマーラ・アンドレーエヴナが運転手に挨拶する。「出身はどこなの？　イングーシ？　あそこのパンはおいしいわね、トウモロコシの粉とケフィールで作るチュレクっていう。あ、メーターは切ってちょうだい、今回はただで走ってもらうよ。カーナビも切ってちょうだい、あんたはあたしの町にいるんだから、あたしが案内するよ」

イングーシ人の運転手は困惑してタマーラさんを見、私を見る——にこにこしてただで運転してくれるような人には見えないし、私もちゃんと料金を支払いたい、そこでタマーラ・アンドレーエヴナは念のため私にもこう警告する。

「あなたは口を出さないでね、ヴィトルト。あたしたちはレニングラードにいるんだ、あたしはこの町の封鎖を生き延びた。だからあたしには特別扱いを受ける権利があるんだよ」

目的地に着く前に、知り合ったばかりの九十代の女性はイングーシ人の運転手に家族はどこの出身かと尋ね（その後、その場所を地図で示すように言う）、私にも家族はどこの出身かと尋ね（やはり地図なしでは済まない）、それから我々ふたりにレニングラード封鎖中に餓死した人々の遺体が捨てられた場所を見せ、最後に、自分が働いていたパン屋——そのおかげで辛くも生き延びた——のあった場所を見せた。

「で、どうなの、きょうだい、あんた、あたしからお金を取るつもりはないわよね？」最後にイングーシ人に訊く。

取るつもりはない。そして、どこかに行く必要があるときはいつでも僕に電話してくださいと運転手は言う。

1

私たちは六階まで階段を登る。だが戦前の建物なので天井が高くて、なんだか八階に登るような感じだ。タマーラ・アンドレーエヴナは足が痛むので二、三段ごとに立ち止まらないといけないが、終始上機嫌だ。

「八十代まではこの階段とこの六階にむかっ腹を立ててたよ」タマーラさんは言う。「でもそれからわかったんだ、階段を上れるかぎり、あたしは生きてるんだって。あたしはこれまでの人生ずっと活発に動きまわってきた。オペラ、劇場、読書会、それで一日五回も階段を上り下りしたもんだよ。だからいまでも元気なのさ。一階に住んでたら、もうとっくに死んでただろうね」

やっとのことで最上階にたどり着く――タマーラ・アンドレーエヴナの住まいの上にはもう屋根しかなく、屋根の上には空しかなく、空にはタマーラさんが深く信仰する我らが創造主にして救世主がいる。我が女主人は紅茶を淹れるためやかんを火にかけると、かつてレニングラードと呼ばれた都市にとって、自分の家族にとって、そしてロシアにとって、最も困難な年月について語りはじめる。

「最初はね、ヴィトルト、一九四一年六月には何もかもが現実とは思えなかった。戦争だって？　その頃は白夜で、みんなが通りに出ていて、娘たちは水夫とキスしてる。当時あたしは十二歳で、そういうことに敏感な年頃だったからよく憶えてるよ」とタマーラさんは言い、十二歳の女の子が何に気づくかをわかっているかどうか確かめようとするかのように、私をまじまじと見る。私には見当がつかないが、彼女の言葉を信じる。彼女は二人分のティーバッグに熱湯を注いで、こう続ける。「八月末までにはもうすべて片がつくかしら、普通に学校に行けるようになるかしらって真剣に考えていたのも憶えてるよ。父さんはその一年ちょっと前にフィンランド戦争〔冬戦争のこと〕に行ったけど、家を空けたのは四か月だけでね、でもあたしは思い込んでた、どうしてかはわからないけど――どうぞ、ヴィトルト・ミロスラヴォヴィチ、紅茶はここ、砂糖はここ、イチゴのジャムはここよ――あたしがどうしてドイツ人ならフィンランド人よりも手っ取り早くやっつけられると思ったのかは訊かないでちょうだい。

雰囲気は最高に盛り上がっていた。みんなヒトラーと戦いたがっていて、みんな、ひとり残らずみんな、ドイツ人があたしたちに勝てるはずないって思い込んでいた。

ああ神様、あたしたちはなんて愚かだったんだろう。

でも、どれだけ速くドイツ軍がロシアの奥深くまで移動しているか、あたしたちには知るよしもなかった。ラジオじゃそういうことは言わなかったから。どこかの都市が陥落しても、『稀に見る激戦』と言うだけで、都市が陥落したとは言わなかったね。しばらくして人々はようやく、こうした報道をいかに理解すべきかを覚えた。『激戦』とは我が軍の退却を、『非常な激戦』とは戦いの敗北を意味していた。それもたいていは数日前に終わった戦いのことだったんだよ。

そして七月が来て、八月になっても、戦争が早々に終わる気配は全然なかった。男の人たちは徴兵された。子供を含む一部の人々は疎開した。ドイツ軍の残虐行為に関する情報が続々と伝わってきた。どこかで無防備な民間人が撃ち殺されたとか、別の場所では人々が虐待されたとか。『激戦』がますますレニングラードに近づいていた。

七月にパンの配給券が導入されたけど、でもその頃はまだだれも飢饉になるなんて思ってなかったから、このパンを買わない人も多かった。その時点でもう何かおかしいって疑っている人もいたんだけど。うちのコムナルカには――コムナルカっていうのはソヴィエト連邦でいくつもの家族が一緒に住んでいた集合住宅のことだよ――ウクライナ出身の人がいて、あたしたちはオスタプおじさんって呼んでいた。オスタプおじさんと奥さんは、その頃もう買えるだけたくさんのパンを買っていた――まだとても安かったんだよ――それをオーブンで乾かしてスハリ〔パンを乾燥させたもの〕を作っていた。みんなは笑ったけど、オスタプおじさんはこう言ったんだ。俺たちがウクライナの飢饉を生き延びてからまだ十年も経たない、同じことを二度と経験したくないって。管理人のフョードルおじさんが、やめるように言ったりもした。さもないとNKVD〔内務人民委員部〕がやって来て、敗北主義の種をまいた廉で逮捕されるかもしれないぞって。でもオスタプおじさんはやめなかった。そしてNKVDは来なかった。

仮にこれがお芝居なら、ヴィトルト、あたしはこう言うところだよ、恐怖はじわじわと大きくなっていった、とね。

母さんとあたしは町はずれに呼び出されて、戦車を食い止めるための溝を掘らされた。そのときもまだ現実とは思えなかったね。戦車ですって？　ドイツ軍？　赤軍が奴らをここに通すもんですか！　でもあたしたちは掘った。ファシズムから祖国を守るために、だれもが何かしなくちゃいけなかった。ドイツ国防軍がどこかで幼い女の子を撃ったと聞いて、兄のピョートルは赤軍に志願した。出生証明書を偽造したに違いないね、若すぎたから、まだ十六歳だったの。出征する前に兄と話したことを憶えてるよ。祖国のために戦いに行く兄をどれだけ誇りに思ったことか。兄の姿をどれほど尊いと思ったことか。

兄とはそれっきり会っていない。

父さんは市役所の公共事業課で働いていて、一九四一年以前は街の清掃をする男の人たちの一団を管理していた。この戦争がすぐには終わらないって最初に気づいたのは父だった。ある日、ひどく落ち込んだ様子で仕事から戻ってくると、母さんにこう言ったの。『レニングラードには蓄えがない。いまあるものは二か月か、ひょっとするとひと月半しかもたない。ドイツ軍に包囲されれば、飢餓になるだろう』

じゃあ隣のオスタプおじさんが正しかったってこと？　あたしたちもスハリを作っとくべきじゃない？　でもだれもそんなこと考えなかった。当時は、ドイツ軍はできるだけ早く町を占領したいんだって言われていた。連中があたしたちを包囲して、そのまま二年半も封鎖しつづけるだなんて、だれも想像していなかった。

うちの両親はふたりとも過去に飢餓を知っていた。内戦の時代とボリシェヴィキ政権の初期にね。当時の人たちはカラスを食べたんだって、母さんが前に話してくれたことがある。母さん自身が生き延びたのは、馬の蹄を四つくれた人がいて、おばあちゃんがそれでねばねばしたスープを作ってくれたからだって。でもね、ヴィトルト、それがどういうことかわかるかい？　あんたのご両親やおじいさんおばあさんがいかに飢餓を生き延びたかをあんたに話したところで、あんたは毎朝白いパンを食べて、学校の給食にスープと主菜のほかにコンポートもつく、そういう国で育ったんだから、そんな話は信じないだろ。それは何か異常なことだったんだ、僕の人生にそんなこと起こるはずがない、そう思ってるだろ。

なんと。あたしもそう思ってた。八月にはまだ、レニングラードで飢餓が現実になるなんてだれも思っていなかったんだよ。

でも、あの数か月についていちばん重要なことがすべてわかったのは戦後になってからの話。たとえば、あたしたちはすでにドイツ軍に包囲されてたのに、食料はまだレニングラードからモスクワに送られていたってこと。あるいは、スターリンはまだ送れる間はあたしたちに救援物資を積んだ列車を送ろうとしたのに、ここの党委員会第一書記のジダーノフが断ったこととか。ジダーノフは、レニングラードが自力でなんとかできるってことを示したかったのよ。ドイツ軍がもう市の境界に迫っていたときでさえ、あいつは市民の命よりも自分の出世のことを考えてたのさ。

最初の空襲が始まったときの様子、うちのコムナルカに住んでた子供たち全員のことも憶えてるよ――当時あたしたちはユスポフ宮殿〔モイカ宮殿の別称〕近くのコムナルカに住んでいた。トイレは廊下にあって、台所は共同で、どこも子供だらけでね――空襲になると子供たちはみんな窓に駆け寄った。危ないよ、だれかに破片が当たったらどうするの？　って親には言われてた。もちろん走って防空壕に逃げなくちゃいけない。でも初めの頃はそんなことをする人はほとんどいなかった。うちの父さんなんか平然とお昼を食べつづけてたくらい。まるでみんなドイツ軍なんかどうってことないと思ってるのを見せつけたがっているみたいだった。

その頃はまだ店で食料品が買えたけど、値上がりしてたね、それも急速に。母さんが大きな五リットル入りのキャビアの瓶詰めを見つけたのを憶えてるよ。母さんのひと月分の給料と同じくらいの値段だった。店を出て、母さんがこう言ったのを憶えてる、価格が安定してくれないと、キャビアがこんなに高いなんてあり得ないわって。でもそれから街中歩き回って、店にはほかにもう何も残っていないとわかった。

その日はその瓶詰めを買いに戻る時間がなかったから、明くる日の朝いちばんに出かけたんだ。幸い、まだあった。母さんはそれを買って、落として割ったりしないよう、ふたりでおそるおそる運んだのさ。でね、いいかい、ヴィトルト、この瓶詰めがのちにあたしたちの命を救ってくれたんだよ。

ドイツ軍の空襲はますます頻繁になってきた。九月になり、十月になって、非常にまずい事態だってことがすでに明らかだったのに、当局は市民に、レニングラードには二年分の食料の備蓄があると思わせていたんだよ。仮に人々が本当のことを知ってたら、この町から脱出する機会があった人はどれくらいいただろう？　何人の命が救われただろうね？

でも、だれも人の命なんて気にしてなかった。この町が決して降伏しないことが重要だったのさ。というのもスターリンと政治局は、たとえ何が起きようと、スターリングラードとレニングラードだけは明け渡さないって決めてたから」

2

「九月八日、ドイツ軍はレニングラードの封鎖を完了した。やはりその日、バダーエフ倉庫が焼けた。

市の食料倉庫だったところだよ。空気中に肉の焼けるにおいがしたよ。あたしは泣きだした、たぶんそのとき初めてわかったんだ、この戦争は終わらないって、これから本当につらい数週間、数か月が始まるんだって。でも母さんは勇敢にもこう言った、めそめそするんじゃないの、あたしたち家族は四人いる――兄さんは前線に行ってたけど、そのときはまだ兄が死んだことをあたしたちは知らなかった――だからきっとなんとかやっていけるわよって。

ほぼ同じ頃、母さんはコムナルカの屋根から焼夷弾を投げ落とす作業班に志願した。とても大変で危険な任務だったよ。建物の屋根に焼夷弾が落ちたら、母さんは尖端が金属でできた特別な棒で十秒か十二秒以内にそれを下に突き落とすことになっていた。さもないと屋根に火が着いて、建物全体が燃えてしまう可能性があったから。

旧市街のどの集合住宅にもそういう作業班があったんだよ。そんな勇敢なことをしている母さんがあたしはとても誇らしくてね。これもまた愚かな子供の考えだけど、いつか本当にうちの屋根に焼夷弾が落ちて、母さんがそれを突き落とせば、みんなに褒められて勲章をもらって、あたしはもっと母さんを誇らしく思える、そんな日が来るのを待ってたんだよ。

うちの両親は共働きで、兄は前線にいた。ほぼ同じ頃、食料配給券が導入されたので、買い物に行くのはあたしの役目だった。日に日に苦しくなっていったのを憶えてるよ。人々は互いに押し合いへし合いして、列に割り込んだり殴り合ったりした。その頃はまだ殴るだけの力があったんだね――二、三か月もすると、もうだれにもそんな力はなかった。

そして十月の終わり、まったく思いがけずあたしの通っていた学校が開いた。友達に会えるのがどんなにうれしかったことか！　授業は毎日のようにドイツ軍の空襲で中断された――その頃はもう全員きちんと防空壕に入ったけど、担任のアンナ・トロフィーモヴナ先生はそこでも授業を続けたんだ。こんな現実離れした場面を憶えてるよ、サイレンがウーウーうなり、どこか近くに爆弾が落ちる音が聞こえるのに、アンナ・トロフィーモヴナ先生はあたしたちにイタリア・ルネサンスについて話しつづけてる。そのときこう思ったよ、ああこうして死ねるんだな――ミケランジェロの話を聞きながらって。

でもクラスのだれも死ななかった、少なくともその日は。学校は封鎖中もずっと続いていたよ、あたしはあとの方になるともう通わなくなってしまったけど。

学校では毎日温かいスープが出たんだけど、これはとても大事なことだった。というのも十一月になると配給が減らされたから。これ以降、労働者は一日二五〇グラムのパンしか受け取れなくなった。子供と非労働者――つまりあたし――は一二五グラムだけ。見てちょうだい、ヴィトルト、それがどのくらいの量かわかるように、あんたにパンを切ってあげるから。わかる？　薄っぺらのパンがたったの三枚。そのうえパンは半分セルロースでできていてね。まあ、でもパンに何を混ぜてたかは、もう少ししたら話すよ。とにかく、そんなものさえ手に入らない日もあったんだ。

飢餓が始まった。そしてあたしの知ってた人たちが死にはじめた。階下に住んでた女の人。父の兄。ついにあのオスタプおじさんも。確かにおじさんはスハリを用意してたけど、赤痢にかかってしまって、いくらラスクがあっても助からなかった。

あたしは給食のスープに救われた。そして家では、奇蹟的に母さんが買っておいた一瓶のキャビアがあたしたちを救ってくれた。それと、父さんが買った一箱の糊。魚油でできたいい糊でね、いまじゃもうだれもそんなもの作らない。糊を食べるのは変な感じだったけど、何日か空腹が続くとどうでもよくなった。どんなものでも見つかればそれでお腹を満たしたんだ。母さんはあたしたちに毎日パンと二匙のキャビアを出し、糊でゼリーを作ってくれた。グリボエードフ運河の近くにあった最寄りの店では、どういうわけかまだマスタードが買えたんだ。そしてゼリーが糊でできていることを気にしなければ、マスタードをつければなんとか食べられたよ。

その頃、人々はますます絶望的になっていてね。バダーエフ食料倉庫の焼け跡に行って、バケツに土を集め、水と混ぜて、砂糖を分離しようとした人たちもいた。そうやって少しでもカロリーを得ようとしたんだよ。

一方、父さんは市役所から新しい任務を与えられた。四人の部下と一緒に集合住宅を回って、だれか亡くなった人はいないか管理人に尋ねる。見つかった場合は、遺体を墓地に運んだ。最初は荷馬車を使ってたけど、その後、馬がいなくなったから――きっとだれかがさばいて肉に変えちまったに違いない――荷車を自分たちで引く羽目になった。冬になると荷車を橇《そり》に替えたよ。

でも冬にはもう集合住宅を回る必要もなくなった。人々は路上で死んでいったから。一旦家を出ると、もう戻ってこなかった。うちの近所のグリボエードフ運河に、八歳くらいの幼い男の子の死体があったよ。水を汲みに降りたけど、もう上がってくる力がなかったのかねえ？　わからない。でも、自分たちがすぐにそんな眺めにも慣れてしまったことは知ってるよ」

3

「父さんは新しい仕事で恐ろしい気分を味わっていた。一生懸命、身を粉にして働いてはいたけど、疲れ果て、意気消沈して帰ってきた。そのとき起きていたことの規模を理解していたのは、あたしたち家族の中では父さんだけだったと思う。そして次はあたしたちの番だって真剣に考えていた。レニングラード全体が死に絶えるんだって。

　その頃のことで憶えてるのはね、ある日パンを買う列に並んだんだ、でもパンがみんなに行き渡るかどうか確かめたくて、あたしは数十メートル先の店の入口まで行ってみた。そのときだよ、ドイツの爆撃機が飛んできたのは。列であたしの前に立っていた女の人が倒れた。即死だった。どうしてあたしじゃないの？　どうしてあたしは助かって、あの人は助からなかったの？　わからない。あたしは毎日このことを自分にも神様にも問いかけてる。

　それでも、あたしたちはこの冬を越せそうもないってことが日に日にはっきりしてきた。あたしは毎日、自分が少しずつ衰弱しているのを感じた。

　いちばんつらかったのは二月、いちばん寒い月。とりわけ、うちの家庭用ストーブ、いわゆるブルジュイカ〔だるまストーブのこと〕で燃やせるものは全部――床の一部と家具もほとんど――燃やしてしまっていたから。だれも家から出る力がなかった。あたしは学校に通わなくなっていたし、父さんは仕事から帰ってくると、三階まで上がってくるのがやっとだったね。

　挙げ句の果てに、一週間のうちに両親がふたりともいなくなってしまった。

　まず父が召集され、五日後に出征した。それから数日して、母さんが階段で転んで骨盤を骨折し、入院する羽目になった。驚いたことに、病院はちゃんと開いていて、なにがしかの食料さえあった。入院できたおかげで大勢の人の命が助かったんだよ。

　そんなわけであたしは、両親も燃料も食べ物もなく、零下十五度の寒さの中ひとりぼっちになった。母さんに面会に行く力もなかった。母さんはひとりで横になっていて、やはりあたしのためにできることはなかった。窓辺に座ったまま動くこともできなかった日のことを憶えてるよ。ただそうやって死を待っていたんだ。

そのとき、朦朧としたまま夢を見た。ひとりの女の人がうちのコムナルカの屋根の上であたしを導いている。あとについていくと、その人はあたしに向かって穏やかに微笑んでいた。するといつの間にかあたしたちふたりは屋根の端に立っていたんだよ。最初その人は母さんだと思った。あたしはその人を見た。

『飛び降りるの?』あたしは訊いた。

でも女の人はあたしに向かって穏やかに微笑んだ。そのとき、この人は母さんじゃなくて聖母マリアなのだと気づいた。前にカトリックの友達のうちで見た絵に描かれていたみたいな。

『いいえ、娘よ。おまえは生きるのよ』女の人は言った。

あたしは抗議したよ。その人にこう答えた。

『食べるものがないし、燃料もない、周りの人はみんな死んでいく。生き残れっこない!』

でも女の人はまた微笑んだ。

『おまえは生きるのよ』と繰り返すんだ。

ヴィトルト、こんな話とても信じられないってことはわかってるよ、でも周りでこれだけ大勢の人が死んでいるときに、超自然的なことが起きない方が難しい。そしてしばらくすると、管理人のフョードルおじさんの奥さん、トーラおばさんに起こされた。あたしが生きてるかどうか確かめに来たんだよ。おばさんはパンを一切れ持ってきてくれた。そしてキャビアの瓶から残りをすくって、二匙か、もしかすると三匙もくれて、これ以上はだめ、あんたの腸がねじれちまうからと言った。それから、あたしをどうするか相談しようと夫の方へのろのろと歩いていった。この人たちは親切だったよ。フョードルおじさんは母さんと同じ、屋根から焼夷弾を落とす作業班にいたの。この夫婦には息子が二人いて、一人は戦争前に死んでしまったけど、もう一人のイーゴルカはあたしより二つ年下で、目に入れても痛くないほどかわいがられてたよ。

フョードルおじさんには町のパン屋で働いているいとこがいた。おじさんはこのいとこのところに行って、これこれこういう女の子がいる、兄と父親は出征して、母親は入院中だと言ってくれた。向こうはいい顔をしなかった。だって飢餓の時代、だれもがパン屋で働きたがったからね。でもフョードルおじさんには自分なりの手立てがあった。あたしが自分の足で立てるようになるまで二日間猶予をもらい、それから働きに行くことになったんだ。

それであたしは出かけた。靴紐が結べなかったのを憶えてるよ。最初はびっくりしたね、こんなにひどく飢えていても足は大きくなるんだって。あとになってわかったけど、大きくなったわけじゃなくて、飢えのせいで全身がむくんでいただけだった。

夜中の二時に家を出なくちゃいけなかった。パン屋じゃそんなふうに働くのさ。ずいぶん長いこと歩いたよ。うちからネフスキー大通りの辺りまで普通なら歩いて十五分だけど、そのときは一時間以上かかった。でもね、パン屋に入った瞬間、楽園にいるみたいだった。不思議なことに、そこはパンのにおいじゃなくてエンジンオイルのにおいがしたの。オーブンに塗るものがほかになかったんだよ。でも小麦粉を見るだけで、パン職人の白いエプロンを見るだけで、焼き型を見るだけで、すべてが心を落ち着かせてくれた。パンがあるって？　それは世界がまだ回っているということ。あたしたちはなんとかして生き延びられるかもしれない。

年輩のパン職人が迎えてくれた。白髪を後ろになでつけ、粉まみれの灰色のエプロンを着けていた。

『ヴャチェスラフ・イヴァノヴィチだ』と自己紹介した。

『タマーラ・アンドレーエヴナです』

『じゃあ、タマーラ、始めましょうか？』

『はい』

ヴャチェスラフ・イヴァノヴィチはほかのパン職人たちが働いているところにあたしを連れていった。その人たちと同じ白い制服と帽子を渡されて、盗みはご法度と言われた――パンはすべて数えられている、小麦粉も――そして窃盗は銃殺刑に処される、とね。あたしはそこで働いていた人たちに自己紹介して、みんなと握手すると仕事に取りかかった。

あたしの仕事はできあがった生地を金属の型に流し込むことだった。つらくて、単調で、何時間もひっきりなしに同じことの繰り返し。

でもね、ヴィトルト、ひとつ知っておいてほしいことがある。封鎖下のレニングラードのパンは、あんたの知ってるようなパンじゃなかったんだよ。もう話したように、町にはひと月分かそこらの備蓄しかなかった。冬になると凍ったラドガ湖〔フィンランドとの国境に近いレニングラード州の湖〕を越えて――そこが国の残りの部分と唯一つながっている道だった――あたしたちにさまざまな食品を送り届けようとしてくれた。でもドイツ軍が輸送車両を爆撃したせいで、大部分は届かなかった。そこで我らが専門家は手に入るものでパン生地を作ったの。基本は燕麦とライ麦の粉だったけど、それに松葉の粉、挽いた亜麻仁のかす、挽いた樹皮、セルロースなど、中央から運んでこられたものは何でも加えた。いいにおいじゃなかったし、さっきも話したように、オーブン用の食用油さえなかったけど、それでもあたしはうれしかった。パンは命よ、ヴィトルト、包囲されたレニングラードのような場所では、そのことを実感する。パン屋で働きはじめてから、あたしは自分が死から生の方に向き直ったような気がしたよ。

初めの数日間、職場の同志たちは——あたしたちは互いに『同志』と呼び合っていた——仕事を教えてくれて、万が一ついていけなくても目をつぶってくれた。でも一週間もするともうみんなと対等に働いていたよ。人々が生き残れるかどうかはあたしたちにかかっているとわかってたから、ひとり残らず全員が仕事に精魂を込めていたんだよ。

このパン屋はあまりに居心地がよくて、外に出たいとはまったく思わなかった。そもそもなんでエネルギーを無駄に浪費するんだい？　しばらくすると三十分で出勤できるようになった。帰りもまた三十分。うちに帰ってもどうせ何もする力がなかったんだ。行き帰りで時間を無駄にする意味がなかった。家族のいる人たちは家に帰って寝てたけど。

あたしはパン屋で寝た。

街を歩いていると時折、どこかに出かける途中で死んでしまった人を見かけることがあった。身内のだれかが橇で墓地に運ぶこともあったけど、それだけの体力のある人はめったにいなかった。たいていは市が片付けるまでそのままだったね。歩いていると、一切れのパンを求めて行列に並んでいる人たちを見かけて、それで考えたもんだよ、どうしてあたしはツイてるんだろうって。なんであたしは暖かいパン屋で働いてるんだろう、なんであたしはほんのちょっとパンを多めにもらえるんだろう？　どんな法則があって、あたしは運が開けてきたんだろう？　って。

そしてある日、出し抜けに春が来た。レニングラードは見違えたよ！　生き延びた人々が外に出てきはじめた。日に日に、どんな小さな土地でも人々は奪い取るようにして耕し、何かの種を蒔いた。にんじん、キャベツ、二十日大根、カブ、コールラビ。ビーツ、パセリ、レタス。どこもかしこも何かしら作物が植わってた、聖イサアク大聖堂のそばの小さな公園も、〈夏の庭園〉も、〈マルスの野〉広場も。広めの畑には猟師が狩りのときに建てるような見張り小屋が建てられて、そういう小屋の中には武器を持った警官がよく立っていた。正教の大聖堂のそばの敷地いっぱいにキャベツが植えられてたよ。

苗木や種子はモスクワや他の都市から特別な飛行機で運ばれてきた。それがレニングラードのあらゆる地区に配られた。苗木や種子は植物園でももらえた。それに植物園では、野草のうち食べても安全なのはどれかという講義もやっていたね。

体の中に生気が戻ってくるのを感じたよ。この冬を越せたんだから、次の冬にはもっとしっかり備えられるってね！

ところが市内には雑草一本生えてなかったんだ。シバムギも、ゴボウも、イラクサも。それに鳥も犬も猫もいなかった。食べられるものは全部、冬の間に人間が食べちまったのさ。

五月一日の〈労働者の日〉は共産主義の暦でいちばん重要な日のひとつでね、あたしと一緒に働いていた親たちは自分の子供をパン屋に連れてきて、子供たちはそれぞれ甘いパンをひとつずつもらった。あたしたちが朝早くから特別に白い小麦粉で焼いたものだよ。白い小麦粉っていうのは、当時は想像できないほど貴重なご馳走だった。ヴャチェスラフ・イヴァノヴィチはその粉を手に入れるため、わざわざ市の向こう端まで出かけたんだよ。

ただ、あたしはそのパンをもらえなかった。

そのときあたしは、ヴィトルト、どれだけ大泣きしたことか！　子供たちの中にはあたしより大きい子もいたんだよ！　でも、あたしはそこの労働者であって、労働者の子供じゃなかった。あたしのことなんか、だれひとり頭に浮かばなかったんだね。

ヴャチェスラフ・イヴァノヴィチはあたしが泣いてるのを見て、孫息子のパーシャを連れてあたしのところに来ると、パンを分けてやるように孫に言った。パーシャは気が進まなそうだったけど、おじいさんに言われて仕方なく、あたしにパンを半分ちぎってくれた。それを食べるのは気まずかったけど、なんとかがんばって食べたよ。

あんなにおいしいものは、開戦以来、食べたことがなかったたねえ」

4

「最近、うちの息子が、レニングラードにいたというフィンランド人のパン職人の写真を見せてくれたのよ。ダニイル・イヴァノヴィチ・キューティネンという名前の。その人は一生懸命働いた——あの頃、あたしたちはみんな一生懸命働いたんだ——でもその人はパンのひとかけらさえ口に入れなかった。一九四二年、その人はパン屋の中で餓死した。息子に、その人のことを憶えてるかって訊かれたのね。息子や、とあたしは言った。あたしは当時一緒に働いていた人たちのことだって憶えてないのに、まして別のパン屋で働いてた人のことなんて！　仕事中に死んだ？　もしかしてフィンランド人だったせいかしら、ほかの人たちより余計にその人の手を見張っていたかもしれないでしょ？　だってドイツ軍のほかにフィンランド軍だってレニングラードを包囲してたんだから、きっとここじゃ大変だったはずだよ。それとも単にそういう性格だったのかねえ？　『取るな』って言われたから取らなかったとか。わからないね。飢え死にしたパン職人の話は、あたしはほかに聞いたことがないよ。

実際、パンくずひとつ口に入れなかった人というのは確かにいた。でもね、封鎖で儲けた人たちもいたんだよ。戦後になって、あたしは同級生のイリーナに会いに行った。学校では隣の席で仲良しだったから、イリーナと母親はとても温かく迎えてくれて、客間に通されて、最近はどう、タマーラ、お母さんはお元気、タマーラ、なんてあれこれ訊かれた。あたしは座っていて、壁を見れば高価な絵が掛かってる。イリーナと母親の指を見れば、金の指輪がはまってるじゃないか。封鎖が解除されて一年も経たないのに、このひとり親はどうやってこれだけの高価な品を手に入れたんだろう、母子で金の指輪をはめてるなんて、あたしはしばらく頭の中で考えずにはいられなかった。でも、それがどういうことかわかったとき、全身が震えたよ。

イリーナの母親は幼稚園の先生をしてた。幼稚園では、封鎖下のいちばん厳しかった時期でさえ毎日、あたしたちの学校と同じようにスープが出た。食べ物に手が届けば、なんとかして少しでもかすめ取ろうとするのが人の常。子供たちには一匙ずつスープを少なめに与える——そうすりゃすぐに皿一杯分が手に入るってわけ。当時、人々は市場に行けば、一斤のパンか一皿のスープと引き換えに宝石や金の指輪を手に入れることができた、そんな時代だった。人々は食べ物と引き換えに何もかも手放したんだよ。

イリーナと母親は同じ指輪をしていた。あたしはなるたけ早くおいとました。頭が痛いので、急いで外の空気を吸わなくちゃいけないと言ってね。

イリーナはいまも健在だよ。ときどき顔を合わせることもあったけど、あたしはもうあの子と話したくなかった。たかが工場の会計係に過ぎなかったのに、しょっちゅう休暇で外国に出かけては新しい毛皮を買ってたし、三人の息子はそれぞれ家を建てた。封鎖下に例のスープで荒稼ぎした金を、もう第三世代が使ってるってわけさ。

そうよ、ヴィトルト。そのことは忘れてしまいたいけど、でも封鎖下に人間らしく振る舞った人たちばかりじゃなかったことは忘れもしないよ。パン屋にもそういう女たちがいて、戦後、たくさん指輪をはめてるのを見たもんだよ。パンを配達していた運転手やパンを売る店の売り子たち、そういう人たちの多くがその後、金歯をはめて、カラクール羊の毛皮のコートを着ているのを見かけたよ。その人たちはいつパンを持ち出したんだろう？　どうやって？　どういうルートでどこへ？　あたしには見当もつかないけど、でもその人たちなりの方法があったんでしょうよ。その後、共産主義政権時代には、レニングラードじゃ皆がいかに勇敢で、いかに互いに助け合ったかしか言えなくなってしまった。

まったく。皆が皆そういうわけじゃなかった。

パンを焼く粉が足りなくて、すりつぶした石の粉末を混ぜるしかない日もあったことを思うと、なおさら悲しいよ。それに思い出してほしいんだけど、配給のパンはたったの一二五グラムだったんだよ。

でも、あのフィンランド人のパン職人みたいな人たちもいたんだ。

レニングラード当局は全然違った。父は働いていた間、ときどきスモーリヌィ研究所に行かなくちゃならなかった。そこに市庁があって、アンドレイ・ジダーノフが君臨してたんだ——市の飢饉への備えを怠った奴だよ。父が言うには、スモーリヌィの食堂には何でもあって、まるで封鎖なんてないかのようだったって。カツレツ、じゃがいも、鶏肉。そこからは何も持ち出せなかったけど、中では食べることができたんだ。ジダーノフのとこに——当時レニングラードではだれもがそう言ってた——モスクワからコニャックとソーセージを運ぶ飛行機が飛んできてたんだって」

5

「ドイツ軍のレニングラード包囲の輪をソ連兵たちが破ったのはようやく一九四四年になってからのことで、封鎖開始から二年半が過ぎていた。ほぼ同じ頃、母さんが退院した。母さんはあたしが生きてることを知っていた。知り合いを通じて伝えてもらってたから。母さんはあたしを抱きしめ、キスしてくれた。あたしたちはふたりとも父さんが前線で死んだことは知っていた——徴兵されてひと月半後に戦死の知らせが届いたから。母さんと一緒に泣いたよ、それから家に戻って、数年間はそんな母と子のふたり暮らしだった。

何が悲しいかってね、ヴィトルト、あたしはもう子供じゃなかったってこと。あたしは十二歳のとき、何もかもひとりでやらなきゃいけなくなって、子供でいることをやめたんだよ。ドイツが負けたとき、あたしはもう十五歳になっていた。すっかり大人になっていたよ。一時期、大学に行って医者になるのが夢だった。でも当時そんな機会はなかった。あたしは店に働きに出て、長年、店員をやったよ、それから食品協同組合の事務所で働いた。そこでも毎日パンと一緒だった、付き合い方は違ったけどね。

あたしがパン屋で働いていた頃、技術者たちがどれだけ難しい課題を抱えていたか、いまではるかによくわかる。なにしろ、あたしたちの焼くパンに何を加えるべきかについて専門家チームが一丸となって取り組んでいたんだからね。いいかい、たとえば、どうして松葉を煮出した汁が加えられたかわかる？壊血病を予防する効果があったからだよ。そして、あたしたちは確かに飢えてはいたけど、だれも壊血病には罹らなかった。

でもね、疑問に思っていることもたくさんあるんだよ、ヴィトルト。たとえば、レニングラードが封鎖されていた間もずっと動物園が開いてたのはどうして？　人々が飢え死にしかけていたのと同じ頃、動物園のカバは毎日数十キロの餌をたっぷりもらってた。そのとき本当にカバの餌の方が大切だったの？

　その時期あたしの命を救ってくれたキャビアの空き瓶はいまでも取ってあるよ。見たいかい？　ほら、糸が入ってる、針とボタンと端布も、もう何の役にも立たないだろうけど、捨てるのはもったいなくてね。

　兄のピョートルを母と一緒に捜したけど見つからなかった。でも三年前、あるテレビ番組を見ていたら、ソ連の戦争捕虜の運命を調査しているという教授が出ていてね。その教授はレニングラード周辺で捕虜となった人たち全員の名簿を持っていて、当事者の家族に快く提供したいと言ったんだ。

　息子に頼んで、その教授に連絡を取ってもらったの、そしたら、その名簿に兄の名前があったんだよ。わかったのは、兄が捕まって、捕虜として鉱山で働いていたということだけ。その鉱山で死んだらしいわ。心が張り裂けそうだった、だって一瞬、もしかして兄は生き延びていて、死ぬ前にもう一度会えるかもしれないって思ってたから。でもそうじゃなかった。もちろん、そんなことが起きる場合もあるけど、でもめったにないことよね。

　考え事をしていて夜中に眠れなくなる日もある。父さんのこと。あたしたちの住んでたコムナルカの子供たちのこと。パン職人のヴャチェスラフさんのこと、とても親切にしてくれたトーラおばさんのこと、そして、あの恐ろしい封鎖の最中にレニングラードで亡くなったすべての人たちのこと、ここではその人たちの骨の上を毎日歩いているんだよ。そんなときは、ヴィトルト、枕に突っ伏して泣くの、だってほかに何ができる？　あるとき朝方まで泣きつづけて、ようやく眠れたと思ったら、兄の夢を見た。変な夢だったねえ、だってこれは全部夢だってわかってたんだから、にもかかわらずあたしは現実の人と話すみたいに兄と話をした。あたしは兄にこう言うの。『ピョートル、あなたたちみんなのことを思うと、とても

著者とタマーラ・アンドレーエヴナ

つらい。あなたたちがいなくて、とてもさみしい』すると兄はこう答える。『タマーラ。泣くな、おまえが生き延びたのは泣くためじゃない、俺たちみんなの代わりに生きるためなんだよ』って。

だからあたしは生きている。

いまでも年に一度か二度はこんな夢を見るよ、あたしはまた十二歳になって、また屋根の上を歩いてる、すると目の前に聖母マリアがいるんだ。いつもあたしはこう尋ねる。『もうその時が来たの？』マリア様はいつも首を横に振る。まだよ。いずれ首を縦に振る日が来ることはわかってる。そしたらあたしたちは手を取り合って、一緒にレニングラード上空を飛んでいくのよ、毎日恋しく思っている、あたしの親しい人たちのところへ」

メニュー

毎年、レニングラードの犠牲者たちを偲んで、ロシア全土のパン屋が「封鎖下のパンを焼こう」という活動を行っている。そのうちの一軒、遠く離れたウラン・ウデのパン屋がインターネットに——レニングラードのパン屋の一軒から直接得たと思われる——こんなレシピを載せた。

粗挽きの小麦粉またはライ麦粉　一五〇グラム
飼料用燕麦ふすま　五〇グラム（私たちが知っているふすまとは何の関係もない。レニングラードで最初に使われたのは郊外の厩舎のものだった）
ヒマワリの種の油粕（搾りかす）　五〇グラム

トウモロコシ粉（レニングラードでは製パン業に従事する労働者が袋をはたいて工場の床に落ちた残りかすまで集めた）
挽いた松の樹皮の粉　五〇グラム
木くずから作られた酵母　五グラム

まず、もちろん、ボウルに酵母と水を少し入れて発酵させる。ふくらむまで置いておく。次にすべての材料を酵母と一緒に混ぜ合わせ、生地をこねる。成型し、約二二〇℃に予熱したオーブンで三十〜四十分焼く。

レニングラード封鎖は計九百日以上続いた。記念碑的な本『レニングラード』の著者アンナ・リードは、それは「人類史上最も恐ろしい封鎖」だったと書いている。そしてレニングラードは「ヒトラーが征服できなかった最初の都市」となった、と。
封鎖下の最も痛ましい証言のひとつが「飢饉のあと、わたしがまだ生きていたときのメニュー」である。一九四一年の最も過酷な冬に、十六歳のヴァーリャ・チェプコが紙切れに書き留めたものだ。それは今日まで〈レニングラード防衛と包囲博物館〉に保管されている。
内容は以下のとおり。

第一の皿、スープ――じゃがいもときのこのスープ、燕麦のスープ、丸麦のスープ、肉入りシチー
第二の皿、カーシャ――バター入り燕麦のカーシャ、黍《きび》のカーシャ、丸麦のカーシャ、蕎麦の実の

カーシャ、米のカーシャ、挽き割り小麦のカーシャ
　肉料理――じゃがいものピュレを添えたメンチカツ、じゃがいものピュレまたはカーシャを添えたソーセージ

ヴァーリャは次の言葉でメニューを締めくくっている。「こんなこと夢見ても仕方ない、だってわたしたちはそれまで生きられそうにないから！」。彼女は一九四二年二月に亡くなった。

第七の皿　遺体発掘――戦時下の料理

1

私たちは早朝、太陽がしかるべき高さに昇ったらすぐに落ち合う。めいめいがシャベルとバケツを持っている。アンドレイのような力持ちは――太鼓腹で、吊りズボンをはいているせいで仲間たちにオベリックス〔フランスの人気コミックシリーズの登場人物〕と呼ばれているアンドレイは、（私はすぐに知ることになるが）ノルウェーの建設現場で働いていて、ここには休暇で来ているだけだ――さらにポンプ用のモーターとポンプそのものも運んでいる。今日は池で作業するのでこれが役に立つのだ。

私たち十五人――十四人のロシア人と私――はエストニアの、ロシアとの国境から五キロか六キロ離れたところにいる。

私は斧を持っている――これも役に立つ、というのも途中で森を切り開く必要があるからで、ほかの二人の仲間はチェーンソーを持っている。パーヴェル・ヴァルーニン、友人たちからパーシャと呼ばれる我々のリーダーは、その代わり金属探知機を持ち歩いている。

「勲章、ズボンのボタン、ベルトのバックルを探すんだよ」とパーシャは言う。

彼らに同行して森に入るのは、第二次世界大戦時の赤軍兵士の遺骨を掘り起こすためだ。私はそのことを納得しようとする。なにしろこれは、エストニアと、お隣のラトビアとリトアニア、それにポーランドを含むヨーロッパの半分を徹底的に蹂躙し、我が国では主に強姦や略奪によって記憶されている、あの赤軍兵士たちなのだと。

そうだ。そうしていったん入ってくると、その後、四十年以上にわたって我々を占領しつづけた。だが公平を期すために記すと、兵士たちはしばしば十代か、せいぜい二十代前半で、まだ子供同然の彼らは、ソ連のプロパガンダと〈諸国民の太陽〉ヨシフ・スターリンの言うことを鵜呑みにしていた。そしてばたばたと死んだ。スターリンには世界征服という遠大な計画があり、兵士が五百万死のうが、一千五百万死のうが、二千五百万死のうがどうでもよかったからだ。そんなわけでこの土地のどこかにサーシャ、グリーシャ、ミーシャ、セリョージャらが皆眠っていて、彼らのことを憶えている者はいない。というのも、兵士たちはしばしばあまりにも若くして死んだため、だれの記憶にも痕跡を残さず、長い間だれも彼らを見つける機会がなかったのだ。

私たちがいるここ、ナルヴァ―タリン間の二〇〇キロメートルに、十万人以上が眠っている。一キロメートルあたり死体が五百。二メートルごとに次の死体。己の意地と勇気でファシズムに打ち勝ったのは、これらの若者たちだった。彼らが犯したあらゆる悪事を忘れることはできない。

だが、彼らが成し遂げたことも憶えておこうと思う。

私がパーシャのグループに同行しているのは、彼らが戦って死んだ場所がどんなところか知りたいからだ。そしてもちろん、彼らが何を食べていたかも。どんな環境で食事を取っていたか、野戦厨房はどこにあったかを現地で確かめたいし、パーシャのような人たちから、赤軍兵士の日常生活——食べ物も含む——について可能なかぎり話を聞きたい。

私たちは、かつてロシア人がクニャーシ・セローと呼んでいたクニンガキュラ村の近くにいる。左へ行けばクレマエで、そこにはピュフティツァ生神女就寝女子修道院がある。ソ連崩壊後もここに残った三十万人のエストニア在住ロシア人のためのロシアの小さな断片が。修道院の庭にはマトリョーシカのような形に積まれた薪の山がいくつも立っている。数日前そこに行ったから知っている。

右へ行けば、エストニアとロシアの国境を流れるナルヴァ川にたどり着く。

だが私たちはまっすぐ進む。いちばん大きな茂みの中へと。

パーヴェル・ヴァルーニンは地元のロシア人組織〈カムラート〔仲間の意〕〉の代表だ。〈カムラート〉は長年、第二次世界大戦のさまざまな前線で戦ったソ連兵——ソ連だけとは限らないが——の遺骨を発掘し、葬儀を執り行っている。正教の司祭と、花と、スカーフをかぶったおばあさんたち、勲章をたくさんつけた退役軍人たち、そして嘆きの歌、すべて揃ったちゃんとした葬儀だ。この組織はナルヴァに拠点を置いている。ナルヴァはエストニア在住ロシア人——あるいは、こう言った方がよければ、ロシア語を話すエストニア人——の首都だ。

「一九四四年、ここで激戦が繰り広げられた。ナルヴァはエストニアの玄関口で、エストニアはスカンジナビアの玄関口で北欧の検問所だったからだ」ヴァルーニン——友人たちにとってはパーシャ——は語る。だれでも彼と一緒に発掘に行けば、たちまち友達になる。「スターリンはナルヴァを二週間で制圧できると考えていた。だがドイツ軍の激しい抵抗に遭い、赤軍はポーランドとルーマニアにはなんとか侵入したものの、レニングラードから一五〇キロしか離れていないナルヴァにはまだ入れずにいた」

だがパーシャの話が調子づいてくる前に、私たちはもう斧と鋸を取り出す。というのも、ここの自然は本当に未開で、森の奥深くに入るには伐採しなくてはならないからだ。木々の向こうに小川が流れている――そこを渡るのに何本か木を切って、簡単な橋を作らないといけない。

2

私はセリョージャと共に木を切る。セリョージャはナルヴァ近郊出身の技師で、近くのオイルシェール鉱山で働いている。パーシャは私たち二人に一緒に行動するよう指示した。というのもセリョージャの祖父、ヴャチェスラフ・アントーノヴィチは、戦時中ウクライナの前線で戦い、補給を担当していたからだ。

「ここのオイルシェール鉱床は、ドイツ軍がナルヴァを手放したくなかった理由のひとつだ」私に斧を渡しながら息を切らしてセリョージャは言う。「オイルシェールで戦車や潜水艦の燃料を作っていたんだ。鉱山は町から一〇キロのところで始まる。いま僕らがいる場所からは八キロ。ところで、君は食べ物に興味があるんだってね。僕と同じだな。祖父は僕の人生でいちばん大切な人だった。よく話を聞かせてもらったものだよ」

「じゃあ、前線の食べ物について教えてくれ！」

「赤軍兵士は皆、飯盒《はんごう》と刻み煙草の袋か紙煙草入れを携行していた。スプーンも持っていたが、フォークはなかった。ドイツ軍だけが気の利いた折りたたみ式の、半分がフォークで、もう半分がスプーンというのを持っていた。赤軍兵士たちはこのスプーン兼フォークがいたく気に入って、ドイツ国防軍の兵士の死体をあさっては持ち去ることも多かった」

「盗んだのか？」私は尋ねる。

「盗んだんじゃなくて失敬したんだ」セリョージャは憤慨する。「前線で戦っていた人たちのしたことを僕らの物差しで判断することはできない。ドイツ兵のところでもソ連の武器や飯盒が見つかる。それだってこっちの兵士たちから失敬したものだ。ただし飯盒はドイツ軍の方がいいものを持っていた。楕円形で携帯しやすい形だった。それにどっちの兵士も食べ物を求めて死体をあさった。たいてい腹を空かせていたからね」

「どうして？」

「食料を運ぶ車両が到着しなかったり、村にはもはや軍に納入すべき分量の食料がなかったりした。祖父の話では、ドイツ軍は最初から、つまり一九四一年六月から焦土作戦を採っていた。連中は農民たちが取っておいた食べ物をすべて徴発した。仮に電撃戦が成功して、秋までに実際にモスクワに到達していたなら、焦土作戦はうまくいっただろう。しかし戦争はさらに三年続いたから、それが裏目に出た。彼らは大勢が餓死した土地に退却する羽目になった。たまたま前線のこの地域は飢えていなかったけどね。ここで腹を空かせていたのは赤軍兵士であって、ドイツ軍ではなかった」

「兵士たちは毎日何を食べていたの？」

「基本的な献立はいわゆるクレーシュ、肉やラードを加えた黍《きび》のスープだ。そのほか、ボルシチ、シチー、グヤーシュもあった。グヤーシュというのは、たいていは煮込みすぎた蕎麦の実のカーシャに肉を入れたものだ。だが主食はパンで、軍のパン職人が何でも手に入った材料を使って焼いた。普通はライ麦粉だったが、アメリカ軍からトウモロコシ粉を入手して、それで何が作れるか、料理人たちが知恵を絞らなくちゃならないこともあった。国防省の指針によると、兵士は十分な量のパンを摂らなくてはならない。

すなわち、暖かい季節には一日八〇〇グラム、冬季は一日九〇〇グラム。また、じゃがいも四五〇グラム、他の野菜三〇〇グラム、穀物またはパスタ一七〇グラム、肉一五〇グラム、脂質五〇グラム、砂糖三五グラムも受け取ることになっていた」

「受け取ってたの？」

「いや。実際に支給される食料の量は、その兵士がどの前線で戦っていて、そこでの食料補給がどうかによって異なっていた。赤軍兵士たちは、少なくとも開戦当初、もっぱら退却していた頃はしばしば飢え死にしていた。彼らがもらっていたのは、野戦厨房で毎日焼かれていたパン二〇〇～三〇〇グラムと、たいていは魚か野菜のスープだった。運よく自分が戦っていた部隊にアメリカの缶詰が届けば、通常は三人に一個の割り当てで、牛肉の缶詰ももらえた。将校たちはさらに——これも建前ではあるが、しかし何らかの基準が必要なので——バターまたはラード四〇グラム、ビスケット二〇グラム、魚の缶詰五〇グラムを受け取った。将軍たちは別の階級《カースト》だった。彼らのもとにはソーセージとワインが届いた。ところで、何が一般の兵士を救ったか知ってるかい？」

「いや、知らないな」

「森だよ。ここみたいな。祖父は兵士たちにイラクサのスープの作り方を教えたって言ってたな。じゃがいも二つと小さな焚き火があればいい、だれでも飯盒でそのスープを作ることができた。あるいは、カタツムリがたくさんいる場所を通ったときは、それを焚き火で焼いた。そのスープをいつだったか祖父のレシピで作ったことがある。僕らは一日中、これから行く池とよく似た池で過ごした。みんな腹ぺこだった。だれもサンドイッチを持ってきてなかったけど、熾火で焼くつもりで、じゃがいもをいくつか持ってきた人たちがいた。僕はこう言った。『そのじゃがいもと三十分を僕にくれないか』そして祖父が教えてくれたとおりにスープを作った。みんな驚いたのなんの！　それ以来定期的に、祖父が教えてくれた料理をみんなに振る舞っているってわけさ。イワミツバのサラダも作るよ。クレーシュも何度か作ったことがある。兵士たちが当時食べていた料理を味わうことで、彼らをより身近に感じられるんだ」

3

私たちは小川を二つ渡り、茂みをかき分けた。両足は傷だらけだ。それでもついにパーシャが連れてこようとしていた池にたどり着く。

ロシア人たちは言葉を使わず意思疎通している。彼らがこうした集団活動をするのは、これが初めてではないのは明らかだ。ひとりが焚き火を熾し、別のふたりがその間にポンプを動かすと、ポンプは池から水を吸い上げはじめ、数メートル先に水を吐き出す。残りの者は発掘に取りかかる。

私も彼らと一緒に掘る。シャベルを手に一メートルずつ、次第に深く深く、第二次世界大戦中にここで命を落とした兵士の遺骨を探す。パーシャとほとんど肩を並べて掘っている。彼は息を切らしながら、この場所のあらゆる秘密を順番に説明してくれる。

「前線が何度もここを通過したから、見つかるのがドイツ兵なのかロシア兵なのかは完全にはわからない。とにかく、ここではほかにも多くの国が戦っていた。エストニアにはヨーロッパ中からSSの義勇大隊が来ていたからね。僕らは国籍に関係なく、敬意を持ってすべての遺骨を埋葬する。だが何かが見つかるかどうかはわからない。こういう池では数十人分の遺骨が見つかることもある。戦時中は池に投げ込むのがいちばん手っ取り早い埋葬方法だったからね。でも一日中掘っても何も見つからないこともある。いちばん重要なのは、僕らが見つけ出そうとしていること。仮に自分がこんな立場なら、せめてだれかに見つけてもらいたい、きちんと埋葬してほしいと思うだろうからね」

突然、私のシャベルが、何か黒くて細長い物にぶつかる。自転車のチューブの切れ端みたいに見える。

「これは何だい?」私は尋ねる。だってチューブじゃないのはわかるから。

「靴底だ。ワーレンキ〔羊毛フェルト製の長靴〕の」とパーシャが言う。そしてこう付け加える。「それでわかった、ここに眠っているのはロシア兵だ、ドイツ兵はワーレンキを履いてなかったからな。慎重に掘れよ、すぐに次のが出てくるぞ」

実際、シャベルを二回突き立てただけでワーレンキの靴底がもうひとつ見つかる。しばらくすると、かなりの数が集まる。

私はせめてしばしの間この若者たちのことを考えようとする。きっと私よりも若く、この木立の間で、不格好な靴を履いて永遠の眠りについた若者たちのことを。だが何もかもがあまりに慌ただしく起こる。というのもパーシャが池から出てきて、私から靴底を受け取ろうとしたとき、アンドレイ――ポンプを運んでいたあの太った男――がこう叫ぶからだ。

「骨だあああああああああ！！！　パーシャ、骨だぞ！」

パーシャと私は共に駆け寄る。

見つかったのは鎖骨の一部だ。

4

アンドレイの発見のあと、落ち着くためにしばし休憩を取る。みんな感動している。この短い休憩時間を利用して、私はセリョージャとの会話に戻る。

「セリョージャ、戦争中はだれが料理をしていたの？」

「特別な訓練を受けた料理人だよ」セリョージャは言う。「祖父の仕事のひとつは、派兵先の地域の自然の恵みを利用できるように、そうした料理人たちを訓練することだった。国防省は特別な本まで発行したんだよ、香草や葉っぱや、雑草だって料理に使えるものがあるっていう本だ。そこにはイワミツバのサラダの作り方も載っていてね、イワミツバというのは雑草なんだけど、とても健康にいいし、どこにでもたくさん生えている。それにスイバや野生のニンニクの見つけ方と使い方や、ドングリを挽いてコーヒーにする方法も載ってたな。ヤナギタデ、コミヤマカタバミ、ゴボウ、ゼニアオイ、野生の瓜の使い方も。要は、料理人は補給物資が届くまで手をこまぬいて待っていてはいけないってこと。補給は遅れることもあったし、前線に届かないこともあったからね」

「で、どうやって料理したんだい？」

「野戦厨房でだ。以前、仲間とそういう厨房を掘り出したことがある。釜が二つと、その下に焚き口があった。釜の中には元の鍋まで残っていた。それは地元の博物館に寄贈したよ。そこでは兵士たちが前線で何を食べていたかについての展示をすることになっている。それと、どんなふうに食べていたかも。ところで、野戦厨房に関して言えば、我が軍にはドイツ軍より大きな強みがひとつあった。ドイツの野戦厨房は相変わらず木製の車輪で動かしていたから、あまり速度が出なかった。歩兵は速くは進まないからそれでもいいが、機械化部隊の場合は問題だ。でも、我が軍の野戦厨房には、一九三六年にヴォロシーロフが発した命令にしたがって、もうゴム製のタイヤがついていた」

「で、どんなふうに食べていたの?」

「たいていは夜明け前と日没後に食べていたんだ、煙で厨房の位置がばれないように。ドイツ軍はそこを狙って爆撃してきた。人は食べられなくなると、たちまち士気が下がることを知っていたからね」

5

アンドレイが最初の骨を掘り出してから、私たちはより一層慎重になる。池が人の遺体でいっぱいだということはもうわかっている。私たちはその中に耳まで浸かる。全員が共同墓地の中にいるのだ。

そのことに私は途方もない感慨を覚える。だが、四半世紀にわたってこうした活動に関わっているパーシャ・ヴァルーニンでさえ、やはり心を動かされているのがわかる。

パーシャが仲間と共に持ってきた大きな白い布には、骸骨、というか人の骨格系の図が描かれている。その骸骨——骨格系の図——の上に、パーシャと仲間たちは見つかった骨をすべて並べる。

二時間後、私たちは肋骨を何本かと、頸椎を数個、脛骨を数本、足の骨をいくつか、骨盤とおそらく肩甲骨をいくつか掘り出した。

突然、シャベルが何か硬いものにぶつかる。自分がどこにいて何を探しているのか、わかっていても手が震えだす。白い物が見え、そこに十数個の小さな白い物がくっついている。それは不揃いに並んだ小さな真珠のように見える。

私が見つけたのは人の顎だ。具体的には上顎だった。

すぐさまパーシャを呼ぶと、彼はバケツを手にやって来て、私の見つけたものを慎重に水ですすぐ。歯を一本一本洗う。顎の状態は良好で、その兵士に欠けている歯はなかった。歯の磨耗具合からパーシャは、その兵士が二十五歳くらいだったと推定する。

そして私に顎の骨を手渡す。人の骨格系の図が描かれた白い布のいちばん上に置くようにと。そうする前に私はその骨をしばしの間ぎゅっと握りしめる。おまえは何者だった？　名前は？　いくつだった？　どこから来た？　弾が当たったとき、何か考える暇はあったか？　それとも自分の死に気づきもしなかったのか？

私は顎の骨を白い布の上に置く。

まもなくしてパーシャが同じ場所で頭蓋骨の破片をいくつか見つける。

6

続く数日間でパーシャ・ヴァルーニンとそのグループは八十人以上の赤軍兵士の遺骨を発見した。それらの遺骨はすべて三つの棺に納められ、二〇二〇年七月、私が彼らと共に発掘作業をした森に程近い無名兵士の墓に合葬された。

身元が判明した兵士は一名のみだった。それはイヴァン・ザハーロヴィチ・アルテミエフで、傍らで番号1225454の勇敢勲章と党員証が見つかったのだ。勲章を授与されたのは一九四四年六月のことで、その一か月後にはもう死亡している。

死亡した時点でちょうど二十歳だった。アルテミエフの家族は、彼の出身地であるスモレンスク近郊のデミドヴォで見つかった。手続きを終えたのち、永遠の休息につくため彼は故郷の村に戻った。

メニュー

イワミツバのサラダ

黍　一カップ
玉ねぎ　一個
油　大さじ二
イワミツバの葉　茎三本分
塩

玉ねぎをみじん切りにして油で炒める。その間に二カップの湯を沸かし、黍を茹でる。ざるに上げて玉ねぎと混ぜ、イワミツバの葉と塩を加えて和える。

イラクサのスープ

若いイラクサの葉　茎三本分
ニンニク　一片
じゃがいも　三個

玉ねぎ　一個
ニンジン　一本
根パセリ　一本
卵　一個
油
塩

ニンニクをつぶし器でつぶし（前線の兵士はたいていスプーンでつぶした）、少量の油で炒める。鍋に一・五リットルの湯を沸かす。賽の目に切ったじゃがいも、玉ねぎ、ニンジン、根パセリを沸騰した湯に入れ、十五～二十分煮込んだあと、みじん切りにしたイラクサを加える。そこへ油で炒めたニンニクを入れ、最後に溶き卵を注ぎ入れる。塩で味を整える。

ニンジンとチャーガ（カバノアナタケ）のお茶

ニンジンをすりおろし、油を加えずにフライパンで乾煎りする。普通の紅茶のように淹れる。それに、白樺の木に寄生するきのこ、チャーガの粉末をひとつまみ加えてもよい。ポーランドではチャーガは有毒と見なされているが、赤軍兵士たちは、チャーガはエネルギーを与えてくれ、寄生虫との戦いに役立つと考えていた。

チャーガを入れるとニンジン茶にかすかな酸味が加わる。

飲む際はあくまでも自己責任でお願いします。

第八の皿　ヤルタの饗宴

1

アメリカ大統領フランクリン・D・ルーズヴェルトとイギリスの首相ウィンストン・チャーチルを乗せた航空機がサーキ軍用飛行場に着陸する。そこでふたりを迎えるのは、ソ連の外務大臣ヴャチェスラフ・モロトフ。その六年前、ヨアヒム・フォン・リッベントロップと協定を結んで、ヨーロッパを分割し、互いに攻撃しないことを確約したその人である。

時は一九四五年二月。モロトフとスターリンは再びヨーロッパを分割しようとしていた。ドイツ国防軍はどの前線でも守勢に立っている。連合国軍はライン川に迫り、ベルリンは何度も爆撃され、赤軍がウッチを占領し、アウシュヴィッツ強制収容所の解放も果たしてからまだ二週間も経っていない。同じ頃、三か国、七百名の代表団が空港の脇に設置されたテントに紅茶と軽食を求めに向かうと、テーブルの上には、かつてツァーリの料理として世に聞こえたイクラとキャビア、チョウザメの燻製、デザートが所狭しと並んでいる。病身のルーズヴェルトは早々と床に就くが、チャーチルはキャビアとクリミア産シャンパンを楽しむ。
だがこれはまだ序の口だ。

豪勢な食卓が客人にいかなる感銘を与えるかをすでに心得ているスターリンは、外交において入念に計画された食事の役割を重視している。テヘラン会談のあと、スターリンはルーズヴェルトに体長一メートルを超える立派なチョウザメを贈った。そんなものを贈られてもルーズヴェルトは困っただろうが、その場面を目撃した人々はその後何年も憶えているだろう。

ここヤルタでルーズヴェルトは、今度は大きなソ連の七面鳥を贈られることになる。サーシャ・エグナタシヴィリがスターリンのために一九三〇年代から繁殖させてきたうちの一羽だ。続く数日間、宴席に出されるものはすべて、不可能案件に対処するクレムリンの専門家、サーシャが手筈を整えた。それ以外のやり方は考えられなかっただろう――なにしろ、グルジアでは己の富でだれかをうならせたかったら、その相手を客として招くのだということをスターリンに思い出させた張本人なのだから。そしていま、ほんの七か月前にはドイツ軍が手中に収めていたのに、ソ連軍が奪還してわずか二日間でＮＫＶＤ〔内務人民委員部〕が対独協力の嫌疑をかけて二十万人のタタール人を追放したクリミアで、エグナタシヴィリは連日、何百人ものために特別な饗宴を取り仕切っている。常にすべてちょうどいいタイミングで、常に適切な温度で、常に美しく供される。

これほど高い水準でヤルタ会談を料理の面から取り仕切ることができるのは、おそらく彼だけだった。だが、美しく用意された料理の陰には大きな悲劇が隠れている。エグナタシヴィリは、ヤルタで料理しながら、絶えず妻リリーの命を守るために戦っているのだ。

2

国家元首による主要な交渉はリヴァディア宮殿で行われる——アレクサンドル三世が崩御した場所であり、ニコライ二世が——不幸なことに——自分はロシアの皇帝《ツァーリ》になると知った場所だ。

ヤルタ会談が開かれた宮殿近くにあるレストランの料理人たちが、近年その特別な日々のメニューを再現した。テーブルの上に並んだのは、七面鳥のマルメロとオレンジソース、じゃがいもを添えた黒海沿岸ケルチ産ニシンのフライ、豚肩肉の森のきのこ添え、ジビエ、チョウザメのゼリー寄せ、そしてもちろん、巨大な桶に入ったキャビア。

「リヴァディア宮殿の宴会場にテーブルが並び、銀器やつややかな磁器がその上できらめき、皿はさまざまな料理に満たされ、ありとあらゆるすばらしい最高級の酒と共に供された。当時、最も経験豊かな政治家——ウィンストン・チャーチル卿——はおそらくすでに予感していたことに気づいた。ソヴィエト連邦は無敵であり、戦争から抜け出すとさらに強くなることがわかったのだ」とロシアの料理史家ヴィリヤム・ポフリョプキンは自著『世紀の料理』に書いている。ポフリョプキンが正しいと認めずにはいられない。スターリンはヤルタで何もかも自分の思いどおりに交渉を進めた。

そこには会談の開催期間中のみ稼働する特別なパン屋まで設置された。ナイフ、スプーン、フォークのセットが三千組も運び込まれ、そのうち四百組以上は銀製だった。

エグナタシヴィリは勲章に値する働きをした（その功績に対し、賞与と名声を勝ち得た）。トビリシで炒り卵の入ったフライパンで従業員の頭を引っぱたくことから始めたこの居酒屋経営者は、宴会を切り盛りする能力では右に出る者がなく、いまや世界の要人たちのための料理に関わる一切を計画した。ヤルタ会談は、彼の人生の職歴というケーキの上に載ったさくらんぼだった。九月にはさらに将官に任ぜられ、立派な新しい軍服を受け取ることになる。

だがこの瞬間から彼の人生は下降の一途をたどる。

エグナタシヴィリが最愛の妻リリーが死んだことを正確にいつ知ったか答えるのは難しい。ベリヤは戦争が勃発するとすぐにリリーを殺害した——彼女はレニングラード包囲が始まる前に銃殺されていた。サーシャはきっとそれを会談の直後に知ったのだろう。それ以降、彼は生き続けるための気力を見出せなかった。

元レスリング選手は人生で最も重要な戦いに敗れたのだ。

3

ベリヤにとって、エグナタシヴィリの妻を殺したからといって、グルジア人に対する恨みを晴らすことにはならなかった。逆に、サーシャがヤルタ会談中に見事な働きぶりを見せたことは、必ずしも有利には働かなかった。

復讐心に燃えるNKVD長官は、エグナタシヴィリの首にかけた輪縄を次第に締めつけていった。

ヤルタ会談から三年後の一九四八年、イヴァン・アリハーノフはレスリング大会のためモスクワにやって来た。その折に継父を訪ねたが、かなりひどい状態だった。エグナタシヴィリは見る影もなく、高血圧と糖尿病で寝たきりになっていた。将官の軍服姿のまま横たわり、襟と袖口には脱脂綿が詰められていた。住まいの各部屋に温度計があって、サーシャは室温が二十一度から二十二度に保たれるよう執拗に見張っていた。

サーシャが暮らしていたのはモスクワ中心部、市議会の向かいにあるグルジア料理レストラン〈アラグヴィ〉の上だった。この店はモスクワのグルメ地図上、特異な場所だった。というのもNKVDの諜報員御用達の店で、ベリヤもよく来ていたからだ。諜報員らがここで退職の送別会を開くこともあり、外国の諜報機関はいかにしてここの常連客に働きかけて協力させたものかと頭を悩ませた。功績あるNKVDの将官エグナタシヴィリは会員としてここで昼食を取ることができた。

スターリンがクレムリンから医師を差し向けてきたが、エグナタシヴィリは人生であまりに多くのことを見てきたため彼らを信用しなかった。密かに民間の医者に来てもらい、その医者の言うことだけを聞いた。薬は普通の薬局で買い求めた。政府高官用の薬局では毒を盛られるかもしれないと恐れていたのだ。食べるものは自炊した。リリーの存命中から彼の家政婦で、十年以上仕えてきた文盲のロシア人女性、ヌリアさえ信用しなかった。

「私がそこを訪ねた日、アレクサンドル・ヤコヴレヴィチは昼食用に七面鳥のレバーを茹でていた」とアリハーノフは書き記し、さらに継父の奇妙な行動について説明を続ける。「ルビャンカで十七年以上働いた彼は、実験室について明らかに多くのことを知っていた。そこではあらゆる種類の毒物が作られ、使用され、食中毒、医薬品中毒、温度やガスに関連したさまざまな中毒の方法が試されていた。それゆえ部屋の温度を一定に保たねばならず、そのために脱脂綿が必要だったのだ。継父はベリヤを死ぬほど恐れていた」

スターリンに生涯を捧げ、おそらく異母兄弟でもあった男、スターリンの厨房の隅々にまで気を配り、母親のように食べさせ、スターリンが決して毒を盛られないよう毒味役となった男は、愛する女性を失い、その後、己の影におびえながら、痛ましい状況で死にかけていた。

ベリヤはサーシャをスターリンからもクンツェヴォからも切り離し、復讐を完遂する絶好の機会をひたすら待っていた可能性が極めて高い。だが、サーシャはリリーを恋しがっていた。義理の息子アリハーノフに会うやいなや、何時間も母親の話をした。そうすることで安堵するかのように。

リリーの話をすると、サーシャはロシアのロマンス〔叙情的な歌曲〕「戻っておいで、すべて許すから」を歌いだした。

一九四八年の秋、義理の息子が訪ねてから程なくして、サーシャ・エグナタシヴィリは食事を取らなくなった。

イヴァン・アリハーノフは、継父が最後の力を振り絞ってスターリンの注意をみずからに向けさせようとしたのだと考えている。あたかも時間を巻き戻せると思っていたかのように。己の兄弟と呼んだ男の身に何が起きているか聞けば、スターリンは自分をクンツェヴォに連れ帰って世話をしてくれるはずだと。

だがそんなことは起きなかった。サーシャは一九四八年の大晦日に亡くなった。

家族は遺体を故郷ゴリに運んだ。イヴァン・アリハーノフは棺の中の遺体を見て、それがかつてグルジアで最も権勢を誇ったひとりである継父のものとはとても信じられなかった。

棺の中に横たわっていたのは、小さな干からびた老人だった。

「一九四八年十二月三十一日、長く重い病ののち、ボリシェヴィキ党そして祖国ソヴィエトの忠実な息子、同志エグナタシヴィリ・アレクサンドル・ヤコヴレヴィチ中将が死去した」。ソヴィエト国民は二日後に「プラウダ」紙で読んだ。「国家保安部は同志エグナタシヴィリという我々の祖国への奉仕に全力を尽くした才能あるたゆまざる職員を失った。我が国の忠実な息子であり、謙虚な同志であるボリシェヴィキ・チェキストの輝かしい記憶は、彼を知るすべての者の記憶の中で生き続けるであろう」*。

4

ソヴィエト連邦は戦争には勝ったが、その過程でどの国よりも多い二千五百万以上もの国民を失った。戦後スターリンはますます老い、憔悴したと感じていた。七面鳥のレバーではもはや十分ではなかった。スターリンは大量の食べ物で己の力を補おうとした。ひとことで言うと、憑かれたように食べた。以前のこの禁欲的なグルジア人なら、とても考えられないことだった。ところが戦後、スターリンは「深皿を取ると、その中で二種類のスープを混ぜ、それから、故郷の村で覚えた習慣で熱いスープにパンを砕いて入れ、そのすべてを二皿目の料理で覆った——それからすべてきれいに平らげた。次に前菜、主菜、そして大量の肉が出た」——大元帥の最側近のひとり、アナスタス・ミコヤンはこう述懐した。

ところがスターリンは虫歯が多かったので、ごく柔らかい肉か、熟れすぎた果物しか食べられなかった。自分の腹がますます大きくなっていたにもかかわらず、他人《ひと》の大食いを嘲笑った。

しばしば酒宴となったそうした午餐のさなかに、国家の運命と何百万人もの国民の人生が決定された。またもやグルジアの習慣で、スターリンは宴会の出席者に酔いつぶれるまで飲むよう命じた。そして自分はほとんど飲まなかったが、出席者を終始注意深く観察し、だれかが飲むことを拒んだ場合は叱責した。それから全員を踊らせた——これも自分の側近を辱める彼なりの方法だった。

* 一九四九年一月二日付け「プラウダ」紙、四面。「同志グループ」の署名入り死亡記事。

終戦から八年後、スターリンはズボンに失禁しながら死んだ。その日、朝番で彼の別荘《ダーチャ》にやって来たのは、まだ何も知らない若い料理人ヴィターリイ・アレクセーエヴィチだった。だが、サーシャ・エグナタシヴィリが雇ったスターリンの長年の家政婦ヴァレンチーナ・イストーミナが戸口で彼を引き止めた。そして、指導者が亡くなった、ベリヤはスターリンに仕えていた者を手当たり次第に射殺しはじめていると告げた。イストーミナは料理人を通用口から車が停まっているところまで連れていった。うまくいった。料理人は逃げることができた。

スターリンの死後、実権はベリヤに引き継がれた。皆が驚いたことに、ベリヤは己の政治上のパトロンよりはるかにリベラルであることが判明した。彼は政治犯の何人かを釈放し、西側諸国とドイツ再統一について話し合う準備ができていた。

だが、かつての同志たちは、ベリヤがソヴィエトのテロ機関を指揮していた時代を忘れることができなかった。百日後、ベリヤは反逆罪で告発され、ニキータ・フルシチョフを含む共謀者によって殺害された。このずんぐりむっくりの、大飢饉《ホロドモール》に対する共同責任者である、ウクライナから来た共産党政治局員が権力を掌握した。いまや変化の最前線にいたフルシチョフは、党員に向けて秘密の報告を行い、その中でスターリン主義の誤りを指摘した。

フルシチョフのいわゆる専属人《リーチニク》（ロシア語の「専属料理人《リーチニー・ポーヴァル》」より）は、長年KGB〔ソ連国家保安委員会〕の中佐アレクセイ・アレクセーエヴィチ・サルニコフだった（ソヴィエト連邦の最高権力者の専属料理人は、アレクサンドル・エグナタシヴィリをはじめとして、全員NKVDかKGBで軍の階級を持っていた。これについては後章で詳述する）。サルニコフの回想によると、フルシチョフは朝食を六時頃に食べた。通常、フライパンで焼いた黒パン二枚と、小さなガラス瓶に入ったヨーグルトだった（トヴァロークという白チーズと混ぜることもあった）。

食事と食事の合間には、オレンジ、ブドウ、黒スグリ、プラムなどの天然果汁を飲んだ。昼食にはパンプーヒ〔蒸しパン〕を添えたウクライナ風ボルシチを好んでよく食べた。食事と食事の合間には、フルシチョフも家族もウクライナでの習慣を持ち込み、パンを乾燥させて作ったスハリをかじるのが大好きだった。ところが公式歓迎会となると、フルシチョフはアルコールを好んだが、年を重ねるにつれ努めて酒量を減らした。クレムリンは、あるガラス工場にフルシチョフ専用の特別なショットグラスを注文した。上げ底になっていて、五〇ミリリットル用に見えても、実際は三〇ミリリットルしか入らないのだった。

サルニコフ中佐は多くの歴史的瞬間を目撃した。一九六〇年、ニューヨークの国連総会においてフルシチョフが演壇を靴でたたいたときも。アブハジアで、フルシチョフのとっておき――宇宙飛行計画――がついに実現したことを知ったときもサルニコフはそばにいた。ユーリイ・ガガーリン少佐が宇宙空間を飛び、無事、地球に帰還したのだ。

メニュー

一九四五年二月十日、ヤルタでの送別晩餐会で、イギリス、ソ連、アメリカの首脳らが食したものは、ニシンの塩漬け、チョウザメのゼリー寄せ、ヨーロッパスズキのシャンパンソース、野生の山羊の腿肉だった。また、雷鳥とヤマウズラのロースト、乳飲み仔豚のステーキ若大根ソース、そしてこの会談で人気を博した七面鳥のマルメロとオレンジソースも出た。

ポーランドでは、我々の運命がすでに定められたこと、そして我々が四十年以上にわたってソヴィエトの勢力圏に入ることを、まだだれも知らなかった。

デザートにはアイスクリームと美しく飾られたプチフール——スポンジケーキとマジパンでできたフランス風焼き菓子——が出た。

七面鳥のマルメロとオレンジソース

七面鳥の肉　二五〇グラム（スターリン向け料理のように、レバーだけでも調理可）
マルメロ　五〇〇グラム
油
塩
カレー粉
オレンジジュース（天然果汁）　一〇〇ミリリットル
胡桃　二個

マルメロは薄切りにする。フライパンに油を引き、両面を焼いて取り出す。
同じ油で七面鳥の肉を焼き、塩とカレー粉を振る。五分したらマルメロを加え、全体にオレンジジュースを注ぎ、よく混ぜ、中火で六〜七分間煮込む。
刻んだ胡桃を振りかけて供する。

チョウザメのゼリー寄せ

チョウザメ　一キログラム
ニンジン　一本
パースニップ　一本
玉ねぎ　一個
じゃがいも　一個
カニまたはザリガニ　四尾
ゼラチン　三〇グラム
ケッパー
パセリ
きゅうり、グリーンピース（飾り用）
ホースラディッシュ、酢、マヨネーズ

チョウザメ、ニンジン、パースニップ、玉ねぎ、じゃがいもを、野菜に火が通るまで一緒に茹でる。この茹で汁にゼラチンを溶かして三～四カップ分のゼリーを作り、濾して冷ます。

茹でたチョウザメを薄切りにし、天板または大皿に間隔を開けて並べる。パセリの葉、ニンジンまたはきゅうりの薄切り、カニまたはザリガニ、ケッパーでチョウザメを飾る。粗熱のとれたゼリーの半量をスプーンでチョウザメの上にまんべんなくかける。ゼリーの最初の層が固まったら、均一な層になるよう、残りを注ぐ。全体が固まったら、ナイフの先で慎重に切り分け、皿に並べる。茹でたニンジン、パースニップ、じゃがいもを食べやすく切り分け、グリーンピースを片面または全面に飾る。

ホースラディッシュ、酢、マヨネーズを添えて供する。

ヨーロッパスズキのシャンパンソース

ヨーロッパスズキ　七〇〇グラム（鱒またはヨーロッパへダイで代用可）
スメタナ（乳脂肪分二〇パーセント）　〇・五カップ
辛口のシャンパン　一・五カップ
チャイブ（アサツキ）　二株分
きゅうり　一本
塩　小さじ一・五

魚は切り身にしておく。

フライパンにシャンパンを注ぎ、弱火で加熱する。塩、みじん切りにしたチャイブ、最後に魚の切り身を加える。弱火で五分間煮る。

輪切りにしたきゅうりを加え、魚がやわらかくなるまで、さらに五分煮込む。

魚ときゅうりを皿に移し、アルミホイルで覆って保温する。フライパンに残ったソースを熱し、火から下ろしてスメタナを加える。魚ときゅうりの輪切りを皿に並べ、ソースをかけて供する。

第九の皿　ファイナ・カゼツカヤ――ガガーリンの料理人

コロリョフ「食べ物はチューブに入っている。朝食も昼食も夕食も」
ガガーリン「なるほど」
コロリョフ「わかったか?」
ガガーリン「了解」
コロリョフ「ソーセージ、糖衣菓子《ドラジェ》、それに紅茶用のジャムもだ。わかったか?」
ガガーリン「了解」
コロリョフ「チューブは全部で六十三本ある。帰還時にはずいぶん太っているだろうな……」
ガガーリン「肝心なのはソーセージとは密造酒のつまみに食べるものだってことです」
コロリョフ「そいつはまずいな。ここじゃ全部録音されてるんだぞ、悪い奴め……ハッハッハ」

一九六一年四月十二日、人類初の有人宇宙飛行、ボストーク一号計画の打ち上げ直前の数分間に記録された会話。

セルゲイ・コロリョフは天才的な設計者でソ連の宇宙工学の父であり、当時その身元が極秘扱いだった人物である。

ユーリイ・ガガーリンはまもなく人類初の宇宙飛行士になる。


「いつものように仕事に行きました。上司がラジオをつけたんです。みんなで聞きました。すると、初めて人類が宇宙に飛んだと言うじゃありませんか。その人はユーリイ・ガガーリンという名で、まさにいま地球を周回しているんだって」

ヴァレンチーナ・ボリソヴナは大学を卒業してすぐ、当時ソ連の首都の一流レストランのひとつ〈モスクワ〉で食品技術者として働きはじめた。

「それからどうなりました?」私は尋ねる。

「驚いて口も利けませんでしたよ。あまりにすばらしくて想像もできないくらい！　少しすると、この成功を祝うために横断幕を持った若者の一団が赤の広場に向かって歩いていくのがレストランの窓から見えました。当時わたしはまだ若かったから、上司はわたしがその場にじっとしていられないのに気づいて、その若者たちに加わるのを許してくれたんです。そのわずか二年後にわたし自身が宇宙飛行士のための食べ物を作ることになるなんて、だれが思ったでしょう」

「ガガーリンが飛んだとき、わたしはまだ大学生で、コルホーズの労働者を手伝いに行っていたの」もう一人の女性、リュドミラ・ヴァシーリエヴナは当時を振り返る。「じゃがいも畑に腰を下ろしていたら、共産主義青年同盟《コムソモール》の団長が駆けてきて叫ぶのよ。『人類が宇宙に行ったぞ！　ガガーリンが！　ソ連がスプートニクを飛ばした！』その日はちょうどわたしの誕生日だったの。わたしのために特別に飛んでくれたみたいって思ったわ」

三人目のインタビュー相手、ヴィクトル・フランツェヴィチ・ドブロヴォルスキーだけは、ユーリイ・ガガーリンを乗せたロケットが宇宙を飛んでいたときに自分が何をしていたかを語らない。語ってはいけないのだ――ヴィクトル・フランツェヴィチはこれまでの人生でずっと機密または極秘の事項に取り組んできた。その日彼がどこで何をしていたか、私たちは想像することしかできない。それが宇宙食に関わるものであることだけは確かだ。

なぜなら、私たちはビリュリョーヴォ実験工場でインタビューを行っているから。ここでは一九六〇年代から、宇宙に飛ぶ食べ物が製造されている。

この三人と会うために、協力者のマリヤ・ピストゥノヴァと私はほぼ二年がかりで、さまざまな機関に宛てて手紙を書いた。この工場は長年機密扱いだった。多くのソ連の秘密が明らかにされたいまでも、宇宙飛行士の食事は大半が機密扱いのままだ。そのため私たちは、ある機関から別の機関へとたらい回しにされた。

そして、外国人の私がここに入れる見込みはないように思われたとき、何かが――私たちも正確には何なのかわからないが――ロシアの宇宙関連の官僚機構の中でまともに動きだした。そんなわけで私たちはこうしてここに座って、コーヒーを飲み、チョコレート菓子をつまみながら話しているというわけだ。

こうしている間も隣の部屋では六人の女性が、まもなく地球周回軌道に乗ることになる食品を小袋に詰めている。

1

白ロシア・ソヴィエト社会主義共和国〔現ベラルーシ〕でドイツ軍と戦闘中のある部隊の指揮官は、厄介な状況に直面していた。ひとりの女がまだ赤ん坊の息子をおぶってやって来て、母子とも部隊に入れてくれと要求したのである。

「で、貴様はこの部隊で何をするつもりだ？」指揮官は尋ねた。

「食事の世話をします」女は答えた。「料理は得意なんです、祖母に教わったので」

「だが子供はどうする……」指揮官は顔をしかめた。「戦場に生後六か月の赤ん坊の居場所はないぞ！」

「夫に捨てられたんです、戦争だっていうのに」女は答えた。「わたし、人に助けを乞うのはもううんざり。もし助けてくれないなら、子供をお腹にくくりつけて列車に身を投げてやる」

指揮官は女がやぶれかぶれになっているのを見て取った。そして、あきらめたように片手を振った。とどまるがいいさ、女の手で作った料理が食えれば部下たちもありがたがるだろう。どうせ皆いつ死ぬかもわからない身だ、子供がひとり加わったところで大して変わらんだろう。

こうして、ポーランドとの国境近くのポドリエ〔ウクライナ語ではポジッリャ〕出身のベラルーシ人、ファイナ・ガヴリーロヴナ・カゼツカヤは戦場の料理人になった。ファイナは息子をおぶってウクライナからケーニヒスベルク〔現カリーニングラード〕まで部隊と共に歩いて移動した。息子の名は共産主義青年インターナショナル《コムニスチーチェスキー・インテルナツィオナル・マラジョージ》（ＫＩＭ）にちなんでキムといった。

料理をしていないとき、ファイナは一か所にじっとしていられなかった。車の修理や電話の交換、広範囲にわたるペンキ塗りさえ覚えた。どんな仕事も恐れず、そのうえ何をするにも幼い息子を連れていった。

ケーニヒスベルク近郊でファイナが重傷を負ったとき、幼いキムは野戦病院のマスコット的存在になった。だが戦争が終わると、ファイナはどこにも行く当てがなかった。彼女を捨てた夫は、すでに白ロシアに新しい家族がいた。両親は亡くなっていた。

軍にいた知り合いの女性がモスクワ近郊のモニノという場所で運よく職を得た。そこにはソヴィエト空軍本部があった。ファイナも一緒についていくと、幸運にもやはり仕事がもらえた。それもなんと料理人の仕事を。

ファイナは働き者だったに違いない。というのも一九六〇年、当時結成されたばかりの「四一キロメートル」という名の機密の精鋭部隊に転属を打診されたのだ。

「きれいなところでしたよ」後年ファイナは回想した。「近くに白樺林があって。草原と野原が広がっていた。そこにはのちに〈星の街〉ができました」

こうしてファイナは、編成されてまもないソ連初の宇宙飛行士部隊の料理人となった。

2

ソヴィエト連邦における宇宙工学の先駆者はコンスタンチン・ツィオルコフスキーである。彼はロシア（のちにソ連）の独学の科学者で、父親はポーランド人だった。人類は宇宙に飛び立ち、そこに住むべきだという考えを最初に思いついたのがツィオルコフスキーである。イーロン・マスクが生まれる百年以上前に、他の惑星の都市について語っていたのだ。

何年もの間、ツィオルコフスキーは我を忘れて熱中するタイプの科学者で、生涯穴だらけの靴を履き、ろくに食事も取らず、周囲からはあまり理解されなかった。しかし一九二〇年代から三〇年代にかけて、彼の論文はソ連全土の国民――および夢想家――の意識に浸透しはじめた。その中にウクライナのジトーミル出身の少年、セルゲイ・コロリョフがいた。コロリョフは、十歳で生まれて初めて飛行機を見て以来、航空学にあこがれ、ツィオルコフスキーの本を読んでからは宇宙飛行を夢見ていた。

工科大学に入学してまもなく、コロリョフは設計者として非凡な才能を示した。すぐにトゥハチェフスキー元帥の命令で近代兵器の開発に取り組んでいたチームに所属することになった。

ところが一九三七年、トゥハチェフスキーはスターリンによる大粛清の最中にスパイ活動の廉で告発され、銃殺された。その際、彼に協力した全員が罰せられた。コロリョフは強制収容所《ラーゲリ》に送られ、そこで六年を過ごした。釈放されたのは、もうひとりの伝説的人物によるとりなしのおかげだった――アンドレイ・ツポレフ、百を超える航空機の設計者または共同設計者であり、スターリン主義時代に――やはり不当に――投獄された人物である。

戦後、コロリョフとツポレフは全盛期を過ごした。ふたりは数年間共に働いた。その後、コロリョフは大陸間弾道ミサイルの設計に携わり、一九五〇年代半ばには最高機密のソヴィエト宇宙開発計画の責任者となった。

3

宇宙に行った最初の生物――少なくとも私たちが知っている最初の生物――は、一九四七年にアメリカ人が高度一〇七キロメートルに送ったミバエである。

最初のもっと複雑な生き物は、ロシア人が送った犬だった。

「コロリョフは、宇宙開発技術が人を宇宙に送ることができるほど発展する前に、そもそもそれが可能かどうか確認する必要があると考えました」モスクワの宇宙飛行士記念博物館のラリーサ・フィーリナは言う。私たちは一風変わった場所で会っている——一九六〇年代初め、ソ連当局がセルゲイ・コロリョフの功績を称えて彼に贈った家だ。「犬とサルが検討されました」フィーリナは続ける。「サルの方がより人間に近い。でも犬の方が従順です。それで犬に決まったのです」

コロリョフは、もうひとりの科学者である生物学者のウラジーミル・ヤズドフスキーと共に、犬を宇宙に送る計画に取り組んだ。ヤズドフスキーもポーランドにルーツを持つ、ソヴィエト宇宙工学のパイオニアのひとりである。

期待したとおり、ふたりは犬のおかげで多くを学び、単なる技術的または生物学的観察を超える結論に至ることもしばしばだった。

「最初に得られた観察結果は、雑種や野良犬は純血種の犬よりもはるかに優れているということでした」フィーリナは言う。「野良犬は強いんです、何世代にもわたって自力で生き延びなくちゃならないし、それに何を食べても平気。世話してもらうことに慣れた飼い犬は宇宙ではやっていけないでしょうね」

コロリョフはこうした実験に基づいて最初の宇宙飛行士を選んだ。

だがそこに至るまでには、科学者たちが勤務している部隊の兵士たちが、モスクワで野良犬が多数うろついていた現在のスパルタク・スタジアム周辺に定期的に通って犬を捕獲していたのだ。

宿無しから宇宙飛行へ。

「それに関しては面白い話がたくさんあります」フィーリナは言う。「あるときその犬に噛まれて病院に運ばれた人がいたとか。別のときには、雌犬を捕まえてきて餌をやって箱に閉じ込めておいたら、その晩に仔犬を何匹も産んじゃって。宇宙飛行士候補者たちの面倒を見る代わりに、基地全体で仔犬のお守りをする羽目になったとか」

一九五一年、最初に宇宙へ飛び立ったのはツィガンとデジクという名の犬だった。その後、チャイカとリシチカ、プチョールカとムーシカなど、合計七十一匹が打ち上げられた。そのうち最も有名なのがライカだ。この犬は最も高いところまで飛び、軌道に乗った最初の生き物となった。残念ながら、打ち上げの数時間後には船内が異常な高温になり、雌犬は生きたまま釜茹でになった。

「ライカの任務は最初から死ぬ定めにありました」ラリーサ・フィーリナは認める。「数時間ごとに一食分が出てくる自動餌やり器が設置されていたんです。最後の十食目は毒入りでした」

しかし、ソヴィエトの宇宙工学と人類の双方にとって最も意義深かったのがベルカとストレルカの飛行である。一九六〇年、二匹の雌犬はスプートニク五号に乗って地球軌道を周回したのち、無事地球に帰還したのだ。

「この二匹のおかげで、我が国の技術者たちは人を軌道に乗せることが可能だと知ったのです」フィーリナは言う。

4

コロリョフは空飛ぶ犬たちの冒険から多くを学んだ。宇宙飛行士候補者たちも、言うなれば複雑な背景を持つ家庭の出身だった。世話してもらうことに慣れた将官の子供たちではなく、多くの経験を積み、さまざまな状況に対処しなければならなかった少年たちが選ばれたのだ。

「初めは二十人いた」ガガーリンの伝記作家であり、ソ連の宇宙開発計画に関する歩く百科事典、アントン・ペルヴーシンは私に言う。「当時最高のパイロットばかりだ。彼らが満たすべき条件は次のとおりだった。体調すこぶる良好、身長一八〇センチ未満、それより大きいと宇宙船に収まらないからね、体重は最大七〇キログラム、感じのいい外見。率直に言って、最初の宇宙飛行士はハンサムじゃないといけなかったんだ」

「なぜそれがそんなに重要なんです？」

「それも犬から学んだことさ」ペルヴーシンは言う。「初めて生還した犬、ベルカとストレルカはその後、名士になった。ストレルカが仔犬を産むと、フルシチョフはそのうちの一匹をケネディ大統領の娘に贈った。国家の宣伝にとって宇宙開発には途方もない可能性があることは、だれの目にも明らかだった」

ファイナ・カゼツカヤが料理人として雇われた部隊は瞬く間に大きくなった。

「最初の頃、食堂は小さな木造の建物にありました」ファイナは何年ものちに語った。「厨房のかまどでは薪を燃やしていました。最初の数か月、パイロットは五人しかいなかったので、仕事はあまりありませんでした。でもその後、十人になり、二十人になりました。そのとき現代的な厨房設備に切り替わったんです」

ファイナには二人の助手もついた。

育ち盛りの息子は、優れた兵士や科学者、将来の英雄たちに囲まれていた。息子自身も彼らと同じ道に進むことを夢見るようになった。母親は息子を気の毒に思い、父親について本当のこと——いちばんつらい時期に自分たちを捨てたこと——を告げなかった。その代わり、お父さんもあの若者たちのように英雄だったのよと語った。他の人々を救い、ファシズムと戦いながら、前線で非業の死を遂げたという話をその場ででっち上げた。息子はまんまと信じ込んだ。学校を卒業すると、モニノの空軍学校に入学した。

一方、宇宙飛行の訓練を始めた若いパイロットたちは、自分たちの料理人にお母ちゃん《ママーニャ》というあだ名をつけた。

「あの子たちはまだまだ子供で、みんな二十代だった」ママーニャは後年こう回想した。「わたしは一九一八年生まれですから。当時もう四十代でした。平均して二十はあの子たちより年上だったんです」

実際、パイロットたちはファイナを母親のように扱った。その筆頭が、すべての場合と同じく、ユーリイ・ガガーリン中尉だった。彼はスモレンスク近郊の出身で、料理人という存在を大いに尊敬していた。ガガーリンの妻ヴァレンチーナの父親イヴァン・ゴリャーチェフは、地元オレンブルクの療養所やレストランで調理の仕事をしていた。

「ガガーリンは生涯を通じ、すべてにおいてリーダーだった」彼の伝記作家アントン・ペルヴーシンは言う。「専門学校時代のこんな写真がある。バスケットボールのチームだ。みんな長身で体格がいいが、ひとりだけ目立って背が低いのがいる。もちろんガガーリンさ。そしてもちろんキャプテンだった」

「とても面白い人でしたが、必要とあらば真面目になることもできました」とファイナは回想した。「あるときヴァレーリイ・ブィコフスキーが朝食にやって来て、食べる代わりにビリヤードを始めたことがあったんです。その様子を見て、わたしは近づいてこう言いました。『坊や、どうして食べないの？　口に合わないのかい？　好きなものを言ってごらん、作ってあげるから』。そしたら『食べたくない、何も食べない』って答えるの。そのときガガーリンがヴァレーリイに近寄って叱り飛ばすと、こう言うんです。『ママーニャが食べなさいと言ったら、食べなさいって意味だ。テーブルに向かって、駆け足！』ヴァレーリイが言うことを聞いたかって？　もちろん聞きましたとも！」

ファイナはときどき、レニングラードのレストラン〈メトロポール〉の研修コースに通っていた——調理師学校を出たプロの料理人ではなかったからだ。しかし、家族から切り離された若者たちにとってはそれが有利に働くことに、ファイナは自分の上官と同じくすぐに気づいた。若者たちはレストランのような料理を作ってほしがっているわけではなかった。家庭料理の方を好んだのだ。

そのうち、部隊は自前の付属農場を運営するようになった——豚、鶏、牛、それに菜園で育てた野菜。かつてのレーニンやスターリンとまさに同じように。

「玉ねぎ、パセリ、キャベツ、ニンジン、何でも採れましたよ」後年、ファイナは回想した。「葉物野菜がたくさん採れたので、サラダの入ったボウルがいつも廊下に置いてありました。食べたい人はそこに来れば、いくらでも好きなだけ食べることができたんです」

当初、宇宙飛行士の候補者は少なかったので、ファイナはそれぞれの好物を作ろうと奮闘した。

「パーヴェル・ポポーヴィチはウクライナ風ボルシチが大好物でした。わたしはポジッリャの出なので、作り方は知っていたんです。一度作ったら、みんなから定番メニューに加えてほしいと言われましたよ。ガガーリンは生乳が大好きでしたね。一度に一リットルも飲めたんです。問題は、生乳を飲むと胃の調子がおかしくなりかねないということ。パイロットにとっては危険きわまりないことです。それで助手の女の子たちと一緒に、風味を損なわないように牛乳を煮沸するにはどうすればいいか考えなくてはなりませんでした」

チュヴァシ出身の将来の宇宙飛行士アンドリアン・ニコラエフは、地元チュヴァシ共和国の郷土料理、イーストを使った丸い生地にじゃがいもと肉を詰めたフプルが好物だった。それでママーニャは夜なべをして、だれもが満足するようなフプルの作り方を学んだ。

「だれかに特別不平を言われた憶えはないわね。ひとつ憶えているのは、圧力室での訓練であの子たちが長時間じっと座っていなくちゃならなかったとき、野菜料理をいつもよりたくさん作ったんですよ。ニンジン、キャベツのコロッケ、オムレツ。野菜スープをいろいろ、ボルシチ、ソリャンカ、シチー。そしてピクルスをたっぷりね」

ところが、宇宙飛行士たちはママーニャの料理が大好きだったのに、彼女の料理は宇宙へ飛んでいけなかった。当時は無重力状態で人体がどのような反応を示すかだれも知らなかったので、宇宙飛行士たちは、船内を食べかすや切れ端が漂わないよう、どろどろの粥状にすりつぶされ、特別なチューブに入った食料を受け取った。

「うちの訓練センターであの子たちがトレーニングしていたとき、早くそれに慣れるようにって、モスクワからもうそのチューブ入りの食料が運ばれてきたんです」ママーニャは当時を振り返った。「あの子たちはあれが嫌いでね。あとで厨房に忍び込んできたものですよ。何でもいいからチューブに入ってないものを残しておいてって言うんです。ママーニャ、じゃがいもを少し残しといてくれよって。昨日のでいいから、ただ本物のやつを、ってね。受け取った宇宙食がまずかったわけじゃないんです。たとえばパンはとてもおいしくて、うちの祖母が焼いていたパンみたいな味がしたので、こんなにおいしく作れるのかと驚いたくらいです。でもチューブ入りの肉とじゃがいもはおいしくなかったかもしれません」

宇宙飛行士の訓練は徹底的に行われた。候補者たちは飛行中に遭遇する可能性のあるのと同等の重力加速度の負荷がかかる装置の中でぐるぐる回った。夜間、雨の中をパラシュートで降下した。傘がすぐに開かなかった場合の対処方法を学ばなくてはならなかった。だが中でも最悪の経験は、防音室にひとりで閉じ込められることだったという。それも十日間も。

「こうした訓練はとても過酷でした」ファイナは語った。「あの子たちは常にストレスにさらされて訓練を受けていたんです、だってみんな一番になりたかったから。みんな初めて宇宙に飛ぶ人になりたかったんです。訓練が終わると、わたしのところにやって来た。あの子たちにはできるかぎりいいものを出しましたよ」

5

ガガーリンは笑顔で勝ったと言われている。

だが、別のもっと平凡な理由があったのかもしれない。

「ガガーリンの一番のライバルは、同時に彼の親友でもあった。その名をゲルマン・チトフという。チトフはすべてのテストで最高点を取り、身体面でも非常によく適合していた」ガガーリンの伝記作家、アントン・ペルヴーシンは言う。「だが、ドイツに勝利して二十年も経たないうちに、ソヴィエト連邦がゲルマン〔ドイツの意〕という名の男を宇宙に送り込んだとしたら、どんなふうに見えただろう？」

おそらくそれが決め手となったのだ。

そのうえ、ガガーリンはドイツ軍による侵攻中、非常につらい経験をした。スモレンスク近くの故郷の村を前線が通過した際、大飢饉が起きたため、幼いユーラ〔ユーリイの愛称〕はドイツ兵のごみ箱から残飯を盗んだ。後年語ったところによると、ユーリイと弟はそこで古い干からびたパンの皮をあさっていたという。母親は乳搾りの仕事をしていた。父親は大工で、家族のための家をひとりで建てた。ただ、戦時中その家はド

バイコヌールの料理人、マリヤ・クリチーニナ

イツ軍の将校に接収されてしまい、ガガーリン一家は二年間、避難壕で暮らした。

初の有人飛行の数か月前、ガガーリンとチトフはカザフスタンのバイコヌールに赴いた。ソヴィエト連邦が宇宙に犬を送り出した場所、そしてまもなく最初の宇宙飛行士を送り出すことになっている場所だ。そこで二人は、ママーニャの手から、別の料理人、マリヤ・クリチーニナの手に渡った。ドン川流域で育ったこの二十五歳の女性は、宇宙に飛ぶ前のソ連宇宙飛行士の食事の面倒を二世代にわたって見、バイコヌールの厨房の伝説的存在となる。

ガガーリンとチトフは犬たちを乗せたロケットの打ち上げを一緒に眺めた。二人の目の前でロケットは爆発した。二人のうちどちらかがこれに続くロケットに乗り込むことを、二人ともわかっていた。

ついに打ち上げの前日、ガガーリンが飛ぶという決定を耳にしたとき、二人とも平静を装った。チトフは何年も経ってから初めて、どれほどの苦悩と落胆を味わったかを打ち明けた。

打ち上げの一時間前、マリヤ・クリチーニナはガガーリンに、玉ねぎをいくつか宇宙に持っていくようにと言って押しつけようとした。

「ここで採れたやつだ、体にいいよ」マリヤは秘密めかした口調で言った。「あのチューブの中には何が入ってるか、わかったもんじゃないからね……」

しかしガガーリンは笑顔で応じただけだった。打ち上げの前に徹底的に調べられることを知っていたのだ――なにしろ彼が宇宙に持っていくものはすべて、科学にとっても政治にとっても重要な意味があった。玉ねぎ一個だってロケットに持ち込める可能性はなかった。

6

しばしビリュリョーヴォ実験工場に戻ろう。宇宙飛行士向けのチューブ入り食品はここで作られていたのだ。

「私は空軍からここに来ましてね」工場長のドブロヴォルスキーは言う。「あちらでもパイロット用の食に関する研究に取り組み、それで修士論文を書いたんですよ。だから自然な成り行きでした。大きな重力加速度の負荷がかかっている人々の食について何かご存知ですか？　ご案内しましょう。宇宙開発というのは最も威信のある分野でしてね。特別手当、国外出張、ロケット打ち上げ視察旅行。我々はソ連の食品技術のエリートでした」

「かつてはそうでした。でも今日ここで働こうという人はいません」ヴァレンチーナ・ボリソヴナはあきらめたように両手を広げる。「だから、わたしたちが引き留められているんですよ、とうの昔に引退するはずだったのに」

確かに、テーブルに着いているのは七十代、八十代の人ばかりという事実に気づかないわけにはいかない。

「いまどきの若者は何かと要求が多くてね」工場長は言う。「我々は一生懸命、身を粉にして働いたもんです、お金のことなんか考えずに、なにしろ理念を見据えていましたから。ソヴィエト連邦ではそうでした。何よりもまず理念。我々は、最初に月へ飛ぶ人たちと共にどんな食べ物を送ろうかと計画を立てました。他の惑星でどんな植物がどのように育つのか、たとえば火星の土壌を汚染しないためにどういった植物を最初に飛ばすべきか、大真面目に話し合ったのです」

「わたしがここに来たのは火星のためなのよ！　そこへ飛ぶ食料を作れるなんて、とてもうれしかったわね。でもいまじゃ調理師に応募してくる人が来ても、自分の作る食べ物が宇宙で食べられるかどうかなんてどうでもいいのよ。その人は千ルーブル余計に欲しいと言うわけ、よそのケバブやブリヌィ〔ロシア風クレープ〕の売店で働けば、それだけもらえるんだからと」リュドミラ・ヴァシーリエヴナは悲しげに付け加える。

「ところで我々はここで自分たちの問題ばかり話して、お客様をうんざりさせている。この方は最初の宇宙飛行士についてできるかぎり多くのことを知りたがっているのに」工場長のドブロヴォルスキーがたしなめる。「というわけで。ガガーリンの飛行はもちろん人類にとって画期的な出来事でした。しかし食の面ではつまらないものだった。何よりもガガーリンが宇宙にいたのはたったの一時間四十分で……」

「ツィオルコフスキーが予測したとおりね……」リュドミラ・ヴァシーリエヴナが口を挟む。

「そのとおり」工場長はうなずく。「だが食べ物についてツィオルコフスキーは何も言っていなかった。ガガーリンは宇宙で何も食べる必要はなかった、なぜなら二時間じゃ特に空腹になることもなかったからね。ただコロリョフは、宇宙空間における人体の挙動についてできるだけ多くのことを知りたがっていた。

なにしろそれまで何もわからなかったからね。それゆえガガーリンは無重力状態で食事を取るよう明確な指示を受けた。そして具体的に何を食べたか、これはもう親愛なる我が同僚に語ってもらいましょう。リュドミラ・ヴァシーリエヴナは我々の中で最初にここに来て働いたんですよ……」

「ガガーリンが受け取ったチューブは、それ以前に戦闘機のパイロットが受け取っていたものとまったく同じでした」リュドミラ・ヴァシーリエヴナが言う。「ガガーリンに六十本以上のチューブを与えたのは、すぐに帰還できるかどうかコロリョフには確信が持てなかったからです。そのチューブには、当時わたしたちがパイロットで実証済みのあらゆるメニューが入っていました」

「いまでは三百種類以上あるんですよ」ドブロヴォルスキー工場長は微笑む。なにしろその大部分は彼の功績なのだ。「当時は数十種類でした。その日のために彼が選んだセットには、野菜スープ、鶏のレバーパテ、黒スグリのジュースが含まれていました」

「チョコレートクリームも食べたという情報もありますが」私は口を挟む。だってそう書いてあるのを読んだことがあるから。「本当ですか?」

「我々は一〇〇パーセント把握しているわけではありません」ドブロヴォルスキー工場長は言う。「でもそのクリームは実際にガガーリンが持っていました。ですから味見したかもしれません。そのクリームは新製品でした。我々食品技術者から最初の宇宙飛行士への贈り物だったんです、飛行が楽しいものになるようにね。いまじゃそんなクリームはどこの店でも買えますが、当時はどこにもなかったんですよ」

「ガガーリンは無重力状態で食べました。それは人類が地球の外で食べた最初の食事だったんです」リュドミラ・ヴァシーリエヴナが言う。

「もう別の話題に移りますが、ガガーリンについてほかに何か質問はありますか?」工場長が訊く。

二つある。

まず、最近機密解除された有名な打ち上げ直前のガガーリンとコロリョフの会話について尋ねる。その中でガガーリンはソーセージについて話し、それをつまみとして食べると言っている。そこで質問はこうだ。そのソーセージは何のつまみだったのか？

だが工場長のドブロヴォルスキーは、あれは全部冗談だったと言う。ソーセージはおろか、つまむものなど何もなかった。

「彼らはアルコールの問題を真剣に受け止めていました」工場長は言う。「あれは史上初の有人宇宙飛行だった。だれかが彼にアルコールを渡すとか、持ち込みを許可するなんて不可能です。ソーセージもね」

そこで私は二つ目の質問をする。仮にガガーリンが帰還できなかった場合、最後の六十三番目のチューブには──犬のライカと同様に──毒物が入っていたのか？

「こういう真面目な物事を茶化さないでいただきたい」ドブロヴォルスキー工場長は話を打ち切る。私は茶化すつもりなど毛頭なかったのだが。

7

ガガーリンはサラトフ近郊のスメロフカ村付近に着陸した。ハッチが開いて最初に目にしたのは牛の尻だったらしい。地元のコルホーズの人々は彼を目にするなり逃げ出した。見知らぬよそ者に最初に話しかける勇気があったのは、当時五歳だったルミヤ・ヌルスカノワだった。

「祖母はアメリカ軍が攻撃してきたんじゃないかと、ひどく怖がっていました」ルミヤは二〇二一年に当時を振り返った。でもよそ者がロシア語を話したので、ルミヤの祖母は缶から牛乳を少し差し出した。ガガーリンはお礼を述べ、宇宙でチューブ入りの食料を食べたので満腹だと言った。宇宙飛行士専属の医師と通信がつながると、医師はガガーリンにリンゴを食べるよう勧めた。

「その間にわたしの父が駆け寄ってきて、あなたが着陸したのは最高のじゃがいもが育つ土地だ、とガガーリンに言ったんです」ルミヤは言った。「そうやってやりとりしているうちに、ガガーリンが収穫のあと、じゃがいもを味見しに戻ってくるということで話がまとまりました。そのときはうちでもてなします、って。そのときガガーリンはわたしと祖母に、スメタナと塩漬けきゅうりを添えたじゃがいもを食べに来るって約束してくれました。それ以来、うちじゃ畑のこの部分にじゃがいもを植えるときはいつも『ユーリイのために』植えるんだと言っていたわ」

ガガーリンの残りの宇宙食は地元の人たちが分け合った。

8

ガガーリンはたちまち時の人となった。そしてソ連の輸出品に。どこへ行っても、何十万もの人々に迎えられた。ポーランドでは、ワルシャワで五十万人、シロンスクの市街地ではおよそ二百万人が集った。日本を訪れたあと、ソ連と桜咲く国との間の貿易はなんと十五倍に増加した。

だが、最初の宇宙飛行士は檻の中のサルのような気分になりはじめた。それで、可能ならばいつでも逃げ出した。ガガーリンに同行して世界の半分を回った写真家で親友のボリス・ゴロヴニャの回想によると、彼らは東京で、どこにでもついてくるＫＧＢの諜報員（ガガーリンの護衛という名目だったが、彼が予測不可能なことをしないように見張ってもいた）の姿が見えなくなったとき、まず電子機器市場に出かけ、それからビールを飲みに行ったという。

「なんとか逃げおおせたな、これでもう俺たちだけだと思っていたら、飲み屋の前に黒い車が近づいてきて停まった。窓が開いて、ひとりの私服の男がこちらに向かって敬礼した。そしてユーリイに、もうホテルに帰ってくださいと頼んだ。そいつは業務を終えて、翌日の仕事の前にひと眠りしたかったのさ」

ガガーリンはロンドンで女王陛下と朝食を共にした際、もうひとつの冒険をした。

「エリザベス二世は彼をバッキンガム宮殿に招待した」最初の宇宙飛行士の伝記作家、アントン・ペルヴーシンは言う。「部屋に入ってテーブルに着くと、そこにはカトラリーがずらりと並んでいる。フォーク、スプーン、ナイフ、宮殿にふさわしく全部で十五本ずつあった。しかしガガーリンはそんなことには惑わされなかった。自分はただの田舎者で、これまでの人生で全部同じ一本のスプーンで食べてきたと女王に言った。そして、このたくさんのフォークをどうすればいいのか見当もつかないと。女王はそれに応えて笑いだした。自分は宮殿で生まれ育ったけれど、やはりこのカトラリーをすべて把握しているわけではないと答えたらしい。ガガーリンはまさに彼がすべきことをした。あくまで自分自身、ユーリイ、素朴な田舎者、その彼が初めて宇宙へ飛び、そしていまや満面の笑みを浮かべて、地球の平和を望んでいた」

だが、ガガーリンは最初の宇宙飛行士の靴で歩けば歩くほど、自分を見失いはじめた。本当は内気な田舎の若者で、夢見ていたのは飛ぶことだけ——金色の檻に入れられて世界中を旅することではなかった。そこで彼はアルコールと、なんと浮気に逃げた。クリミア滞在中、彼は若い看護師を訪ねた。突然ドアをノックする音が聞こえた。それは彼の妻だった。だれか親切な人から夫の居場所を知らされたのだ。ガガーリンは二階から飛び降りて頭を打った。

翌日ソヴィエトの新聞は、英雄的な宇宙飛行士が溺れかけた子供を救助する際にけがをしたと報じた。

9

ガガーリンのあと、好ましからざる名前の持ち主である親友ゲルマン・チトフがついに宇宙へ飛んだ。「ガガーリンが宇宙で食事をしたのはそう命じられたからだが、チトフは本当に空腹だったから食べたんだ」アントン・ペルヴーシンは言う。「チトフは三回食事をした。野菜スープ、パテ、黒スグリのジュース。翌日のディナーには伝統的なロシアのボルシチを食べた。二千カロリー以上ある相当な量を与えられていたが、それでも着陸後には、腹いっぱいにならなかったと不平を言った。宇宙での重力加速度の負荷があまりに大きいため、宇宙飛行士には三千カロリー必要であることがわかった。したがってチトフは宇宙でちゃんとした食事を取った最初の人間だ。そして小便をした最初の人間でもある。噂によると、彼は大きい方もしたかったのだが、宇宙空間で最初に大便をした人として記憶されたくなかった。それで着陸まで我慢した」

それゆえこの栄誉はヴァレーリイ・ブィコフスキーに贈られた。宇宙飛行士の食堂でファイナ・カゼツカヤの朝食を食べようとしなかったあの男だ。一九六三年六月、ブィコフスキーは宇宙空間で孤独な五日間を過ごした。たとえ着陸まで我慢しようとしたとしても無理だったろう。

同じ時期、史上初めて女性が使命を帯びて宇宙に飛んだ。ヴァレンチーナ・テレシコワはヤロスラヴリ州の平凡な織物労働者で、仕事のあと、趣味でスカイダイビングを覚えた。ガガーリンの飛行について耳にすると、テレシコワはニキータ・フルシチョフに手紙を書き、史上初の女性宇宙飛行士の候補者として名乗りをあげた。

「フルシチョフはその心意気に感銘を受け、テレシコワにチャンスを与えようとした」アントン・ペルヴーシンは言う。「五人の候補者からまさに彼女が選ばれたんだ」

ヴァレーリイ・ブィコフスキーが宇宙で最初の「大きい方」をしていたとき、テレシコワは軌道上で嘔吐した最初の人間となった――二人の飛行は同時に行われた。

「食あたりになったんです」帰還後、テレシコワは申し訳なさそうに言った。「［あの］パンはずいぶんパサパサしています。わたしは黒パンとじゃがいもと玉ねぎが食べたかった」

着陸後、テレシコワは宇宙飛行士に義務づけられていたあらゆる規則を破って、食べ物に飛びついた。

「テレシコワはむさぼるように食べた。地元の人々は彼女がとても恋しがっていたじゃがいもと玉ねぎを食べさせた。馬乳酒《クミス》も与えた。そして彼女はお返しにチューブ入りの『宇宙食』を人々に配ったんだ」ペルヴーシンは語る。「これはあらゆる医学的勧告に反していた。なぜなら医師による診察が終わるまで、宇宙飛行士は食事を控えなくてはならないからだ。コロリョフは激怒した。研究の観点から見るとテレシコワの飛行はまったくの無駄になったからね。公式には大成功と発表された。それ以外の発表はあり得なかった。だがテレシコワが言うことを聞かなかったせいで、それに続く二十年間、宇宙へ飛び立った女性はひとりもいなかった」

10

ガガーリンの死は、公式には解明されたものの、今日に至るまで物議を醸している。彼のお気に入りの料理人がそれに手を貸したのだろうか?

ファイナ・カゼツカヤが最後にガガーリンの姿を見たのは飛行機事故が起こる前夜、一九六八年三月二十七日のことだった。〈星の街〉はすでに中規模の都市に成長し、食堂では二十四時間、十数名の料理人が働いていたが、これまでどおりファイナの指揮で宇宙飛行士たちの食事を作っていた。そして宇宙飛行士たちは相変わらず彼女を母親のように慕っていた。

「わたしはガガーリンが死ぬ前の晩の当番でした」三十年以上を経てファイナは回想した。「夜中の一時頃、当直の士官に呼ばれたんです。『ファイナ、もうすぐ四人来る、ユーリイ・アレクセーエヴィチもいる』数分後、食堂の前に車が停まった。確かに車内にはユーラがいました。ユーラはわたしに挨拶してくれたけど、わたしが食卓の用意をしているのを見ると、こう言ってさえぎったんです。『ママーニャ、ちゃんとした食事は要らないよ。サンドイッチだけ作っといて。朝五時に取りに来るからね』『どうしてだい?』わたしは言いました。『温かいものを食べていきなさいよ!』『ありがとう、ママーニャ、時間がないんだ』」

翌朝、ガガーリンは教官のウラジーミル・セリョーギンと一緒に飛行する予定だった。二人がもう飛行機に向かおうというとき、宇宙飛行士は自分の好物を思い出した。

「ママーニャ、牛乳ある?」ガガーリンは尋ねた。

ファイナは冷蔵庫から牛乳瓶を取り出した。彼女は牛乳を温めようとしたが、ガガーリンは笑って、カップ一杯の冷たい牛乳を一息に飲み干した。二人のパイロットはサンドイッチを食べて出ていった。

二人に給仕した係の女性がのちに回想したところによると、ガガーリンは昼食券を受け取り忘れていた。それで彼女は走って追いかけ、券を手渡した。

「正午に当番を終えて、家に帰ろうとしました」ファイナ・カゼツカヤは語った。「ところが検問所で引き返すように言われたんです。そのとき初めて聞かされました。『ガガーリンとセリョーギンが死んだ』と。わたしは食堂で捜査官を待つことになりました」

それからまもなく、宇宙飛行士の食堂に数名の軍人が入ってきた。

「彼らはあらゆるものを押収しはじめた。ごみバケツの中身すら、袋に入れて持っていきました」ファイナは振り返った。「わたしたちは取り調べを受けました。ガガーリンは何を食べたのか、何を飲んだのか……答えるのはとても難しかった。怖かったからじゃありません。ただ、ユーラが死んだなんて信じられなかった。どういうこと？　ついさっきまでそこにいた人が、あんなにいい人がもういないだなんて。ここのパイロットはよく墜落していたんです。でもまさかガガーリンが！　わたしたちみんな泣きました」

ファイナはパイロットに生乳を与えてはいけないと何度も言われていた。そのせいで彼女は答えにくかったのだろうか？　ガガーリンの死を調査した委員会は、コップ一杯の牛乳を一気飲みするといったありふれた行為が事故原因となった可能性があるということを、そもそも考慮しただろうか？　ありそうもないと思うかもしれないが、その一方で、往々にして、パイロットがほんの一瞬で生きるか死ぬかの決断を下さなくてはならないような状況もある。この場合がそうだったのか？

わからない。ユーリイ・ガガーリンの死に関する文書、ならびにファイナ・カゼツカヤによる証言は機密扱いである。

ファイナ自身は生涯に一度しかインタビューを受けていない。

11

宇宙飛行の時間が長くなればなるほど、ビリュリョーヴォ実験工場の従業員に課された任務はより野心的なものになった。

「今日では数百回の飛行から得られたまとまった知見があります」ドブロヴォルスキー工場長は言う。「そのうえ冷戦終結以来、我々はその知見をアメリカのそれと比較しています。競争する代わりに経験を交換しているのです。尊大な物言いはしたくないのですが、宇宙食の分野においてロシアは依然として世界一です。ロシア人が国際宇宙ステーションに滞在するときは、常にいくつか余計に缶詰を持っていく必要があります。ほかの人たちに取られてしまいますからね」

「ロシアの宇宙飛行士は食料が十六日分ずつ入ったコンテナを受け取ります」上級専門員リュドミラ・ヴァシーリエヴナが説明する。「その間、朝、昼、晩と同じメニューが繰り返されることはありません。それにチューブもやめました。実用的ではなかったし、長期間こうしたペースト状のものを食べていると宇宙飛行士は噛むことをゼロから学ばなくてはならなくなってしまったからです。いままでは缶詰が支給されています。今日チューブに入って飛んでいるのはマスタードと蜂蜜だけです」

「宇宙飛行士が受け取る食べ物は、可能なかぎり最も健康的な食べ物です」ドブロヴォルスキー工場長は強調する。「我々のために特別に無農薬で果物や野菜を生産してくれる工場や農場と契約を結んでいます。我々は、ときに些細なことが人の命を左右する宇宙空間に余計な化学物質を送り出したくありません。非常に厳格な管理を行っています。それだけでなく我々自身についても厳しく管理しています。実に効果的に、というのも六十年間、我々は微生物や寄生虫をひとつも宇宙に送り出していないのです。仮に上空でだれかのお腹の具合が悪くなったら悲劇ですからね。それは発つ前に地上で予防しないといけません」

「主要な食料コンテナのほかに、もうひとつ追加のコンテナも受け取ります」ヴァレンチーナ・ボリソヴナが付け加える。「最初のコンテナには我々の知見と要件に準拠した食品が入っています。二つ目のコンテナには宇宙飛行士が自分のいちばん食べたいものを注文できるんです。ここではナッツ入りトヴァローク〔白チーズ〕、ジュース、キセリ〔果汁とでんぷんで作る葛湯のようなデザート〕から選ぶことができます。チョコレートか酸乳でもいいんですよ」

「技術は大きく進歩しました」リュドミラ・ヴァシーリエヴナが口を挟む。「今日、宇宙飛行士たちは缶詰または真空パックのドライフードを受け取ります。ドライフードは熱湯を注ぐだけで料理ができあがるんですよ」

「手順は一九六〇年代から変わりません。我々は宇宙飛行士ひとりひとりと面談して、さまざまなものを試食してもらいます」ドブロヴォルスキー工場長は説明する。「それぞれの料理を五段階で評価してもらうんです。我々は彼らが最高点をつけた食品だけを支給するよう努めています。でも、宇宙飛行士はある食べ物を注文したかと思うと、数日後にはまったく違うものを注文することもあります」ドブロヴォルスキー工場長は言う。「面白いことに、宇宙では味覚が変わるんですよ。我々には説明がつかないんですが、でもそうなんです。地上では卵を見るのも嫌だった人が、宇宙では卵以外食べたくなくなる。その後地球に帰還して、数日あるいは数週間もすると何もかも元に戻る。なぜでしょうね？　我々には説明がつきません。いまはまだ」

「宇宙に行くとほとんどみんな玉ねぎをおいしいと感じるそうです。これも説明がつきません」リュドミラ・ヴァシーリエヴナは思案する。「でももちろん、宇宙飛行士が狭い空間にいるときに玉ねぎを食べるのが必ずしも名案というわけではありません。だからわたしたちは、においを出さない玉ねぎの開発に取り組んでいます。最初のサンプルはすでに軌道に乗っています」

「宇宙飛行士に人気のメニューはストロガノフですね」ドブロヴォルスキー工場長は付け加える。「それと魚、ポーランド風鱸《すずき》。卵とバターとレモンのソースを添えたものです。なぜこれを『ポーランド風鱸』と呼ぶのか知りませんが。でも宇宙飛行士たちはエンドウ豆のピュレ、ソリャンカ、トマト煮、魚卵、塩漬けキャベツのシチー、ラッソーリニク、ハルチョー〔牛肉、米、胡桃が入ったジョージア風スープ〕、ボルシチなども好きです。友好国出身の宇宙飛行士が飛んで以来、多くの料理が我々のメニューに加わりました。それぞれの飛行士のために、出身国の郷土料理を内緒で用意して驚かせようとしたんです。そんなわけでハンガリー人飛行士のあとにはグヤーシュが、ブルガリア人飛行士のあとにはムサカ――我々は肉と野菜の重ね焼きと呼んでいます――が残りました。ただミロスワフ・ヘルマシェフスキ〔ポーランド人宇宙飛行士〕のために作ったあなたがたのビゴス〔肉と塩漬けキャベツの煮込み〕は定着しませんでしたが」

12

着陸後、ガガーリンと最初に話をしたルミヤ・ヌルスカノワの家族はいまでも、最初の宇宙飛行士の来訪に備えてじゃがいもを植えている。

「もう来ることはないとわかっていますが、こうするのに慣れてしまいました。これはわたしたちにとって神聖なことなんです。わたしたちは約束した、だから植えるんです」と、ルミヤはタス通信の記者に語った。

セルゲイ・コロリョフはその功績に対して国からモスクワ郊外の――いまではほぼ中心街の――家を授与された。現在は宇宙飛行士記念博物館の分館となっていて、ちょうどここで私はラリーサ・フィーリナと会っている。インタビューのあと、フィーリナが建物を案内してくれた。

「宇宙飛行士たちは打ち上げ前にここに来るんですよ、聖堂にお参りするみたいに」フィーリナは言う。「ゲルマン・チトフは生前よくここに瞑想しに来ていました。建物内をいつも靴下で歩き回ってましたよ。年長の館員たちが靴を脱ぐ必要はないと言ったんですが、チトフはただ微笑むだけでした」

厨房にはもともとそこにあった備品がいまも残っている。コンロ、流し台、カーテンさえも。

「コロリョフの好物は、スメタナを添えたロールキャベツ、ズッキーニの肉詰め、生の玉ねぎとウクライナのサーロ〔豚の脂身の塩漬け〕を添えたカーシャも好きでした」ラリーサ・フィーリナは言う。「お気に入りのつまみは、黒パンにマスタードを薄く塗って、サーロの薄切りを載せたものでした。それをのべつ幕なしに食べることができたんですよ」

コロリョフはガガーリンより二年早く心筋梗塞で亡くなった。強制収容所《ラーゲリ》で数年間過ごしたせいで健康を損なったのだ。加えて、絶えずストレスにさらされて働いたことで心臓が傷めつけられた。

バイコヌールの料理人マリヤ・クリチーニナは、あとに続く宇宙飛行士たちに玉ねぎを宇宙へ持っていくよう勧めた。ついにそれを実行に移したのは白ロシア〔現ベラルーシ〕出身のピョートル・クリムクだったが、彼はそれを食べる代わりに水栽培した。宇宙滞在中の一週間で玉ねぎは十数センチの新芽を伸ばし、クリムクは満足してそれを自分の食事に加えた。クリムクに続く宇宙飛行士たちは、クリチーニナからもらった玉ねぎをこっそり持ち込むようになった。クリチーニナ自身は、最初の犬の打ち上げからゴルバチョフとペレストロイカの時代までバイコヌールで働いた。一九八六年にドン川流域の故郷の村に帰った。クリチーニナは二〇一三年のガガーリン飛行記念日の数日前に亡くなった。

ビリュリョーヴォ実験工場の上級専門員リュドミラ・ヴァシーリエヴナは、八十歳近いとはいえ、火星有人飛行ミッションのメニューを計画するその日まで生き延びたいと思っている。

「まったく新しい技術を開発する必要があります」彼女は言う。「現在わたしどものドライフードの賞味期限はたった一年です。でも火星へ行くなら、すべての特性を保持しつつ、三年か四年は食べられる製品を考え出す必要があります。魅力的な作業になるでしょう。ぜひとも参加したいですね」

メニュー

バイコヌールで宇宙飛行士たちに出されたボルシチの唯一無二のレシピを書き留めたのは、二〇一三年にマリヤ・クリチーニナのもとを訪れた「コムソモーリスカヤ・プラウダ」紙の記者、オリガ・ゴパロである。

ソ連宇宙飛行士のための特製ボルシチ
豚肉または牛肉　三〇〇～四〇〇グラム
じゃがいも　三～四個
キャベツ　三〇〇～四〇〇グラム
ニンジン　一本
パプリカ　一個

玉ねぎ　二個
トマトペースト　大さじ二
月桂樹の葉　二枚
バター　大さじ三
砂糖　小さじ一
ニンニク、ディル、パセリ
塩、黒胡椒

大鍋に水を張り、食べやすく切った肉、じゃがいも、玉ねぎ一個、ニンジン一本、月桂樹の葉一枚、パプリカ一個を入れて火にかける。沸騰したら弱火にして、煮汁が白濁するまで煮込む。

その間にフライパンにバターを溶かし、薄切りにした残りの玉ねぎ、千切りのニンジンとパプリカを、月桂樹の葉の残り、トマトペーストと共によく炒める。そこに砂糖小さじ一を加える。

大鍋に炒めた野菜を加え、ざく切りにしたキャベツ、ニンニク、ディル、パセリを加える。沸騰したら火を止める。鍋蓋についた水滴で料理の風味が損なわれないよう、ボルシチが冷めてから鍋に蓋をすること。

厨房のドアから

ガガーリンの存命中、クレムリンでクーデターが起きた。同志らはニキータ・フルシチョフを権力の座

ドルゴプルドニでピクニックをするユーリイ・ガガーリンとボリス・ヴォリノフ

から引きずり下ろして引退させた。その後釜に座ったのが、フルシチョフより年下で、陽気で、明らかにアルコール依存症のレオニード・ブレジネフだった。

ガガーリンの死は数々の伝説を生んだ。そのひとつによると、ガガーリンは何らかの理由でブレジネフの逆鱗に触れたため、ブレジネフはガガーリンを殺すよう命じたのだという。最も過激な伝説によると、ガガーリンは実は一度も宇宙に行ったことがなかった。うっかり秘密を漏らさないよう、死なねばならなかったというのである。

もっと筋の通った話では、一機の戦闘機が——あらゆる規則に反して——視界の悪い中、航空管制塔と連絡を取らずに低高度まで降下し、ガガーリンが操縦する飛行機からわずか十数メートルの距離を通過したため、ガガーリン機は飛行経路からはずれた。そのうえ多くの手順違反、管制塔との良好な連絡の欠如、悪天候、レーダーが機能しなかったことなどがあったという。

二〇一一年、ロシアの宇宙開発機関ロスコスモスはガガーリンの死に関する調査を正式に終了し、すべての責任をガガーリンに帰し、単純な操作を誤ったせいであると結論づけた。

だが多くのロシア人は、最初の宇宙飛行士が死んだ本当の状況がしかるべく説明されていないと考えている。どのような状況だったのか？　たとえば、当初の調査は驚くほど早々と終わり、事故調査委員会は、ガガーリンと教官の乗った飛行機をスクラップにし、ドラム缶に密閉して埋めるよう命じた。あたかも真の事故原因が発見されないよう、事故機を破壊しようとしたかのように。

飛行機が地面に激突した場所で、ガガーリンの手はなおも操縦桿を握り締めていたことが判明した。二人のパイロットの遺体のほか、そこでは私物も見つかった。運転免許証とセルゲイ・コロリョフの写真が入ったガガーリンの財布。ジャケットのポケットには、食堂を出る直前に給仕係から受け取った昼食券が入っていた。

一方、ブレジネフ政権の下でクレムリンの食卓は絶頂期を迎えていた。クレムリンで人々がこれほど贅沢に、これほど豊かに食べることはその後二度となかった。饗宴はツァーリの時代を彷彿させた。

クレムリンの主自身がはこうしたすばらしい宴で供される料理を特に好んだわけではなかったことは、いささか皮肉に思われる。なぜか？　それについては彼の料理人に語ってもらうのがいちばんだ。

第十の皿　ヴィクトル・ベリャーエフ——クレムリンの料理人

「レオニード・イリイチ・ブレジネフを初めて目にしたのは、料理人見習いだった若い頃、反ファシズム戦争勝利三十周年記念祝賀会の手伝いでクレムリンに派遣されたときのことだ。ブレジネフを見て、自分はテレビを見ているんだと思ったよ。本当に自分が、イズマイロヴォ〔モスクワ東部の地区〕出の若造ヴィクトルが国家元首とその賓客のための料理を作るだなんて、なんだかピンとこなかった。

ゴルバチョフ、エリツィン、プーチンがそのあとに続いた。私はその全員のために料理した。夜中に起こされても、それぞれ何がいちばんの好物か教えてあげられるよ。リチャード・ニクソンがゴルバチョフを訪問したとき、ニクソンは私の料理をすべて写真に撮らせ、毎晩私に挨拶しに来た。マーガレット・サッチャーは想像を絶する量のブリヌィを私に注文した。そしておたくのエドヴァルト・ギェレク〔一九七〇年代のポーランド統一労働者党第一書記〕はいつもポーランドのソーセージを持ってきてくれたよ。あんなうまいソーセージはソ連圏全体でだれにも作れなかったからね。

どこから話せばいい、ヴィトルト？　最初から始めようか。大望ばかり抱いていたかつての私、イズマイロヴォ出の少年から」

1

「イズマイロヴォはいまじゃモスクワの一部、ほぼ中心部だが、私が子供の頃はまだ郊外で、皇帝《ツァーリ》ピョートル一世が幼少期を過ごしたことで知られていたし、いまも知られている。そこには美しい正教会や修道院、ピョートル一世に捧げられた記念碑がある。幼いピョートルが泳いだ小川や、彼が歩いた通りもある。こういう場所に暮らしていると、スポンジみたいに歴史を吸収するんだ。そして若造だった私は、生きているうちに何か歴史に関わることがしたいと思っていた。

それで史料管理学の専門学校に行こうと決めた。そういう学校がうちの近く、イズマイロヴォにもあったんだ。古い文書を調べたり、本を読んだり、ほかにも同じくらい面白いことをするぞって思ったのさ。

私には父親がいなくて、母と祖父母に育てられたってことは知っておいてほしい。父は私が四歳のときに何かやらかして投獄された。だれかのものを盗んだか、だれかを殴ったか、私は知らないし、特に真相を探ろうともしなかったが、おふくろはその後もう親父に会おうとしなかったから、私も親父を知らない。我が家の中心人物は祖父だった。背が高く、髪は真っ黒。退役軍人だった。実年齢より二歳上と偽ったそうだ、でなければ軍隊には取られなかっただろう。そしてベルリンに片足でたどり着いた――もう片方の足はスモレンスクの戦いで失ったんだ。

英雄が大勢いた戦争の時代でも、祖父は並はずれていた。ポーランド人の軍医が何かの木切れで祖父に義足を作ってくれたんだ。彼らは祖父をモスクワに送り返そうとした。だって足の不自由な者がどうやって従軍するって言うんだい。でも祖父は頑固でね、モスクワには絶対に帰らない、片足でこんなにうまく歩けるようになったんだから、知らない人が見れば義足だとわからないだろうと言った。帰ってきたとき、体の正面は勲章だらけで、中にはアレクサンドル・ネフスキー勲章と大祖国戦争の功績を称える他の三つの勲章もあったよ。あまりにも多くて、背中にまでかけられるくらいだったそうだ。

そして、とても実際的な人だった祖父は、ある日私にこう尋ねた。

『ヴィクトル、おまえ、どこの学校に行くつもりだ?』

『専門学校だよ』私は答える。『おじいちゃん、史料管理学を専攻するんだ』

『ヴィクトル、その専門学校を出て何をするんだい?』

『そうだなあ』私は言う。『公文書館に座って、ルーペを使ってさまざまな古文書を読むだろうね』

祖父は私を見ると首を横に振ってこう言う。

『そいつはまともな職業じゃないな。男は家族を養うために、まともな職業に就くべきだ』

それで会話は終わった。少なくともそのときは。

祖父は週に一度、勲章を全部上着の襟にぶら下げ、地元の酒場に行ってビールを一、二杯飲む習慣だった。たまたま祖父との会話のあとですぐ、近所に新しい酒場が開店した。祖父はその店に行き、ビールを二杯飲んで店を出ようとしたとき、ちょうど目の前にこんな文字があった。『料理学校。一般公開日』。おっ、面白そうだ、と祖父は思う。学校の前まで行き、戸口に立っていると、ちょうど私の将来の先生のひとり、ヴァレンチーナ・ペトローヴナ・ミナーエワがそこを通りかかった。ミナーエワは祖父と祖父の勲章を見て、こう尋ねる。

『どうされました? 老後のために入学なさりたいんですか?』

『自分じゃない。孫さ』祖父は答えた。

するとミナーエワは大変感銘を受け、祖父を連れてこの学校の隅々まで案内し、何もかも見せて回った。祖父はそこを出ると店に向かった。チェクーシカという四分の一リットル瓶のウォツカを二本買った。家に戻ると、チェクーシカ二本をテーブルの上に置き、それを開けて飲んだ。そしてこう言う。

『ヴィクトル、料理学校に行ってきたぞ。勉強は二年間、一週間は理論をやって、一週間は実践だ。そのあと料理人になれる。そうすりゃ一生満腹で嗅ぎ煙草に鼻を突っ込んでられるぞ』これはロシア語の言い回しで、裕福に暮らすって意味だ。

母さんは泣きだした。

『食べ物に関わる商売だけはやめて！　そこで盗みを覚えたら監獄行きだよ！〔当時、食品工場の管理者が原材料の農産物を闇市場に横流ししようとしたとして頻繁に告発されていた〕』

すると祖父はこんな諺《ことわざ》で答えた。

『たくさんあるところから少しむしるのは盗みじゃない。公平な分配ってもんだ』

そして私に片目をつぶってみせた。

私はその諺がとても気に入った。祖父の考えが気に入ったかどうかは、よくわからなかった。でも祖父に楯突くのは難しかったので、専門学校への出願を取り下げて、料理学校に願書を提出した。

すばらしい学校だった。とてもレベルが高くて、当時教わったことはいまでも使っているよ。何もかも教えてくれたからね。枝肉の解体から、家禽の解体、ジビエの解体の仕方まで。それに会計と食品技術もほんの少し。豊富な知識にすばらしい教師陣。そして実際、祖父の言ったとおり、一週間は学校で理論的な授業を受け、その後すぐにレストランで一週間の実習があった。

だが最初のひと月の実習でくじけて、もうやめたくなった。私と同級生のひとりはレストラン〈チェリヨームシキ〉に行かされて、そこで最初の二週間はひたすら茹で卵を磨かされた〔ロシア語で卵の殻を剝くの意〕。何のために？　見栄えをよくするためにさ。たぶん我々に何をさせればいいかわからなかったんだろう、それで二人にそれぞれ茹で卵を千個与えて殻を剝かせたってわけだ。

二週間後、ついに私と同級生は勇気を出して料理長のところへ行き、こう言った。これこれこういう次第なんです。僕たちはここで料理を習うはずだったのに……。

すると料理長は僕たちに食器や鍋洗いもやれと命じた。フライパンには半分まで油が入っていた。数百リットルは入りそうな大鍋。いやはや大変な仕事だったよ。

それで僕たちは学校で訴えた。すると担任教師ヴァレンチーナ・ペトローヴナが、僕らの実習がどんなものか見に来た。山のようなフライパンや鍋や卵――だれも卵の殻剝きから解放してくれなかったから――の向こうにいる我々を見るや、先生はレストランの支配人のところへねじ込みに行った。そして、仕事をちゃんと教えてくれなければ、学校はレストランとの提携を打ち切ると脅したわけさ。

それで支配人は僕たちをサラダの担当に変えてくれた。

私が本格的に調理というものに触れたのはこれが初めてだった。しかし最初からこの職業に大いに熱意を燃やしたとは言えない。確かに茹で卵の殻を剝いたり大鍋を磨いたりするよりははるかにましだった。でも、レタスやきゅうりやトマトを切ることが一生の仕事になるとも思えなかった」

2

「学校での一年が終わると、我々は実習のために本当にいい場所に行かされるようになった。当時、モスクワのグルメ地図はいまほど複雑じゃなかった。主要なレストランが五軒あった。〈メトロポール〉、〈ウクライナ〉、〈モスクワ〉、〈プラハ〉、〈ナツィオナーリ〉。それだけだ。

私はレストラン〈プラハ〉に行かされた。

そこは白いテーブルクロス、とても上品な給仕係、すばらしい料理が揃った洒落たレストランで、モスクワ中心部の有名なアルバート街にあった。給仕係たちも伝説的存在だった。給仕頭はグリゴーリエフという男で、ひと晩にテーブル三つ、最大でも四つしか担当しなかった。人々は彼に給仕してもらうためだけに順番待ちをし、何か月も前から予約を入れた。グリゴーリエフは美男で優雅で何もかも洗練されていた。見事に店のお薦めを伝えることができた。そのうえ、厨房が自分の顧客のために何もかも最高の水準で作るよう気を配っていた。ちゃんとバターで焼いているか、分量は適正かどうかなど、みずから料理人の手元を見張っていたんだ。

私はそこの従業員たちとはとてもうまくやっていけた。赤い卒業証書〔優秀な成績を示す〕をもらって学校を卒業すると、料理長が声をかけてくれた。喜んで応じたよ。でも料理人になりたいかどうかは、まだよくわからなかった。

そのときはまだ知らなかったが、その五軒のいいレストランから給仕係や料理人がさまざまな大規模な祝賀会の折にクレムリンに雇われていたんだ。でもまもなく知ることになった。私が仕事に就いてすぐ、一大イベントが近づいてきた。反ファシズム戦争勝利三十周年だ。クレムリンでは恒例の祝賀会が開かれることになっていて、そこで料理を提供するチームに加わるよう料理長から言われたんだ。

足から力が抜けてへなへなと崩れ落ちそうになったよ、ヴィトルト。どこで？　私が？　クレムリンに？　まだ何もできないのに！　だが料理長は微笑むだけだった。『落ち着け、ヴィクトル』料理長は言った。『学ぶんだ。どこかから始めなくてはならないのだから』

当時私はまだ若造だった。なにしろ一年前はモスクワ郊外のレストランで茹で卵の殻を剝いていたんだからね。ところが突然、クレムリンときた。まあでも仕方ない、料理長に命じられたら逆らえない。立派な格好をさせてもらい、糊の効いた白いコック服にコック帽というい でたちで出かけたわけさ。

祝賀会は盛大だったな。何を作ったかって？　憶えてないな、そのときは先輩料理人の手伝いで、私はもっぱら何かを切ったり洗ったり、せいぜい鍋をかき混ぜたりする程度でね、給仕係が料理を運びきれなくなると、そっちの手伝いに行かされたよ。

すると突然、厨房に護衛たちが飛び込んできた。『いまからだれもここから出るな！』と怒鳴る。ドア越しに見れば、ブレジネフ、当時の首相コスイギン、政治局員全員が通るじゃないか。

ピンとこなかった。自分はテレビを見ているのか、それとも自分の目で見ているのか？　ほかの料理人たちにも見えているかどうか窺った。だれも政治家の方なんか見ちゃいなかった。みんなにとってはいつもと同じ勤務日に過ぎなかった。もう何度も政治局員を自分の目で見たことがあって、また見ることになると知っていたのさ」

3

「クレムリンの話はそれはそれとして、学校を卒業すると徴兵された。私は北の国境を守る国境部隊に配属された。ネネツ自治管区の町ナリヤン・マルから、チュクチ自治管区の小村ミス・シュミッタまで、そこからは――よく目を凝らせば――アラスカと北極海の始まるところが見える。

我々の部隊は国防大臣ではなくＫＧＢの管轄下にあり、そこを通じてソ連閣僚会議の管轄下にあった。何が違うのかって？　私に言わせると、主に食い物が違う。普通のソ連兵は一日にバター二〇〇グラムを支給されるが、国境警備兵は五〇〇グラムもらえた。ほかの配給品についても同様だ。兵舎の質も我々の方がよかったし、軍服もちょっとだけよかった。ソ連当局は我々にできるかぎり配慮してくれていた。

私はヴォルクタに飛び、そこの独立北極国境部隊で軍務に就くことになった。そこで軍隊と同じく、まず軍曹から訓練を受ける。軍曹はクレムリンでの私のエピソードを知るや、私を指揮官のもとに行かせた。そこへ向かう途中、どういうことだろうと思ったよ。殴られるのか？　怒鳴られるのか？　ところが指揮官は、料理の技能があるのにそれを使わないのはもったいないと言う。そしてすぐにこう付け加える――我々の配給食料はいいかもしれんが、腕の立つ料理人がいない。ソ連内のあらゆる共和国から人が集まっているのに、料理についてはからっきしだ。そして、喜んで飛行機を提供するから、一年間、我々のすべての施設を回って、みんなに料理の仕方を教えてやってくれ、と。

もちろんですとも、と私は言う。ただ、いつ何をどこでどのようにやればいいかだけ教えてください、そしたら出発しましょう。

そして出発した。私は料理の講習をしに、普通ならいくら積まれても一生行かないような場所に赴いた。道路も列車もなく、ヘリコプターでしかたどり着けないような場所だ。仮にホッキョクグマを一頭見かけるたびに一ルーブルもらえたら、今頃は大金持ちになっていただろうね。それにアザラシの大群と息をのむような大自然。そんな景色なのは、極北の自然が何かを産み出せるのが二十四日間しかないからだ。一年を通してとても過酷だが、その期間だけは、ヴィトルト、まるで狂ったようなんだ。その間にシャベルの柄を地面に突き立てておくと、そこからも何かが生えてくる。おびただしい数のコケモモは巨大な紫色の絨毯みたいで、それにキイチゴやきのこも生えてくる。そして私が行くまで、そうした場所ではどこも新鮮な果物を、それらが育つ二十四日間しか使っていなかったんだ。

そこで料理人たち全員に、コケモモとキイチゴをなるたけたくさん冷凍しておくようにと教えた。一年中コンポートが飲めるようにね。そして、せめて少しでも植物の成長を長引かせられるように、各施設で温室を建てるよう勧めた。どこでもそのとおりにしたかどうかはわからないが、ヴォルクタの本部ではそうした。私の知るかぎり、温室はいまもそこにある。

それに、外国から来る船の船長に野菜の種を持ってきてほしいと頼んだ。こうして我々は、地中海沿岸のおいしいパプリカ、オランダのトマト、スコットランドのきゅうりを手に入れた。どれも自分たちの温室で育てたよ。もちろん一年中というわけにはいかない、あそこは寒すぎたからね。でも新鮮な野菜のある期間が、たった二十四日間から突然三か月か四か月近くになったんだから、これはもう大した変化だ。

料理人たちには鹿肉の解体方法も教えた――ほらな、うちの学校はいい学校だったんだよ、こんなことまで教えてくれたんだから。我々はトナカイも食べた。だがあの土地でいちばん豊富なのは魚さ。チョウザメ、カワヒメマス、シロマス、ムクスン。信じられないほどたくさんの種類がいるんだ。人生であれほどうまい魚を食べたことはないね。ムクスンの身はとても美味で、焼かずにそのまま食卓に出してスプーンで食べられるほどだ。

その一年で二十二の施設を回った。料理人たちは私の助言に従うこともあれば、従わないこともあった。知ってるだろ、軍で食べ物に対する態度がどんなかは。でもそれは私の人生で最もすばらしい冒険のひとつだった。あそこで初めて、自分は本当に料理人になりたいんだと、これが自分の進むべき道だ、これが好きなんだと感じたんだ。それも実にありふれた状況でそう感じたのさ。我々は温室を建てたり、コケモモを冷凍したりすることはできたが、遅かれ早かれ、厳しい北方の冬に苦しめられはじめた。何袋ものニンジン、ビーツ、じゃがいもがあったのに凍ってしまって、ひどい味がした。前任の料理人たちはそれにただ水をかけて兵士たちに出していた。なにしろ兵士ってのは何でも食うからな。

でも私はそうしたくなかった。そのじゃがいもを取って皮を剝き、薄切りにして、一晩牛乳に浸した。次の日、バターを載せ、ドゥホーフカ〔オーブンの一種――原註〕に入れて、きれいに焼き上げた。火が通ったら、表面に卵をいくつか割って落とし、そうやって作ったグラタンを同僚たちに出した。

新鮮なじゃがいもをどこで手に入れたのかって、みんなに訊かれたよ――だって船は一隻も到着していなかったからね。

新鮮じゃないよ、と私は答えた。ただ料理人がきちんと下ごしらえしただけだ。

同僚たちは、最初は信じられないという目で、それから感心したように私を見た。そのとき初めて、自分は料理人になれる気がしたんだ」

4

「軍隊から戻ってくると、レストラン〈プラハ〉では両手を広げて迎えてくれた。でも私はそこに長くは留まらず、いずれクレムリンに働きに行くことは、だれの目にも驚くほど明らかだった。

私以外のだれの目にも。というのも、私は自分を料理人としてはさほどでもないと思っていたからだ。それでも本当にそうなった。あるとき私が習った先生の叔父、アレクサンドル・フョードロヴィチがクレムリンの料理長になったんだ――いつか自分が跡を継いでその地位に就くとは思ってもみなかったよ。

そのアレクサンドル・フョードロヴィチが私の先生に、才能ある卒業生はいるかねと尋ね、先生が私を指名してくれたんだ――五点満点の最優秀の成績で卒業する者はめったにいなかったんだが、私の場合がまさにそうだった。それでそいつに話を聞こうと、アレクサンドル・フョードロヴィチが招いてくれたんだ。

『君、奥さんはいるのかね？』アレクサンドル・フョードロヴィチは尋ねた。

『いいえ』私は答えた。『でも彼女がいます』

『ここで働けば二年で立派なアパートをもらえるぞ。結婚するつもりなら願ってもない条件だろう』

当時、住まいを入手するまでにはもっと長いこと待たされたから、これは重要な動機となった。そんなに長くは考えなかったな。

だが仕事を始める前に、情報機関が私を徹底的に調べ上げるまで二か月待たなくてはならなかった。調査票に記入したあと、嘘をついていないかどうか調べられた。父のことを何と書こうか悩んだよ。なにしろ刑務所に入っていたから。でも、父のことは知らないし連絡も取っていないと書くといいと教えてくれた人がいた。そのほか、家族でスターリン主義時代に抑圧された者がいないか、大祖国戦争中にドイツ軍の捕虜になった者はいないか、国外に居住している者がいるかどうかを書かなくてはならなかった。

幸い、こうしたことに関してはどれも問題なかった。

この機会に母と祖父に少し訊いてみたところ、母方の先祖はとても裕福で、食品を大規模に取引し、自前の艀《はしけ》まで持っていたそうだ。スコピン〔リャザン州の町〕にはいまも高祖父の家があって、そこは郷土史博物館になっている。こうしたすべてにとても興味を惹かれた。もう話したように、私は歴史が大好きだったし、いまも大好きなんだ。

だが、真のエリートだったのは、私が知らなかった父方の一族だ。なんとピョートル一世の右腕だったアレクサンドル・ダニーロヴィチ・メーンシコフ直系の子孫だったんだ。

幸い、クレムリンではそこまで深く調べなかったか関心がなかったらしい。私は採用された。

クレムリンに行ったとき、私はまだ子供同然だった。しかもクレムリンの厨房というのは、常に並はずれた人物が働く場所だった。私が入った当時はまだ、大祖国戦争中に料理をしていたという人たちや、スターリンやフルシチョフを憶えている人たち、この厨房で実に多くのことを見て経験してきた人たちが働いていたんだ。

だが、チモフェーエヴィチの話に並ぶものはない。一度しか見たことがないが、あの顔と少し前かがみになった姿は忘れられない。チモフェーエヴィチは伝説的な存在だった。だってクレムリンで生まれたんだから。そうだ、聞き間違いじゃない、クレムリンで、それも帝政時代に生まれた料理人が我々と共に働いていたのさ。クレムリンの壁の向こう、いまは国立クレムリン宮殿の大きな建物がある場所には、帝政時代、正教会の巨大な建物群があった。チモフェーエヴィチの父親はそのうちのひとつの輔祭で、母親は厨房のひとつで皿洗いをしていた。当時、使用人はクレムリンの中に住んでいたから、彼もそこで生まれたというわけだ。そして子供の頃から母親の仕事を手伝うようになり、料理人たちに調理の仕方を教わった。そうしてそこに留まった。革命を生き延び、戦争を生き延び、その間ずっと料理人をしていた。クレムリンから引っ越したのはようやく一九四〇年代になってからだ。その頃にはもうクレムリンの敷地内に住むことはできなくなっていた。でも指導部からクレムリンのすぐ隣にアパートを与えられた。だから歩いて通えたんだ。

我が良き同僚ジェーニャ〔エヴゲーニイの愛称〕・グリーシンは、かつてロシアの映画製作者たちの晩餐会のために、チモフェーエヴィチと一緒にザリガニを調理した。それは何か重要な集まりで、五百人が参加する予定だったから、数千匹のザリガニが必要だった。二人は夜遅くまで調理していたが、途中でチモフェーエヴィチが腕時計を見てこう言った。『ジェーニャ、もう家に帰りな、最終の地下鉄に乗り遅れちまうぞ。このザリガニは俺がおまえの分もやっとくから』

それでジェーニャは帰宅した。チモフェーエヴィチはザリガニを仕上げ、コンロの火を消して……死んだ。翌朝、コンロのそばで発見されたんだ。本物の料理人らしく、彼はまず作業を終わらせた。クレムリンで生まれた男はクレムリンで死んだ。だれも彼の思い出を書き残していないのが実に残念だが、あいにくそうなんだ。料理人というのはたいていてい忘れ去られてしまう」

5

「最初、私はいわゆる特別厨房《スペツクーフニャ》で働いた。クレムリンで催される歓迎会を担当したんだ。実に大勢の人々にたくさんの料理を作ったよ、一度に千人来ることもあったからね。自分の作業が終わると、手伝いが必要な人を探した。同僚たちにはずいぶん喜ばれてね、手伝いながら多くのことを学ばせてもらったよ。

この時期、特定の師がいたとは言えない。こちらをちょっと覗き見ては、あちらをちょっと、という具合だった。そうやってだんだん面白いレシピを知るようになった。たとえば製菓部門では一口サイズのペリメニを作った。これはクレムリンの厨房の看板メニューのひとつで、ごく小さなペリメニを大量に手作りする。これには来賓も驚嘆していたね。料理の専門家でなくとも、これを作るのがいかに大変かわかるからね。ところが宴会では無数のペリメニを出したんだよ。

ラスチェガイも焼いたな。これは魚をイースト入りの生地で包んで焼いたピロシキのようなものだ。サクサクのパイ生地を三つ編みにして焼き上げると、三つの穴から具が見える。見栄えは美しいが、どれだけの労力と精度が求められるかは言うまでもない。三年間なかなか覚えられなかったが、ついに何かが頭の中で閃いてコツをつかんだよ。

さまざまな料理の裏技も学んだ。たとえばボルシチだ。ボルシチはいつも宴会の前日に用意していた。置いといても傷まないからね。ただ作ってから一日経つと色が褪せてしまう。そんなときは特別な着色料を作る。ビーツをすりおろし、水を注いで、レモン汁を加えて煮るんだ。これをボルシチに加えると、たちまち元の色に戻るんだよ。

いちばん面白かったのは、重要な国の指導者が来たときだ。おたくの第一書記エドヴァルト・ギェレクにはとても気に入られていてね。毎回贈り物を持ってきてくれた。ワルシャワで適当に飛行機に乗せただけのものじゃなくて、私のために特別に用意したものを。いつだったか、クラクフ周辺のどこかで私にぴったりのサイズに誂えた手縫いのシャツを贈られたことがある。私はお返しをしたいと思って、ビゴスの作り方を覚えた。だがギェレクはこう言った。『ヴィクトル・ボリソヴィチ。ポーランド料理なら私は毎日ワルシャワで食べられる。ここではここの料理を食べたいものだ』

そこでギェレクが来たときは、彼のボディーガードが私のところに来て、こう言うように取り決めをした。第一書記はキエフ風カツレツをご所望です。あるいはチョウザメの修道院風を。あるいは若鶏のタバカ〔ジョージア風若鶏のフライパン焼き〕を。で、私は彼の食べたいものを急いで作ったんだ。

憶えているよ、ギェレクはフランクフルト・ソーセージが大好きだったな。朝食に四本か五本は平らげていた。ソ連最大のミコヤン食肉加工工場には、クレムリン専用の特上フランクフルト生産ラインがあった。実においしかったので、我々は朝食にエンドウ豆を添えて出したものだ。

ギェレクが来ることになると、うちの料理長から数日前にこう言われたよ。おっ、あのおまえのポーランド人が来るぞってね。外国の首脳のだれかに対する仕事がうまくいって料理を気に入ってもらえたら、それからずっとその人の担当になるというしきたりだった。それで私は実際何度もギェレクのために料理した。

ポーランド人が自分たちの国から持ち込んだ唯一の食べ物がソーセージだった。あなたがたがどうやって作っているのか知らないが、ポーランド産のソーセージほどうまいソーセージは生まれてこのかた食べたことがない。いつだったかギェレクにそう言ったら、私にだけでなく、公式の会合のために、おいしいポーランドのソーセージを持ってきてくれるようになった。

そんなわけでギェレクとの関係はいい思い出だよ。その代わり、後継者のヤルゼルスキのために料理したことは一度もない。ヤルゼルスキの担当はもう別の料理人だったからね」

6

「私は仕事場で皆に好かれ、評判も良かったので、一年か二年すると、専属人《リーチニク》にならないかという提案を受けた。何をする人かって？　国の最重要人物の専属料理人だ。クレムリンには、世界の多くの厨房と同様、大統領の厨房のひとつがメニューを決めて宴会客全員の料理を作る、そういう部署がある。だが国の指導者や最重要人物には、もうひとつ別の厨房が料理を作る。そこで働くのがリーチニク、すなわち専属料理人だ。この地位につくのは最も信頼の置ける人々であり、ロシアではKGBの直属で、可能なかぎりあらゆる方法で調べ上げられる。クレムリンの職員でさえ、その厨房には立入禁止だった。なぜなら国家元首の食事は最高機密のひとつだったからだ。このシステムはだれにも知られてはならず、リーチニクがだれかはなおさら知られてはならない。それは安全保障に関わる問題だったんだ。

　専属料理人になるということは料理人にとって大変な名誉だ。料理の腕が確かで信頼されているってことだから。でも幸いなことに私は、まだ若造ではあったが、リーチニクになるのは避けようと考えるだけの頭は働いた。なぜか？　第一に、そうなれば、今日ここでこうしてインタビューを受けてはいないだろうから。専属料理人がしたことはすべて、死ぬまで機密扱いで口外禁止だからだ。

　第二に、専属料理人は一生、国外に出ることを禁じられている。

　第三にして最後の理由は、リーチニクに権限があるのは、仕えている相手が権力の座にある間だけだ。その後はもうクレムリンで働けなくなり、別の仕事が割り当てられる。なぜか？　わからない。安全保障の観点からその方がいいとだれかが考えたんだろうな。私はリーチニクを全員知っていたし、歴代の書記長のために料理していた人たちとも会ったことがある。そのうちひとりは私の師となり親友にもなった。だがな、ヴィトルト、歴史家みたいに、このすべてを年代順に追っていかせてくれ。

　そんなわけで私はリーチニクにはならなかったが、レオニード・イリイチ・ブレジネフにはよく料理を作ったものだ、クレムリンでも、彼個人の別荘《ダーチャ》でもね。それはソ連経済の停滞期で、ブレジネフの健康状態がますます悪化し、数々の冗談の種にされていた頃だ。まあ、当時クレムリンを支配していたのは老人ばかりというのは本当だよ。連中は何かを改革すべきときに寝過ごしたのかもしれんな。

　しかし、私は厨房側からしか彼らを知らなかった。そこから彼らを非難することはできない。食事は質素で、突拍子もない気まぐれな注文を受けることはなかった。だが、ブレジネフが住んでいたザレーチェ〔モスクワ郊外の地名〕のダーチャは、妻のヴィクトリア・ペトローヴナが取り仕切っていた。ヴィクトリア自身とても料理上手で、料理することが好きだったから、夫が国家元首だからといって料理をやめたくなかったんだ。家政婦もいたが、炊事は一緒にやっていた。ヴィクトリアはたとえば胡桃を詰めたすばらしいヴァレーニキを作ったが、私だってあんなのは作れない。それに、ダーチャにはいつも女主人お手製の黒スグリの果実酒があった。特別なお客が来たときに出していたよ。

大きな宴会のあとはいつも――そこでは百人もの客を招いた宴がよく開かれていた――ヴィクトリア・ペトローヴナが厨房のある地下に降りてきて、我々にお礼を述べた。ブレジネフ自身も何度か来たことがある――かつては毎回来ていたそうだが、私が働きはじめた頃には、もうかなりの年で病弱だった。とても気さくで、だれとでも握手してお礼を述べていたよ。我々は例の有名な果実酒をグラス一杯ずつ飲み干し、片付けをすると、車でモスクワに帰された。

ブレジネフの時代の宴会はとても豪華でね、テーブルには料理がずらりと並び、それは常に最高級のご馳走だった。想像してみてくれ、もし国中から最高の料理人たちばかりがクレムリンに引き抜かれたのだとしたら、我々がいかに料理したかを。当時、我々はおそらく世界一熟練した厨房だったはずだ。

宴会には何百名もの人々が出席することもしばしばだったが、厳重に護衛されていたのはほんの数人だ。ソ連共産党中央委員会書記長、首相、国防大臣、その他七名。これがいわゆる第一テーブルだ――全員がそれぞれ自分のリーチニク、つまりKGB直属の独立した厨房を持っていた。彼らは独自の供給ルートや、それぞれ自前の農場まで持っていて、どこから食料が運ばれてくるかはだれにも知り得なかった。

それ以外の人たちのために料理を作っていたのが我々、特別厨房だ。

第一テーブルには、信頼の置ける専属の給仕人たちもいた。ブレジネフは宴会ではいつも、私がかつて働いていたレストラン〈プラハ〉のヴァシーリイとニコライのカリニチェンコ兄弟に給仕してもらいたがった。兄弟はひっきりなしにクレムリンから呼ばれた。この二人は、いまじゃもうお目にかかれないタイプの給仕人だった。二人とも終戦以来、四十年近くこの仕事をしていた。その頃モスクワには給仕人を養成する専門学校があって、二年教育だった。よい給仕人というものは、客にこちらから話しかけたり、自分の人生を打ち明けたり、そもそも自分に注目を集めようとしたりすべきじゃない。ただ呼ばれたらすぐに来て、お辞儀をして、陰に控えているべきなんだ。私は一度、ウラジーミル・プーチン大統領とウクライナの元大統領ヴィクトル・ヤヌコーヴィチの会談に居合わせたことがある。その最中にプーチンはナプキンを落とし、無意識に、会話を中断することなく、かがんでそれを拾い上げようとした。だがナプキンはもうそこにはなかった。

なぜならそこに良い給仕人がいたからだ。

クレムリンのテーブルにはまた別の物語がある。我々のところには盛り付けとテーブルの飾り付け専門の部署があって、何十人もがそこで働いていた。ツァーリの時代から蓄積されてきた知識は、ブレジネフの時代に頂点を極めた。テーブルには美しく飾られたチョウザメ、キャビアとイクラを盛った銀メッキの鉢、カムチャツカ産カニのサラダ、あらゆる種類の肉と魚が並んだ。

だが歴代二人の第一書記は、フルシチョフも、ブレジネフも、ウクライナの村か小さな町の出身だった。故郷の村のいったいどこでチョウザメなんか見たことがあったろう？　キャビアやカムチャツカのカニだってそうだ。二人はそうした料理にまったく馴染みがなかった。それに、そういうものを毎日食べさせられたら、全然うまいと思わなくなるのさ！

私は何度も見たんだ、ヴィトルト、六百名の参加する祝賀会でテーブルに料理がふんだんに並んでいるところをね。各人の前にフォークとナイフのセットが置いてある。ところがブレジネフは、座ったまま不機嫌そうに八本あるフォークのうち一本を皿の上でさまよわせている。彼にしてみればここには何もないからだ！　テーブルの上には彼の好きなものや食べたいものがひとつもなかったんだよ。

　そうした祝賀会の前に我々のところにリーチニクがやって来て、メニュー表に目を通したり、我々が作っているものを確認したりした。あるとき、リーチニクのひとりがやって来て、ブレジネフの方を見ると、こう言うんだ。『いまは何も食べてない。でも祝賀会が終わったら、じゃがいもを揚げてくれと電話してくるはずだ。ソーセージかスメタナを添えて、とね』

　果たして実際そうだった。祝賀会が終わり、ブレジネフが帰宅して最初にしたのは、揚げじゃがいもに酸乳を添えたのが食べたいと料理人に電話することだった。あるいはそのときの気分に応じて、ニシンまたは塩漬けキャベツを頼むこともあった。別荘での宴会のあと、私も何度か見たことがある。客たちが帰ると、ブレジネフが『じゃがいもを揚げてくれ』と電話しているのを。

　世界最大の国の指導者であるこの人物は、キャビアでもチョウザメでも何だって食べることができたし、それどころか、明日熊を撃てとか、ムクスンを取り寄せて焼けと命じることだってできた。ところがそんな人物が食べたがるのは、ほんの少しスメタナを添えたじゃがいもだけなんだ。ああ、それとグラス一杯のウォツカも。

　ブレジネフのための酸乳〔リャージェンカというヨーグルトの一種〕の作り方が実に面白いんだ。牛乳を土鍋に入れて六〇℃から七〇℃の温度で焼くのさ。すると表面がこんなふうにうっすら茶色くなる。ブレジネフのリーチニクは、お年寄りの女たちから作り方を教わるため、わざわざウクライナまで出かけなくてはならなかった。でもそれは地球の五分の一を支配した男の食べ物に関する唯一のわがままだった。それほど無茶な要求というわけでもないだろう？」

7

「ブレジネフに何か道楽があったとすれば、それは料理ではなく狩りだった。ポーランドとの国境近くに小さな狩猟用の館があってね、ときどきビャウォヴィエジャの森〔ポーランドとベラルーシの国境にまたがる原生林〕に出かけていたよ。でも、モスクワ郊外のザヴィドヴォにはもっと頻繁に出かけていた。そこには川が流れていて、すばらしい保護区になっている。野生動物がたくさんいて、そこの湖はカバノヴォ湖、つまりイノシシ湖と呼ばれているほどだ。

ブレジネフが狩猟に出かけるときはいつもジビエを料理することになるとわかっていた。手ぶらで戻ってくることはなかったな。護衛の話によると、獲った動物はすべて現地で分けていたそうだ。このイノシシは首相に持っていけ、これは労働組合長に、これは私のうちに。ブレジネフは猪肉のグヤーシュに焼いたじゃがいもを添えたのが大好物だったな。

護衛と森番だけ連れて、ひとりで狩りに出かけることもあったが、たまに政治局員の半分を引き連れていくこともあった。そんなときは狩りの最中、彼らのために食事を作る料理人が必要だった。たいていは猪またはノロジカのグヤーシュを作ったが、肉はあらかじめクレムリンから持っていった。狩猟の現場では時間が足らなかったからね。私も一、二度そうした狩りに同行したことがあるが、やはりそのグヤーシュを作ったよ。ブレジネフは相手に敬意を示したい場合、みずから猟師風クレーシュ――ジビエ入り黍のスープ――を作った。

人々はブレジネフのことを勲章をたくさんぶら下げた老人として記憶している――彼を演壇に座らせる

のにクレーンを使わなくちゃいけないというアネクドートがあったな。でも料理人にとってはいい人だった——親切で、謙虚で、よく冗談を言う人だったよ」

メニュー

海水魚のウハー

鱈　五〇〇グラム
オヒョウ　五〇〇グラム
ヨーロッパスズキ　五〇〇グラム
水　二リットル
じゃがいも　三個
ニンジン　二分の一本
根パセリ　一本
玉ねぎ　二個
月桂樹の葉　四枚
塩　小さじ二
黒胡椒　ひとつかみ
ポロねぎ　一本
ディル　大さじ二

サフランの雄しべ　四〜五本
レモンの薄切り　四枚

大鍋に水を張り、沸騰させる。千切りにしたじゃがいも、ニンジン、根パセリ、みじん切りにした玉ねぎを入れる。中火で十〜十五分煮込み、じゃがいもに火が通ったら、月桂樹の葉、塩、黒胡椒を加える。三分後、ぶつ切りにした魚とポロねぎを加え、十分間煮込む。
最後にディル大さじ一とサフランを加える。器に盛り、テーブルに出す直前にレモンの薄切りと残りのディルを載せる。

ナッツのボルシチ
じゃがいも　一〜二個
玉ねぎ　二個
ニンジン　一本
根パセリ　一本
キャベツ　三〇〇グラム
ビーツ　二〇〇グラム
レモン汁（またはワイン酢）　小さじ一
胡桃またはヘーゼルナッツ　六個

じゃがいもは皮を剝いて一口大に、玉ねぎは薄切り、ニンジンと根パセリは輪切りにする。鍋に入れて野菜がかぶるくらいの水を注ぎ、キャベツの葉と共に煮込む。じゃがいもが柔らかくなったら、火から下ろす。

ビーツをおろし器ですりおろし、レモン汁またはワイン酢を加え、小鍋に入れて炒め、あらかじめ用意しておいた野菜の煮込みに加える。

器によそい、砕いた胡桃またはヘーゼルナッツを散らす。

兎の白ワインソース

兎　一匹（重さ約一・五キログラム）
豚ロース肉（または燻製ブリスケット）　一〇〇グラム
玉ねぎ　一個
ニンニク　一片
塩　小さじ一
鶏ブイヨン　一カップ
バター　大さじ二
小麦粉　大さじ一
辛口の白ワイン　一カップ
乾燥ローズマリー　ひとつまみ
白胡椒　少々

卵黄　二個分
生クリーム　四分の三カップ

兎肉は洗って水気を拭き、食べやすく切る。豚ロース肉と玉ねぎは賽の目に切る。ニンニクは皮を剝き、みじん切りにして、塩と共につぶす。鶏ブイヨンを鍋に温めておく。

別の鍋にバターを溶かし、兎肉のすべての面に焼き色をつける。豚ロース肉と玉ねぎを加え、絶えずかき混ぜながら、玉ねぎが透き通るまで炒める。小麦粉を振り入れ、温めておいたブイヨンを注ぐ。ニンニク、白ワイン、ローズマリー、白胡椒を加え、鍋に蓋をして兎肉を煮込む。

一時間後、火から下ろして暖かい場所に置く。

卵黄と生クリームを混ぜ合わせ、鍋底に残った煮汁大さじ四～五を加えて混ぜる。兎肉にこのソースをかけ、しばらく煮込む。

白パンまたはじゃがいものコロッケを添えて供する。

鰻のスープ
鰻　五〇〇グラム
玉ねぎ　一個
ニンニク　一片
パプリカ　二個
植物油　三分の一カップ

水　五〇〇ミリリットル
トマトペースト　小さじ二
白ワイン　一カップ
ディル　一束
塩　小さじ一
胡椒

鰻は皮を剝ぎ、長さ約五センチのぶつ切りにする。玉ねぎ、ニンニク、パプリカはみじん切りにする。鍋に油を熱し、野菜を炒める。水を注いで五分間煮込み、トマトペースト、白ワイン、刻んだディルをひとつかみ加える。
そこにぶつ切りにした鰻を加え、弱火で三十分煮込む。塩、胡椒で味を調える。

茄子とフェタチーズのキャビア

茄子　一キログラム
フェタチーズ　一〇〇グラム
ニンニク　一片
トマト　一〇〇グラム
植物油　二分の一カップ
パセリ　三〇グラム

茄子は焼いて皮を剝き、冷ましてからピュレ状になるまですりつぶす。そこに植物油、刻んだフェタチーズ、あらかじめつぶしておいたニンニクを加える。

全体をよく混ぜ、器に盛り、パセリを散らし、周りにトマトの輪切りを並べる。

みかんと海老のサラダ

みかん　六個
海老　一五〇グラム
リンゴ　一個
セロリ　一〇〇グラム
マヨネーズ　大さじ四
サラダ菜
レモン　半個
パセリ　一本
酢、塩

海老は酢を加えた塩水で茹で、殻を剝く。みかんは洗って皮を剝く。みかん二個分の果汁を絞り、マヨネーズと混ぜてソースを作る。残りのみかんは薄切りにする。

リンゴは半分に割り、芯を取って、同じく薄切りにする。セロリはみじん切りにする。

サラダ菜を洗って、器の底に敷きつめる。みかんの薄切り、海老の剝き身、リンゴの薄切り、みじん切りにしたセロリをサラダ菜の上に載せ、軽く混ぜる。

テーブルに出す直前、用意したソースをサラダに回しかけ、くし形に切ったレモンとパセリで飾る。

ナッツのアイスクリーム

卵黄　八個分
砂糖　一・五カップ
お好みの挽いたナッツ　三〇〇グラム
生クリーム　二カップ
バニラパウダー　少々

卵黄と砂糖の半量とバニラパウダーをすり混ぜ、沸騰しないように加熱する。挽いたナッツを加えて混ぜる。

生クリームに残りの砂糖とバニラパウダーを加えて泡立て、冷ました卵黄とナッツと合わせる。

冷凍する。固まったら冷やした器に盛りつける。

チーズ入り仔羊肉のメンチカツ

仔羊肉　三〇〇グラム
白パン　一〇〇グラム

卵　一個
ニンニク　一～二片
粗くおろしたモッツァレラチーズ　大さじ二
塩、挽いた黒胡椒

仔羊肉を挽き、大きなボウルに入れる。卵、つぶしたニンニク、水に浸したパン、塩、黒胡椒を加える。全体をよく混ぜて、肉挽き器に通す。

できあがったたねを偶数になるように分割して平たく成形する。半分にチーズを載せ、チーズが隠れるように、もう一枚をかぶせる。

フライパンを熱し、柔らかく焼き上げる。

若鶏のさくらんぼソース

若鶏　一羽
種を抜いたさくらんぼ　二〇〇グラム
バター　八〇グラム
やや甘口の赤ワイン　一五〇ミリリットル
塩、挽いた黒胡椒

バター五〇グラムを溶かし、塩と胡椒を加えて混ぜる。鶏の胸側を下にして焼き網に置き、溶かしたバターをすり込んでから、アルミ箔で覆う。強火で四〜五分焼く。鶏肉を裏返し、残りのバターを塗り、アルミ箔をはずして、さらに七〜八分焼く。

焼いている間に出た肉汁を小鍋に移し、ワインを加え、ときどきかき混ぜながら強火で煮詰める。最後にさくらんぼを加える。鶏肉を一人分ずつ切り分け、さくらんぼソースをかける。

〈潮風〉ケーキ

海藻　一缶
スケトウダラ　一キログラム
玉ねぎ　五〇〇グラム
卵　四個
油
マヨネーズ　二五〇グラム
塩、挽いた黒胡椒
パセリ　一束

玉ねぎは大きな輪切りにする。フライパンに油を熱し、玉ねぎが黄金色になるまで炒める。フライパンを火から下ろし、玉ねぎを取り出さずに、少なくとも二時間そのままにしておく。

その後、玉ねぎをボウルに移す。フライパンに油を足して熱し、ぶつ切りにしたスケトウダラを入れ、塩、胡椒して十五分間じっくり焼く。柔らかく焼けたらボウルに移した玉ねぎとよく混ぜ合わせる。三等分して、ガラスの容器に一層目を敷き詰め、表面にマヨネーズを塗る。海藻を刻み、固茹でにして刻んだ卵とよく混ぜ合わせ、三等分して、スケトウダラと玉ねぎの次の層になるよう重ねて敷き詰める。表面にマヨネーズを塗る。

このようにして交互に敷き詰め、六層重ねる。パセリをみじん切りにし、残りのマヨネーズを混ぜたものをいちばん上に飾る。

冷蔵庫で三時間冷やし、全体に味をなじませる。

厨房のドアから

料理人ヴィクトル・ベリャーエフはブレジネフの頃がいちばんよかったと振り返る――料理人が最も評価され、クレムリンのテーブルに最高級の料理がこれでもかと並び、「食べ物で相手を威圧する」方針がソ連史上最も盛んだったのがブレジネフの時代だ。

クレムリンの厨房の他の従業員も彼についてベリャーエフと同様に語る。長年、特別厨房で働いたアレフチーナ・ゲオルギエヴナ・ケリーナ、KGB少尉補は、米国訪問中にフォアグラを詰めたジビエのフィレをいかに作ったか、そして他の料理人たちと共に料理の主役である、羽根で飾った雉をいかに用意したかを回想している。「わたしたちは雉を焼き、パンで台座を作り、それから雉に一本一本、羽根を刺しました。祝賀会の招待客たちはその羽根を全部、お土産に持って帰りました」後年、彼女はそう語った。

ケリーナは祝賀会用に「魚の入った水槽」も作った。透明な器の底にブイヨンを注いでゼリー状に固め、サラダ菜その他の野菜で睡蓮や海藻やザリガニを作り、底には海老とオリーブとレモンで飾った巨大な茹でたチョウザメを置いたのだ。

ワシントンDCでの祝賀会では、有名なロシア産キャビアを供するため、料理人たちは生花を入れて凍らせた氷で塔の形をした特別な台座を作った。そのてっぺんには、クレムリンで出されたように、魚卵を盛った巨大な鉢が載っていた。

すばらしかったかって？　それは間違いない。問題は、ソヴィエト連邦にはこうしたクレムリンのテーブルに金をかける余裕がもはやなかったということだ。チョウザメもキャビアもカムチャツカのカニも、ソ連中で食べられているオリヴィエ・サラダですら、贅沢すぎて余計だということになった。国家の資産の大部分を食い尽くしたソヴィエトの武器産業全体と、やはり金のかかる宇宙産業と同様に。両分野で世界一を競ってはいたものの、大幅な資金不足ではどうにもならない。

クレムリンの宴会ほど、モスクワの支配者たちが無駄金を遣った例はないだろう。とりわけソ連の一般市民が差し迫る危機をすでに感じていた時代に起きたのだからなおさらである。ブレジネフの時代が今日「停滞の時代」と呼ばれるのも故なきことではない。彼の権力の終焉は、市民がますます頻繁に店の棚が空っぽなのを目にするようになり、いわゆる「ソーセージ列車」がモスクワに向かって走りだした瞬間である。地方の住民は食料や必需品を買うために大挙して首都に押し寄せた。当時、田舎の店にはもうほとんど何もなかったのだ。

外交政策においてもブレジネフは過ちを犯し、彼の率いた国は多額の金と国際舞台における威信を犠牲にすることとなった。アフガニスタンへの「友好的支援」活動は、ある共産主義勢力をモスクワに従順な別の一派にすげ替えるはずだったが、ムジャーヒディーンとの血なまぐさい十年戦争に変わってしまった。

介入は、ソ連の歴史における多くの出来事と同じく、厨房から始まった。当時の国家元首である革命評議会議長ハフィーズッラー・アミーンはKGBによって毒殺されたと言われている。作戦は綿密に計画された。アミーンは同国人を信用していなかったため、ロシア人の料理人を雇っていた。計画された作戦の数か月前に、この料理人はソ連によって諜報部員に入れ替えられていた。

アミーンの毒殺は一九七九年十二月二十七日に実行される予定だった。その直後、ソ連の特殊部隊アルファが彼の避難していたタジベク宮殿に入り、アミーンをブレジネフの選んだバブラク・カールマルにすげ替えることになっていた。すべては計画どおりに進んでいたが、何らかの理由で毒物はアミーンの体にさほど影響を与えなかった――かなり少食だったせいかもしれない。そのうえ、気分が悪くなりはじめたアミーンは宮殿近くにあるソ連大使館の医師に助けを求めた。KGBの計画を知らされていなかった医師たちはアミーンの命を救った。

にもかかわらず、数時間後、アルファ部隊は宮殿の襲撃を開始した。毒殺をかろうじて免れたばかりのアミーンは、今度は射殺された。護衛の兵士二百人と、十一歳と九歳の二人の息子も死亡した。

こうして十年に及ぶ戦争〔アフガニスタン紛争、一九七八―八九年〕が始まり、アフガニスタンに大規模な破壊と、民間人を含め推定百万人以上もの死者をもたらした。ソ連側では数万人の兵士が命を落とした。

第十一の皿　ママ・ニーナ――アフガニスタンの料理人

1

「ある日、うちの夫、ヴァレンチン・ドミートリエヴィチが仕事から帰ってくると、お茶を淹れて、ちょっと座ってくれ、訊きたいことがあるんだって言うのよ。仕事でアフガニスタンに飛ばないかと言われたんですって。夫は軍人ではなくて飛行機修理工場の軍属だったの。でもそれはどうでもいい、だって当時は、アフガニスタンで起きているのは戦争じゃなくて『平和的介入』って呼ばれてたから。わたしたちは困っているアフガニスタンの同胞を助けているんだって。それだけ。

言っておきたいことがあるの、ヴィトルト。当時わたしは四十近かったのに、認めるのも恥ずかしいことだけど、でもそのときまでテレビの言うことをすべて信じていたの。友好的介入？　それはすなわち友好的介入ってこと。もし戦争なら、ブレジネフがわたしたちにそう言うはずでしょ？　我々は助けているって？　それはつまりわたしたちは助けてるってこと、だって何のためにわたしたちが哀れなアフガン人の邪魔をしなくちゃいけないの！

ニーナ・カルポヴナ

テレビの言うことは、どんなくだらないことでも全部真に受けていた。テレビで言われたことは何でも本当にそうなんだと思っていたの。わたしには息子が二人いて、長男は士官学校に入ったばかり、次男は中等学校を卒業したところだった。子供たちにもいつもこう言っていたの。『友達はおまえを欺くかもしれない、わたしだって欺くことがあるかもしれない。でも党は決しておまえを欺かない』とね。

わたしはそういう人間だった。職場では模範的労働者。靴職人組合長でクビンカ〔モスクワ郊外の地名〕靴工場の党細胞議長。大きな工場でね、わたしはしがない靴職人だったのに、そこの党細胞議長に選ばれたのよ。昼間はほかの靴職人たちと靴を糊付けし、午後はお偉方との会議に出ていた。常に先頭に立ち、常に他人のために行動した。工場内で紙くずを見つけると、拾い上げてきちんとごみ箱に入れた。うちの工場の靴職人のだれかが私生活で困ったことがあれば、昼夜を問わずいつでもわたしに助けを求めることができると知っていた。そしていつも、やれと言われたことは何でもしたのよ。

アフガニスタンがそれを変えてくれた。あそこはわたしにとって本当の人生の学校だった。人生についてわたしが知っていることはすべて、アフガニスタンで学んだのよ。いいことも、悪いこともね。

でも順番に行きましょう。

どうすればいい？　って夫に訊かれたの。かなりの金額を提示されたんですって。給与、賞与、国外勤務手当。うちは一度だって裕福だったことはないし、ちょうど息子たちが学校を出たばかりで物入りだった。でも他方、友好的介入とはいっても、やっぱり銃は撃つんでしょう。そこへ行くのは危険じゃない？　どうすればいいかわからないとき、夫はいつもわたしに意見を求めた。我が家のあらゆる戦略的決定は昔もいまもわたしが担っているの。たぶんそのとき夫はわたしに、そのアフガニスタン行きを自分の頭からたたき出してほしかったんだと思う。そうすれば職場に行って、『俺は行ってもいいんだが、妻が行かせてくれないんだ。わかってくれよ、無理なんだ』って言えるから。

だからずいぶん驚いてたわ、だってわたしはよく考えもしないで、こう答えたんだから、『親愛なるヴァレンチン・ドミートリエヴィチ。とてもいい考えだと思うわ』って。

どうしてかわからないけど、わたしって何かを深く考えたことがないの。自分が正しいと思うことをするだけ。そのときはどうやら、アフガニスタンの同胞を助けること、党を助けること、あるいはその両方が正しいと思っていたのね、当時わたしが何を考えていたかなんてだれにわかるかしら、さっきも言ったように、わたしはテレビが流すそういったプロパガンダを鵜呑みにしてたのよ。

夫はびっくりしてたわね。でもわたしはすかさず付け加えた。『あんたは行くのよ、でも男ならだれもが必要とする確かな支えと一緒に。つまり妻と。わたしと一緒にね』って」

2

「わたしの人生について知りたいのね、ヴィトルト。もちろんいいわよ。

わたしにとっていちばん大切な人は祖母のオリガ・ニコラエヴナだった。祖母の父、わたしの曾祖父はドン・コサック出身で、帝国陸軍の将校だったから、ボリシェヴィキが権力の座につくと、一家全員逃げなくてはならなかった。当時住んでいたオデッサから、はるばる中国のハルビンまでたどり着いた。ちょうどそこに、白軍――つまり赤軍の共産主義者と敵対する将校や兵士たち――が何千人も集まっていたのよ。そこで自分たちが権力を奪還できるように軍隊を組織するはずだったの。でもそんなことは何も起きず、そのうえ祖母の両親は放浪の途中で死んでしまった。そこで十二歳だった祖母は働かざるを得なくなったのね。子供が見つけることのできた唯一の仕事が料理だった。あちこちさまよった末、ようやく白軍の将軍のひとりが雇ってくれたそうよ。わたしが知っているのは名字だけ。ネチャーエフといった。*

ほらご覧、ヴィトルト、長年わたしは、うちの家族に料理人はいないと思ってた。ところがあんたにこの話をして初めて、いたってことがわかった。しかもそれはわたしにとっていちばん大切な人じゃないか。ちょうどその将軍のところで、わたしの祖父カルプ・アレクサンドロヴィチが祖母を見初めた。祖父は将校で、将軍によく会いに来ては一緒に陰謀を企てていた。祖母が何か食べ物を運んでくると、祖父はすぐに祖母のことが気に入った。一目惚れだったのよ。それからまもなく求婚して受け入れられ、将軍の許可を得て祖父は祖母を自分のところに連れ帰った。長男のサーシャは、祖母がまだ十七のときに中国で生まれたのよ。

祖父母がソヴィエト連邦にやって来たのは一九三〇年代初め、スターリンが白軍に対する大赦を発表してからのことだった。でも祖父は死ぬまで共産主義者たちのブラックリストに載っていた。白軍にいた人が大都市に住み着くことは許されず、軍隊で出世する見込みもなかったので、最初はプスコフ〔エストニアとの国境近くにあるプスコフ州の州都〕の近くに住んだ。そこで祖父は測量士として働き、祖母はその間に生まれた四人の子供の世話をした。その後、祖父はクビンカに招かれてね。そこではモスクワ周辺を走る鉄道の設計をした。そのあと鉄道員たちは先へ進んだけれども、祖父母は残った。わたしはいまもクビンカに住んでいるのよ。

　祖父がもらえた唯一の仕事は森の中にあった。それで森番になったのね。祖父母は不平も言わず仲むつまじく暮らした。

　祖母は小柄で華奢な愛らしい人でね。こうやって話していると、おいしいピロシキ、ヴァレーニキ、ペリメニ、クレビャーカ〔さまざまな具を詰めて焼いたパイ〕を作ってくれたのを思い出すわ。トヴァロークやコケモモ入りの、森の近くで手に入るものなら何でも使ってね。その後、わたしがアフガニスタンに行ったとき、何もないところからおいしいピロシキやクレビャーカを魔法のように作り出せるんだねって若者たちに驚かれたものよ。わたしはそのすべてを祖母から教わったのよ。魚は骨を取り除くこと。魚から汁が漏れ出ないようにして、あらかじめ別に焼いておく。玉ねぎとニンジンは炒めておく。それを全部パイ生地で包んで一緒に焼くのよ。

　さてと、ここでわたしはあんたに一族の来歴を延々話していて、これからようやくリューリク朝時代に入るけど、でもあんたはアフガニスタンのことを知りたいんでしょ、亡くなった祖母がよくやってたガードゲームのことじゃなくて。

　順番に行きましょう。

　わたしが一緒に行くって言ったとき、夫は特に驚いたわけではなかった。わたしが一旦こうと決めたら、言い合いをしても仕方ないってわかってたのね。でも、仮にわたしたちが何に首を突っ込もうとしている

＊　おそらく、一八八三年にウッチで生まれ一九四六年にチタで没したコンスタンチン・ペトローヴィチ・ネチャーエフのこと。

のか知っていたら、きっと戸口に立ちはだかってでも止めたはずよ。あるいは、そもそもこんな話を持ち出したりしなければもっとよかった。

でも、わたしたち二人とも知らなかった。だから夫は、それなら明日、回答を職場に持っていくよ、とだけ言った。それだけ。それ以上その話はしなかった。

二か月後の一九八一年一月、わたしたちはもう飛行機に乗っていた。息子たちは二人だけで家に残った。わたしは田舎者が都会に出るみたいにしてアフガニスタンに行ったの。あそこは貧しい国で電気がないって言われたから石油ランプを持っていった。赤ん坊の湯浴み用のプラスティックの盥《たらい》も持っていったの。わたしはそれで洗濯するつもりで。向こうではスパルタ式の生活になるとあらかじめ聞かされていた。キャンプみたいな環境で生活するんだって。唯一の違いは、キャンプではだれも撃ってこないってこと。わたしは塩漬けきゅうりの樽まで持っていった、なにしろロシア人は塩漬けきゅうりを持たずに家を出るべきじゃないから。パンも二十斤、お土産として持っていった。というのも向こうには黒パンがなくて、みんなおいしいモスクワのパンを食べたがっていたから。夫の上司を含め、わたしたちがいい関係を築きたいと思っていた皆さんにパンを一斤ずつ差し上げたのよ。

わたしは鍋、フライパン、ナイフとフォークを持っていった――なにしろアフガニスタンではそういったものが使われていないから。役に立ちそうなものは何でも持っていったのよ。

最初の数週間、夫は毎日朝から晩まで仕事に出かけていて、飛行機を修理してた。その間わたしは気が狂いそうだった。外出は禁止、窓辺に立つのも禁止、だれかと話すのも禁止。何もかも禁止だったの。わたしたちはバグラム空軍基地に最後に到着した組で、ロシア人の居住区域の集合住宅にはもう空き部屋がなかった。それで建設中の一軒家を割り当てられたの。そこに住んでいたのはわたしたち夫婦だけでね。

最寄りのロシア人たちのところまでは歩いて十五分だったけど、特別な許可を得たうえで護衛付きでないと訪問できなかった。

わたしたちが暮らす建物の周りに住んでいたのはアフガン人ばかりだった。ひげ面で、不潔で、ぼろをまとっていてね。わたしがひとりで家にいると、いつも何人かが家の外に立って窓をじっと見ていた。ただそうやって眺めているだけなのか、仲間と一緒にここに戻ってきて爆弾を投げつけるつもりなのかはわからなかった。

とはいえ、実を言えば、ほとんどは見ているだけだった。彼らにとっては、たとえ四十代であってもヴェールをかぶっていない女の顔を見るというのは大事件だったのよ。だからわたしはほとんどの時間、家で座っていただけじゃなく、彼らが窓の下に来て見つめてこないように、カーテンの陰の薄暗がりにいた。

家は二階建てで、一階には長さ三〇メートルのテラスがあった。石造りの階段で二階に上がると、食堂、寝室、台所、それから子供連れが来たときのために小さな子供部屋があった。あら、そんなはずはないって目つきね、ヴィトルト。もう一度繰り返すけど、戦争しに行くとはだれも思っていなかったの——もしかすると兵士たちは、特に将校は、自分たちが何に首を突っ込んでいるのかわかってたのかもしれないけど、民間人は知らなかったのよ。みんな本当に友好的介入だと思っていて、わたしの知り合いで実際に子供を連れてきた人はいなかったけど、子供が親を訪ねてくることは何度かあった。戦略家たちはきっとこう考えたんだと思うの。妻を連れていける場所なら、子供たちが訪ねてこられる場所なら、何も心配することはない、そうだろ？　なにしろこれと同じ原則に基づいて、チェルノブイリの事故のあと、子供たちがメーデーのパレードに行かされたんだもの。

バグラムは大きな基地でね、アフガニスタン最大の空港だった。駐留していたのは主に空軍兵だったけど、戦車兵もいて、カチューシャ〔自走式多連装ロケット砲〕はそこから出発していた。昼も夜もカチューシャが歌っているのが聞こえて、砲撃が始まると、まるで昼間みたいに明るくなった。地面が震えたわ。戦車部隊はアフガニスタン軍に向けて少し撃っては、先へ進んだ。

そんなわけで、最初の数週間、ひとりきりで盥と石油ランプしかない家でじっとしていたから、頭がどうかしてしまうかと思ったわ。わたしはそれまでずっと活動的で、ひとところにじっとしていたことがなかった。十五歳になると学校に行って、それ以来いつも集団の中にいて、いつもみんなと一緒だった。それなのにいまや、何か読むために新聞を買いに行くことさえできなかった。

気が違ってしまわないように、毎日窓を掃除した。あそこはものすごい埃でね、しょっちゅう砂が吹きつけてくる。でも二、三分拭いて、下を見ると――アフガン人が何人か立っていて私をじっと見ている。それでわたしは隠れる。ずっとその繰り返し。そうして一日が過ぎ、夫が仕事から帰ってくると、少し話をして、しばらくすると日が沈むので寝る。だってあそこじゃ何もすることがなかったから。

ある日、わたしたちの部隊で祝日のパーティーがあって、わたしたちは全員招待された。司令官は、わたしの夫を含む数人の民間人が妻同伴だということに気づいた。こちらに近寄ってくると、アンドレイ・ヨシフォヴィチです、と自己紹介し、奥様方はここで何をしているのですか、と尋ねた。

『皆それぞれできることをしています、司令官殿』わたしは答えた。『縫い物をする人もいれば、編み物をする人もいますが、わたしは一日五回も窓を拭いていて、退屈で気が狂いそうです』

『あなたのご職業は？』司令官は尋ねた。

『靴職人です』

『それでは』司令官は言った。『私のところへ来てください。あなたに仕事があります』

『でも何の仕事をするんです？』わたしはびっくり仰天して答えた。『靴作りですか？　それならお任せください！　毎週二足、新しい靴が手に入りますよ』

でも司令官は笑ってこう言った。

『靴は支給されていて、副官が面倒を見てくれています。あなたは厨房で役に立ちますよ』

呆然としたわ。思いもかけないことだった。だって厨房には軍事関連技術があるじゃないですか、とわたしは言った。民間人のわたしには見当もつかないものばかり。恐ろしい。わたしを雇って、わたしが何か間違ったことをしでかしたら、わたしは追い出されるし、あなたは銃殺されてしまいますよ。

それに対して司令官は、いまや大真面目な顔で、目下兵士たちが料理をしているのだと答えた。男連中は料理に心を込めることができない。塩を入れすぎたり、焦がしたり。

『我々に必要なのは』司令官は言った。『おふくろの味です。まずスープが出て、それから主菜、最後にコンポート、あとキセリか果物入りゼリーも欲しい、缶詰なんかじゃなくてね。兵士たちは食べ物が口に合わないと食堂に来ないし、統率が取れません。士気も下がる。軍隊において食事は非常に重要なのです』

わたしはまだ言い訳めいたことをつぶやいていたけど、ほかの女の人たちは黙りこくっていた。でも司令官はわたしを脇へ連れていくと、こう言ったの。

『ニーナ・カルポヴナ。私はここで毎日、部下を死に送り出している。多くの者は戻ってこない。この厳しい状況下で、せめて彼らにいい食事をさせてやりたいのです』

そう言われて、ヴィトルト、わたしに何が言えたでしょう。次の日、わたしはエプロンを着けて食堂へ行ったのよ」

3

「たぶん、この司令官との会話の最中に初めて、これはとても友好的介入とは言えないんじゃないかとようやくわたしも気づいた。それまでは、隠れていなくちゃならなかったにしても比較的安全だと感じていたの。バグラムはソ連軍の支配地域にあったし。夫も戦闘から戻ってこない空軍兵の話をすることはなかった。夫自身も知らなかったのか？　それともわたしを心配させたくなかったのかしら？　わからない。でもわたしたちの基地から飛び立った飛行機は、ドゥシュマンの陣地を砲撃していた――わたしたちはアフガン人を、彼らの言葉で『敵』を意味するドゥシュマンと呼んでいた。彼らはわたしたちを、彼らの言葉で『助言者』を意味するムシャヴェリと呼んだ。わたしたちの基地から飛び立ったヘリコプターは彼らに向かって発砲した。戦闘機も同じ。ドゥシュマンは幾度か首都を奪還しようと試みていた。もし成功したら、全ソ連軍が武器と食糧の供給を断たれることになる。

でもそういったことをわたしはまだ何も知らなかった。司令官と話をした翌日、仕事に行くと直ちに――軍事用語で言えば――前線に投入された。おっかなびっくりだったのは確かね、第一に、そこで自分はどんなふうに受け入れられるんだろうって、だって厨房で働いたこともないのに、第二に、自分の家で家族のために料理するのと、野戦厨房で五百人分を作るのとでは、やっぱり全然違う。わたしは三百リットルのスープを作ったこともなければ大鍋でじゃがいもを茹でたこともなかったし、何をどれだけ使えばいいのか、調味料をどれだけ入れたらいいのか見当もつかなかった。もちろん、書かれた決まりはあったわよ、兵士の厨房用の調理法が載ったこんな大型本が。でも司令官がわたしを雇ったのは、その本に書いてあるとおりに作るためじゃなかったのよ！

　頭がくらくらしそうだった。

でも仕方ない。わたしはそこへ行き、調理主任のアンドレイ・エヴゲーニエヴィチと握手した。これまでそこで働いていた兵士たちとも握手した。わたしたちは全部で五人だった。そして数日後、別の民間顧問の奥さん二人もやって来たので、合計七人になった。兵士たちは、どこにどんな包丁や鍋があるか、どこに牛乳や小麦粉や塩が、どこにトマトやパプリカがあるか教えてくれた。そして、さあ仕事。わたしたちは朝食を作った。兵士たちが集まってくると、わたしはこう思ったの。皆はだれが自分のために料理を作っているのか知るべきだって。そこでわたしは真ん中に出ていってこう言った。『皆さん、わたしは新入りの料理人でニーナと申します。もし何か気に入らないことがあったら、殴ったり撃ったりするのではなく、ただ声に出して言ってください。だれにでも間違いはありますが、わたしはなるたけ間違いを少なくするように努めますから』わたしは部屋を見回した。兵士たちの大半はわたしの半分の年齢だった。わたしと同年代の人はひとりもいなかった。思い出してほしいんだけど、わたしは四十手前だったのよ。

　厨房に戻って周りを見回すと、そこで働いていた兵士たちは全員、目を皿のようにしてこちらを見た。皆はそこですでに数か月働いていたけど、自分が料理を作ってやっている少年兵たちに自分の姿を見てもらおうなんて思いもしなかったのよ。そこへクビンカくんだりからやって来たおばさんが場を仕切ろうとする。それが気に食わなかったのね、まあ、気に食わなかったのよ。

　その代わり一般の兵士たちはすぐにわたしに親近感を持ってくれた。そしてわたしは彼らを気にかけるようになった。生野菜サラダを出すの？　それなら全員にトマトをつけましょう、二十日大根で作ったにっこりマークと一緒に。だれかが自分を気遣ってくれる、だれかが心配してくれる、だれかが自分のために頑張ってくれてるってことを感じてほしい。料理ってそういうものでしょ？　だれかが自分のことを気にかけてくれていると、人はそれを感じるものよ。

　わたしが初めてこのトマトの話をしたとき、厨房の同僚たちは椅子から転げ落ちそうになったわ。でもアンドレイ・エヴゲーニエヴィチは同僚たちにわたしの言うことを聞くようにと言ってくれた。わたしには司令官の後ろ盾があると知っていたから、いざこざを起こしたくなかったのね。それで同僚たち、大きな男の子たちは腰を下ろして、二十日大根に笑顔を刻んだのよ。

　いま、当時のことを思うと、ヴィトルト、信じたくないわね。周りは戦争で、しょっちゅうだれかが死んでいく。アフガン人たちはどうやってこちらの基地に侵入しようかと画策している。ところがわたしたちは座って、二十日大根に笑顔を刻んでるんだから。

　厨房に母親と同年代の女がいると知った兵士たちは、わたしに懐いてきた。お代わりや追加のパンをもらいに来るみたいにしてやって来るんだけど、本当はおしゃべりがしたいんだってわかった。恋人がいた少年はその子の写真をわたしに見せてくれた。でも、あそこにいた半分は恋人すらいなかった。おそらく何より悲しいのはね、あの少年たちには恋しく思う相手すらいなかったことよ。

　ある日、彼が、リョーシャがやって来た。この子のために、わたしはその後たくさんの涙を流すことになった。十八歳で、バイカル湖近くの村から、学校を終えるとすぐ戦争にやって来たの。人生についてまだ何も知らなかったけど、出発の直前に村のパーティーで女の子とキスしたことがあって、その子が手紙を書いてくれるはずって期待してた。ふさふさしたブロンドの髪に青い目、子供の読み物に出てくるような典型的なロシア人の男の子。ちょっと舌足らずなしゃべり方だったけど、それもこの子の魅力をさらに増すばかりでね。ある日、何かつまらない口実で厨房にやって来ると、こういう話を何もかも、早口でわたしに打ち明けはじめたの。

わたしはリョーシャを見た。当時あの子と同い年だった次男のことを思い出した。うちの息子だって、この肥溜めに、この爆発の中に、どこからでも人に襲いかかってくるこの死に行き着くかもしれないと思うと、心臓が早鐘を打ちはじめた。

このリョーシャは心の内を打ち明けに打ち明けた。自分のこと、でももっぱらその女の子のことを話してたわ。でもそのついでに、じゃがいもの皮剝きと、給仕係の女の子たちがテーブルを片付けるのも手伝ってくれた。ご両親が自分たちだけのためじゃなく、世界のために息子を育てたのがよくわかった。あの子のことを好きにならずにはいられなかったわ。

うちの兵士たちには、スープに月桂樹の葉が入っていたら近々手紙が届くという迷信があってね。それはあの子たちにとってとても重要だった。その手紙というのはしばしば恋人からの手紙だったから。そこでわたしは給仕係の女の子たちと話をつけて、いつかスープに月桂樹の葉を二枚入れるから、そのスープを必ずリョーシャが受け取れるようにしてちょうだいと伝えた。ヴィトルト、あんたにあの子の喜びようを見てほしかったねえ！　飛び跳ねんばかりだったよ。まるでもう本当に手紙を受け取ったみたいに、それも一通じゃなく、郵便受けいっぱいの手紙を受け取ったみたいに大喜びだった。

でもそのあと、昼食が終わると、何か思うところがあったのか、厨房のわたしのところに来て、こう訊いたの。

『ニーナ・カルポヴナ、あの葉っぱを僕のスープに入れませんでした？』

わたしは頭ごなしに叱りつけてやった。だれかのスープに月桂樹の葉を入れる暇がわたしにあると思ってるなら、厨房でわたしたちがどれだけ忙しいか想像もつかないようね、と言ってやったの。

『リョーシャ、あんたに月桂樹の葉が当たるようにわたしが厨房の半分を動かすだなんて、あんた、自分を何様だと思ってるの？』

これはてきめんに効いた。リョーシャは地に足がつかない様子で、みんなにこう吹聴したの。ニーナ・カルポヴナが僕のスープにわざとあの葉っぱを入れたわけじゃないんだ、だって訊いたら叱られたもの、だからパーティーでキスした女の子からもうすぐ手紙が届くんだって。それがあの子にとってどれほど重要なことかわかったから、わたしは気分が落ち込んでいる他の兵士たちに尋ねはじめた。目立たないようにやったのよ。そして、だれかが元気がないとか、部屋から出たがらないとか、家で何か問題を抱えていることがわかるやいなや――ジャーン！――その子に月桂樹の葉っぱが当たるというわけ。それはあの子たちにとってとても重要だった。なにしろみんな、家に残してきた人を恋しく思っていたからね。奥さんを、恋人を、子供を置いてきた人もいたし、そうでない子は両親を恋しがっていた。

給仕係の女の子たちにはこう言ってたの。『もし何か普段と違って悲しそうな子がいたら、わたしに言ってちょうだい。少しでも元気づけてみるから』葉っぱを二枚入れることもあったけど、それはだれかが本当にそれを必要としているとわかっているときだけだった。運命をそんなに都合よく操ることはできないし。昼食の間、わたしは食堂全体を歩きまわって尋ねた。『葉っぱはあった？　ほらご覧！　運がいいわねえ！　いちばん欲しいのはだれからの手紙？』するとあの子たちは、自分の初めての恋人や、学校時代の恋愛話や、片思いしていた同級生のことなんかを話しはじめたの。

食堂の雰囲気が明るくなった。みんなが互いに話すようになった。すると突然、これまで姿を見せなかった兵士たちがみんな食事をしに来るようになったのよ。

ある日、兵士たちがわたしのことを『ママ』と言っているのが聞こえた。ママ・ニーナ。リョーシャがそれを裏づけた。『ニーナ・カルポヴナ、部隊のだれもほかの呼び方はしないよ。みんなママって呼んでる』

感激したのは言うまでもないわ。もう話したように、わたしにはこの子たちと同年代の息子がいたの。彼らが祖国から遠く離れたここで命を落としている以上、わたしはせめてこの子たちの母親代わりになろうとしたのよ。

そこでわたしはあの子たちとなるたけ話すようにした。時間が許せば、昼食時に出ていってこう尋ねた。『子供たち、お昼ご飯はおいしい？　万事順調？』

するとあの子たちはいつも低い声でこう答えてくれた。『万事順調だよ、ママ・ニーナ！』

わたしは母親のようにお代わりをよそってやった。そして軍隊の料理番たちをせっついて、相変わらず二十日大根ににっこりマークを刻ませていたの」

4

「わたしたちが調理に使っていた食材はすべて、週に二度、ロシアから大型輸送機で運ばれてきた。小麦粉、新鮮な野菜、塩漬けの野菜。長期保存のじゃがいも、きゅうり、キャベツ、トマト、スハリ、玉ねぎ、ニンジン、穀物。何であれアフガン人からものを買うことは禁じられていた――毒を盛られるかもしれないと司令部は考えていたから。

いつだったかドゥシュマンたちがソ連軍の補給機を撃墜したことがあった。でもそうした状況に備えて食料を備蓄する倉庫があったの。建前としては一か月補給が途絶えても十分足りるはずだった。実際には、一週間もったかどうかわからないわね。
仕事は三交替制で、当番ごとに三人ずつ働いていた。一番目の当番は真夜中に来ないといけなかった。朝食と昼食を同時に準備していたから。前の日に作ってはいけなかったの。アフガニスタンの猛暑で傷む可能性があったからで、わたしたちはそれをいちばん恐れていた。なぜなら、たとえ故意にではなくても、兵士たちが食中毒になれば訴追される可能性があったからよ。

わたしたちのグループは三つの食堂を担当していた。ひとつはパイロット用、もうひとつはわたしの夫のような技師や技術顧問向け、そして三つ目が一般の兵士用だった。

いつも一皿目のスープは三種類用意した。ひとつは酸っぱいシチーのような香辛料の効いたもの、もうひとつはラプシャ〔平たい麺〕入りスープのようなコンソメ風味のあっさりしたもの、それとあと何か牛乳を使ったもの。

パイロットたちは他の兵士と同じようなものを食べてたけど、唯一違ったのは、朝四時前に出発するときには厨房がまだ開いてないから、朝食代わりにチョコレートをもらったこと。満腹で飛ぶのはよくないからね、とても大きなGがかかるの。

あのチョコレートを食べた人はいたのかしらねえ? たいてい食べずに取っておいて、ロシアに戻ったら女の子にあげるつもりだったようよ、とりわけ一九八〇年代にはもう何もかも不足しはじめていたから。

実際ちゃんと朝食を取るのは空爆から戻ってきてからだった。戻ってこなかった場合は別だけど。なにしろそういうこともあったから。

兵士たちには専用の特別なお店があって、割り当てられた配給以外にそこで何でも買うことができた。水——アフガニスタンでは常に問題だった——やジュース、ボールペン、封筒、菓子、それどころか腕時計まで。店では若い女の子たちが働いていたから、いつも大にぎわいだった。男の子たちはせめてボールペン一本でも買おうと店に来て、そのついでに店員と言葉を交わしていたから。

基地の近くには大きな移動病院もあった。そこでは負傷者の救護をしていたけど、それ以外にもたとえば汚れた手から広がる病気の治療もしなくてはならなかった。医師たちは常に処置できるというわけじゃなかった。前線から男の子たちが運び込まれると、どこから手をつければいいのかわからなかった。わたしたちの厨房は病院食も受け持っていて、何度か食事を運んでいったことがあるけど、ヴィトルト、あれはまさにこの世の終わりだったわ。腕や足のない子たちが、包帯を巻かれて、傷が化膿してるの。砲撃を受けた子もいたし、炎に包まれた子もいれば、抱えていた地雷が爆発したという子もいた。

耐えがたかったわ。年端も行かない少年ばかりだったのよ。あの子たちみんな本当に気の毒でねえ――なにしろ死にかけたのは一度や二度じゃなかったから」

5

「そんなわけでわたしは夫に同行して『平和的介入』をするために友好国に飛んだのよ。なのに着いてみたら戦場の料理人になっていた。これはもう全然違う状況よ、わかるでしょ。生き残るには、いくつかのルールを学ばないといけないの。

第一に、銃撃されたらなるたけ遠くに逃げないといけない。相手が敵か味方か考えたりしちゃだめ。とにかく隠れる。身を隠すものがなければ、せめて金属製の鍋で頭を覆う。これは割りとすぐに覚えたわ。

第二に、だれも信用するな。地元の人たちも、だって連中は何度も接近しようとしていて、あとでわかったんだけど、わたしたちの基地のだれがだれで、どういう関係なのかをドゥシュマンに密告していたんだもの。味方もだめ。ここにも軋轢や依存関係があったから。ドゥシュマンに武器を売っていた人もいたし、ある兵士に至っては厨房の備蓄の缶詰を盗んで売り払ってしまったのよ。あそこでだれかを信用するのは難しかった。少年たちの多くは麻薬中毒だった――ドゥシュマンたちが基地の周辺やバザールで阿片とヘロインをただで配っていたの。あいつらはなるたけ大勢のソ連兵に麻薬を摂取させようとしていた。だからわたしが二つ目に学んだのは自分の夫しか信用できないってこと。でも、たとえ夫とでも、自分が見たものすべてについて話そうとは思わなかった。

第三に、だれとも親しくならないようにすること。もちろん、話を聞いて、できる場合は手助けするけど、深入りはしない。戦争というのは、いつ人が殺されてもおかしくない状況なのよ。そういう死をいちいち重く受け止めていたら、帰る頃にはぼろぼろになってしまう。どうしようもない、なんとか自分の身を守らないとね。

この最後の教訓がわたしにとってはいちばん難しかった。すべてリョーシャのせいよ。それについてはいずれ話すわね。

でもまずは、戦車部隊のある大佐に撃たれそうになった話をしようかしら。

その日は仕事が休みだった。朝起きたら、すさまじい騒音でね。窓の外を見ると、家のそばに戦車が一列に並んでるじゃない。空からは炎暑が降り注いで、戦車は日光に照りつけられている。中は一〇〇度くらいあったんじゃないかしら。

わたしは水の入ったバケツをつかむと――その水は信頼できる水源からタンク車で運んできたものだった――そのバケツを持って戦車に近づいていって、カップを手渡す。『みんな、水はいかが?』わたしは訊いた。

　すると戦車部隊の指揮官がピストルをわたしに向けて、おまえのような何たらかんたらは失せろって叫びだした。そして部下の兵士たちには、わたしに話しかけたり近づいたりするな、さもないと撃つぞってわめいた。

　それでわたしは指揮官に、その銃を捨てなさい、さもないとまた何か別のことをしでかすからと言ってやった。わたしはあんたと同じロシア人よ、ここバグラムには軍事顧問たちも暮らしていることは知ってるでしょう？　ってね。指揮官がその水を捨てさせようとしたから、ここじゃ一滴の水が黄金みたいなものですよって言ってやった。あんたがそんなに愚かなら、まずわたしを撃ち殺したらどう？　もしわたしが兵士たちに水をあげなければ、暑さと脱水症状で兵士たちを失うことになりますよ、ってね。

『おまえ本当にロシア人か？』その将校はなおも尋ねた。

『何さ、詩を諳んじろとでも？　国家を歌えとでも？』わたしは答えた。『そもそもなれなれしい口の利き方をされる覚えはないんだけど。姓名と階級を教えてちょうだい、なぜなら、同志よ、あなたは武器をわたしに向けたんだから、このままにはしておきませんよ』

　わたしが冗談を言っているんじゃないとわかって、指揮官はようやく銃を下ろした。そして姓名を名乗り、部下の兵士たちに水を注がせてくれた。この少年たちにはずいぶん感謝されたわ。彼らはマスードとの戦闘に向かうところだった。大きな隊列で、全部出ていくのに二時間近くかかった。この少年たちの何人が戻ってこなかったかって？　言うまでもないわね。

　それがこの戦争の大きな問題だった。将軍は将校を尊重しなかった。将校は兵士を尊重しなかった。そして兵士は上官もお互いのこともだれも尊重しなかった。きっとあんたも聞いたことがあるわよね、新兵《ジェドフシーナ》いじめのことを。年長の兵士が若い兵士を殴って、長靴《ちょうか》を磨け、ベッドを整えろ、下着を洗えと命じていたのよ。リョーシャがあるとき厨房のわたしのところに来たの、目を殴られて、眉から血を流してね。

『どうしたの?』わたしは尋ねた。

『ドア枠にぶつけたんだ』ってリョーシャは答えた。

わたしにはよくわかった。自分でぶつけたんじゃなくて、だれかに頭をつかまれてぶつけられたってことが。そいつはリョーシャのことが気に入らなかったのかもしれないし、全員をそうやって殴っていたのかもしれない――わからない。ただわたしはこう言った。

『もし何かあったら、ここにママがいるってことを忘れないで』

リョーシャは返事をしなかった。

上官のところに行く必要さえなかった。何が起きているのか、だれもが知っていた。わたしにピストルを向けた将校については、もちろん上官たちに彼の姓名を伝え、この件が上の方にちゃんと届くよう気を配った。わたしにはそうしたことをする自由があった。というのも靴工場の党組織で上の方にいたから、アフガニスタンでもすぐに現地の党組織に勧誘されたのよ。毎月、カーブルのソ連大使館での会合に呼ばれてね。司令官はわたしのために交通手段を確保する義務があった。それで月に一度、その会合のためにわたしはヘリコプターが使えることになったの。どうも党内では多様であるべきと考えたらしくてね、あちらには軍人しかいないが、こちらには党の料理人が現れた――なにしろレーニンも言ってたじゃないか、料理人がどれほど重要かって――だからこれを利用しない手はない。

党の会合は何のためかって?　アフガニスタンで平和活動中のソヴィエト市民のモラルを保つため。どこでも同じよ。だれかが不道徳な行為をしようとしていないか見張るの、男が多くて女が少ないから。市民は信頼すべきだが良識の範囲内で——そう教わったのよ。向こうで働いていた女の子たちは、ひと月かふた月、長くて半年の予定で来ていたんだけど、本当に厳しく見張っていないといけなかった、腹ボテで帰らないように、その後、家庭が崩壊しないようにね。女の子の多くはまさにそのために向こうへ行ったっていうのはまた別の話。いまじゃ若い人たちはインターネットで知り合うけど、当時は戦争で知り合ったものよ。士官やパイロットと出会う機会なんてほかになかったから。

その手の事件が起こると、わたしはすぐにその相手の男の子のところへ行って、こう言い聞かせた。『何のためにこんなことを？』

妻帯者の場合はもっと楽だった。

わたしはこう言った。

『奥さんから手紙が来るでしょ。あんたこの先どうやって家に帰るの？』

あるときこう言い返した子がいた。

『うちのは手紙なんか書いてこない』

『あんたが書かないからでしょ』わたしは答えた。『座って、一緒に書きましょう』

そして全部口述してあげたの。『昼食にはこれこれを食べた。夕食はこれこれ。ソーセージはうまかった。サラダはちょっと少なめ。恋しい、愛してる、君がいなくて寂しいよ』

そしてどうなったと思う？　返事をもらったら、ほかの女の子のことは考えなくなったのよ。

奥さんがいない子の場合はそれより大変だった。給仕係の女の子たちと距離を置くべきだってことを、その子にどう説明できたでしょう。そこでこんな方法を試した。相手の女の子にこう言ったの。

『もしも彼のことが好きなら、それが本当の愛なら、もう少し待ったほうがいい。戦争は恋に落ちるのにいい時期じゃないのよ』

　でも、若い娘を目にしてただ惹かれている若い男の子をどう説得すればいい？　そんなときは軍事用語を使って重火器を展開しないといけなかった。ひとりこういうのがいたのよ、ラスプーチンね。そいつはある給仕係の女の子と付き合っていたんだけど、その後、別の給仕係とキスしているのを見かけたの。それでそいつに直接こう言ってやった。

『うちの給仕係に手を出すんじゃないよ、さもないとあんたの頭をもいでやるからね』

　それに答えてそいつは、

『あんたにいちいち許可をもらいに来なきゃいけないのか？』

　それに答えてわたしは、

『訊くだけ訊いてもいいでしょ』

『あんた彼女の何なんだ？』

『わたしは党細胞副代表。それで十分よ。明日前線に行きたくなければ、わたしとこれ以上議論しないことね』

　無論だれかを前線に行かせたりしようとしたことは一度もないわよ。わたしはそこまで党に染まってはいなかった。でも秩序を心がけていたの。党は恋愛沙汰を望んでいなかったって？　党の方がよくわかってるのよ。

　ねえ、ヴィトルト、いまこんなことを言うのは莫迦みたいだけど。あの子たちは本当に死に向かって走っていて、たとえ自分は死ななくても、戦友が死ぬのを見てきたのよ。多くの若者が足も手も失い、麻薬中毒になって帰還した。多くの若者が家族を築くことなく、死ぬまで傷病兵のまま。もしかしたらああいう恋愛は、党にとっては望ましくなくても、あの子たちにとっては何か美しいことを経験する最後の機会だったんじゃないかって。

給仕係の女の子たちも複雑な背景を抱えてた。ひとりは孤児院出身。二人目はシングルマザー。三人目は夫に暴力を振るわれてアフガニスタンに逃げてきた。その子たちが恋に落ちるのを禁じる権利はわたしにはなかった。

でもあいにく、当時のわたしはそう考えてた。何よりも党が大事。愚かだったわ、いまさら言っても仕方ないけど。

ところが基地では大部分の人がわたしをチェキストだと思っていた。チェキストっていうのは、人々が何を話しているのか、どんな雰囲気なのかを報告する秘密諜報員のこと。司令官もわたしをそう思っていたみたい。だからいつも――一介の料理人に過ぎないわたしに――とても感じよく話しかけてくれて、いつもわたしの言うことに耳を傾けてくれたのよ。

弁解すると、このちょっとした権力をわたしはいい目的に使ったとも言える。たとえば、ある日わたしは荷物を受け取るために空港で待っていた。国境ではわたしたちがロシアに何も運んでいないかどうか厳しくチェックされた。というのもアフガニスタンのバザールでは、カラーテレビも、ビデオデッキも、ブランド物のジーンズも、つまりモスクワの一流店よりもはるかにいい製品を買うことができたから。それで我が国の政治委員《ポリトルーク》たちは、兵士は何も持ち込んではならないということにした。さもないと共産主義が崩壊しつつあることに国民が気づいてしまうから。税関職員は兵士たちの旅行鞄を徹底的に調べていた。何が入っていたかって？　ジーンズとか、お母さんのためのきれいなスカーフとか。恋人に買ったワンピースを入れていた子もいれば、香水を持ってた子もいたわね。

わたしたちは税関職員を憎んでいた。細かくけちをつけてくるし、そのうえほぼ全員が袖の下を受け取っていたから。

それで、あるとき通関手続きを待っていると、税関職員がわたしの目の前でひとりの男の子にからんでいた。その子は自分用に茶色の革の鞄を、恋人用にサマードレスを買っていたの。税関職員は、罰金を科されるぞ、そのうえ密輸を企てた罪で裁判所送りだ、と怒鳴っていた。

わたしはもう我慢できなくて。職員に近づいていって、すぐにこう叱りつけてやった。

『同志、あなたはここでいったい何をしているのです？　この若者をご覧なさい！　祖国に奉仕したんですよ。死んでいたかもしれないんですよ。親しい人に何か持って帰りたいのは当然じゃありませんか』

税関職員はわたしを睨《ね》めつけた。そしてこう怒鳴った。

『あんた何者だ⁉』

わたしはそれに答えて、

『顧問の妻です』と言った。

顧問と言ってもいろいろいた。うちの夫のような民間人もいたけど、わたしはどこかの将軍の妻であってもおかしくなかった。自信たっぷりに言えば、口答えされたりはしないとわかっていたのよ。

『で、アフガニスタンで何をなさっているんです？』税関職員が尋ねた。

『何をしているかですって？　働いています』料理人として働いていることは説明しなかった。しても仕方がないでしょ。重要人物と話していると思わせておいた方が都合よかった。

職員はわたしを見、その男の子を見た。顔つきからして嫌な奴なのはわかった。ついにこう言う。

『もういい、行け』

わたしにはこう言った。

『あなたが何者なのか調べます。公務執行妨害で大金を支払う羽目になるかもしれませんよ』

わたしはそれに答えて、

『あんたが払うほど大金じゃないわよ、坊主。ここから追い出されたら、あんたはせいぜい駐車場の車を管理するのが落ちだね』

そしてそこを立ち去った。

その程度で済んだのは、基地でわたしは諜報機関のために働いていると思われていたからね。なにしろ、公務を遂行していた税関職員を叱りつけた罪で、わたしを告発することだってできたはずだから。でもわたしは厚かましく堂々とやってのけたおかげで、罰を免れたのよ。

あとで夫にこの一件について話した。夫にはこう言われたわ。

『どうしてそんな危険を冒すんだ？　明日になればそいつはまた十人の少年の旅行鞄を没収するんだぞ』

わたしはそれに答えて、

『ヴァレンチン・ドミートリエヴィチ、わたしは共産主義を守るためにここに来たのよ。でも、ああいう輩はもっと大きな脅威だわ。奴らはそのへんのドゥシュマンよりひどい』

そうなのよ、ヴィトルト。共産主義は悪い体制じゃなかった。わたしが党内で知り合ったのはいい人たちばかりだった、あの人たちのせいで崩壊したわけじゃない。

共産主義が崩壊したのは、ブルドッグみたいな面をしたあの税関職員のような人たちのせいなのよ」

6

「アフガニスタン軍の兵士とその妻たちを除いて、アフガン人との交流は禁じられていた。あの人たちは見ていて面白かったわ。というのもロシアの軍事学校を卒業した人が多かったから。わたしたちのいるところでは、彼らはロシア人みたいに振る舞うことができた。ところがアフガン人の長老のだれかが現れるやいなや、瞬く間に様子が変わった。話しぶりも女性の扱いも違うし、顔立ちまで変わったものよ。

アフガン兵には別の厨房、別の兵舎、別の司令部があった。でもそのうちのひとりはロシアのパンをしきりに恋しがってたわ。ある日、その人がわたしのところにやって来てね、上品な格好で、ちゃんと顎ひげを剃っていた――アフガン兵には珍しいことだった、兵士たちは口ひげを流行の形に整えていたから。そして、ロシアのパンをアフガニスタンのレピョーシキと交換しないかって訊くのよ。レピョーシキっていうのはこんな丸い平たいパン〔タンドールで焼いたナン〕で、わたしの大好物だった。

もちろんいいわよと言って、その人と話すようになった。彼はわたしが兵士たちに『ママ・ニーナ』と呼ばれているのを聞いたことがあって、でもそれがわたしの名前だと思ったみたい。それでわたしを『マムニン』って呼んでいた。それがとても可笑しくてね、訂正はしなかったのよ。

アブドゥッラー（というのが彼の名前）はわたしにはとても誠実な態度で、彼の目に戦争がどう映っているかを教えてくれた。

あるときわたしにこう説明してくれた。『ママニン、あなたがたはアフガニスタンにとって悪いことをたくさんしている。僕の家族では兄弟のうち二人がロシア軍に所属していて、もう二人はゲリラ部隊にいる。ゲリラにいる二人は、もし僕がゲリラに参加しないなら、僕も僕の妻も殺すと脅してきた。あなたがたは助けてくれたあとは立ち去るはずだった。どうしてここにさらに一年居座っているのですか？』
わたしは何も答えなかった。だって答えようがなかったから。あちら、クレムリンには何かわたしの知らない計画があるのだとまだ信じていたのよ。そうこうするうちにブレジネフが死んで、書記長がしょっちゅう交替する時代が始まった――アンドロポフ、チェルネンコ、それからゴルバチョフ。わたしたち？　わたしたちはアフガニスタンのプロフの食べ方を学んでいたわ。プロフはすごいわよ、あんなのはよそじゃ食べられない。もっぱら男の人たちだけで作る料理でね、大きな棒でかき混ぜて、手づかみで食べるの。わたしたちはあらゆる祝日にアフガン兵を基地に招待し――新年、女性の日、十月革命記念日、戦勝記念日――彼らはいつもこのプロフの入った大鍋をいくつも持ってきた。食べはじめたら止まらないくらいおいしかったわ。一種類は肉のプロフで、もう一種類はザクロやアンズや桃などが入った果物のプロフだった。

向こうには珍しいブドウもあったわね――キシュミシュというサルタナ〔種なしブドウの一種〕のこと。砂糖より甘いのよ。基地の男衆が苗木を取り寄せて植えたら、二年後にはブドウの木が二階の高さまで育って、バルコニーがブドウの蔓で覆われてしまったほどよ。ブドウが実るといつも、わたしたちのところにあった卓球台の上に並べておいた。みんなでお腹いっぱい食べても、まだ残ったくらい。そのブドウで密かにワインを作った人もいたけど、わたしは夫にはだめよと釘を刺した。禁止されていたから。わたしは言ったの。『妻が党にいるのは、ここで規則を破るためじゃないのよ』って。

向こうの土はずいぶん砂地だったけど、あの気候だからとにかく何でもよく育った。ロシアではニンジンが芽を出すのにひと月かかるけど、あそこじゃ一週間なのよ。ほかの野菜も同じ。木々に花が咲くとすぐに実がなる。二月には世界一美しい景色を見ることができる。野生のチューリップがステップに咲くのよ。一面に何百万ものチューリップがびっしり生える。花が開くやいなや、アフガン人たちは小さな焚き火を熾して、花をもいで、球根を残り火に投げ込む。そうやってまんべんなく焼いた球根を食べるのよ。ちょっと苦味があるけど食べられなくはない。

三月になるとアフガニスタン上空にホシムクドリが飛来する。面白いことに、アフガニスタンには渡りをしないホシムクドリもいるんだけど、地元の人たちはそっちは撃たない。渡りだけを待つの。飛ぶ音が聞こえると——その渡りをするホシムクドリの飛ぶ音は遠くからでも聞こえるの——大急ぎで近くの高いところに駆けていって、それぞれが十数羽ずつ仕留めるのよ。

アブドゥッラーがうちの家の屋根から撃たせてほしいと頼んできたときは腹が立ったわ。かわいそうな鳥たちをうちの屋根から撃ち落とさせはしませんよ！　でもわたしの留守中に夫が何度か上がらせてやったらしくて、その後アブドゥッラーはお礼に奥さんが焼いたホシムクドリを持ってきた。わたしは食べなかったけど、夫は味見してうまいと言っていたわね」

7

「軍隊式の料理の仕方はすぐに覚えた。毎日必ず一品は体があったまる香辛料の効いたスープがないといけなかった。たとえばラッソーリニク——塩漬けきゅうりをすりおろし、ニンジン、玉ねぎ、調味料を加えて作る——または生のキャベツか塩漬けキャベツで作ったシチー、またはボルシチ。

酸っぱいシチーには塩漬けキャベツが要る。キャベツを細かく刻んで、塩を振って、唐辛子を少し加えてもいいけど、ディルシードは必ず入れること。キャベツに塩をしたら両手でぎゅっと絞って汁を切る。

スープを仕込む前に三日間置いておくと発酵して酸っぱくなる。でもわたしたちのところには既製品の瓶詰がモスクワから運ばれてきた。だって戦時中は悠長にキャベツを発酵させてる暇なんてなかったから。あとはそれにじゃがいもと調味料を入れるだけだった。自分たちのレシピでスープの素になる炒め野菜《ザジャールカ》を作ることもあった——玉ねぎとニンジンを一緒に炒めてね。

いつだったか、わたしたちを手伝ってくれていた若い兵卒のひとりに途中まで煮込んであったシチーを取りに行かせた。そこにはもう一種類、別のスープ、ラッソーリニクもあって、その子が鍋を間違えて持ってきたの。あろうことか、わたしはそうと知らずに二種類のスープを混ぜてしまった。それで大麦入りのきゅうりのシチーができてしまったというわけ。わたしはすっかりしょげかえって、食堂を管理しているアンドレイ・ヨシフォヴィチのところに行くと、どうか撃たないでください、でもスープに問題が起きてしまったんですと言った。そしてこう説明する。こんなふうに作るべきじゃないってことはわかってます、でも急いでいたし、この暑さだし、仕事は山積みだし。幸い、わたしたちの上司はよくできた人だった。肩をすくめて、『何が問題なんだ?』と訊く。わたしたちは一緒に、その日の献立が張り出されている掲示板のところへ行った。するとアンドレイ・ヨシフォヴィチは『酸っぱいシチー』という言葉に線を引いて消し、『シベリア風シチー』と書き換えたのよ。

そもそもシベリア風シチーなんてスープがこの世に存在するのかどうか、わたしもアンドレイ・ヨシフォヴィチも知らなかったってことは認めるわ、ヴィトルト。でも、うちの兵士たちはだれもそんなこと知らないはずだと思ってた。あるいは、献立なんかそもそも読んでいないんじゃないかと。

ところがたまたま、うちの部隊にシベリア出身の子がいて、さらに悪いことに、わたしたちの掲示板を読んでたのよ。昼食のあと、その子は厨房にやって来てこう言った。

『ママ・ニーナ、僕はイルクーツクの近くの出身だけど、うちで作るシベリア風シチーは違うよ』

『そう?』わたしは文句を言われるのかと思って身構えた。『どう違うの?』

『うちじゃきゅうりは入れないよ』

わたしはとぼけたふりをし続けた。

『どっちがおいしい?』とその子に尋ねてみた。

ちょっと考えてから、

『ここの』と言ったの。『うちに帰ったら、母さんにきゅうりを入れて作ってもらうよ』って。

兵士たちはわたしたちの料理をとても褒めてくれた。わたしたちは毎日、新鮮なサラダや、トマト、二十日大根、きゅうりといった新鮮な野菜が食卓に上るようにした。とても喜んで食べてくれたのよ、ともかくあの子たちが健康的な食事を取れるようにすることが第一だから。ただね、飛行機でロシアから運ばれてくるそういうものは少なすぎた。市場に行って自分のお金で新鮮なものを買わなくちゃならなかったことも一度や二度じゃない。お給料はよかったから、そんなことをする余裕もあったんだけど。実はそういうものをバザールで買ってはいけなかった、禁止されてたの。でもわたしは買っていた。一度も食中毒を出したことはないわよ」

8

「ある日の早朝、味方のひとりが駆けてきて叫んだ。だれかがフェンスのそばに倒れていて、腹に穴が開いてる。おそらくリョーシャだと。わたしは大急ぎでそこに駆けつけた。確かにリョーシャだった。わたしは傍らにひざまずいて泣いた。まるで自分の息子が横たわっているみたいに。わたしは自分を抑えることができなかった。だれかがわたしの夫を呼びに行き、厨房の人たちもやって来たけど、わたしはそこのアスファルトの上、リョーシャの傍らに横たわって、涙が涸れるまで泣いた。

いまでも涙があふれてくる。あと二か月で兵役が終わるというのに、莫迦な子だねえ、ある将校に引きずり込まれて、何かを盗んでアフガン人に売ったのよ。実際どうして撃たれるようなことになったのかしら？　わからない。

あとでわたしはその将校のところに行ってこう言ってやった。わたしはすべてお見通しよ、あんたが若い少年たちを汚い商売に引きずり込んでいることは知っている、でもいまや事態は行き過ぎてしまったと。わたしはカーブルで開かれた党の会合でこの件を取り上げて、こう言った。ある将校がいます、その人物がドゥシュマンにガソリンその他の物品を売っているという複数の証拠があります、ひょっとすると武器をビデオデッキと交換しているかもしれません、最近その将校が何者かとの取引できちんと清算しなかった結果、人がひとり死にました、と。突然わたしは妨害されているという気がした。皆はわたしがだれの話をしているのかよくわかっているのに、その男が上層部のどこかに非常に強力な後ろ盾を持っているせいで、一介の料理人には太刀打ちできないのだと。それで彼らは私の話に耳を傾けたあと、巧みに話題を変えた。

リョーシャは部隊を手助けする一兵卒に過ぎなかったけれど、軍のパイロットみたいな儀式をしてもらった。

パイロットが亡くなると、その人がいつも座っていた席に給仕係が三日間食事を運ぶというしきたりがあったの。まずパンを出して、それからスープ、次に主菜、そしてデザートというふうに。その後、手つかずの皿を全部厨房に持ち帰って流しに空ける。だれもその人の食べ物をもらったりしない。次の日も同じ。さらに次の日も。四日目になって初めて、死んだパイロットの座っていた席にだれかが座ってもよくなる。このしきたりはどこから来たのかって？　面白いことに、自分たちでやりはじめたの。だれかと相談して決めたわけじゃなくて。特にだれかが考えたというわけでもなく、ただ給仕係の女の子たちが食事を運んで、それから片付けただけ。そしてわたしたちは、自分たちにとって大切な人ならだれにでもそうしているんだって気づいたの。

そうやってわたしたちはわたしのリョーシャに別れを告げた。死んで最初の日のスープはシチー、主菜は肉とじゃがいもとサラダ、そしてゼリー。二日目と三日目に何を出したかは、もう忘れてしまった。その頃にはもうリョーシャは飛行機に乗っていた――死者がロシアに送還される際に使われる亜鉛の棺に入れられて。

その後わたしはリョーシャの両親を探し出して電話をかけた――飛行機に乗ってそこに行くだけのお金がなかったから――そして、あの子はすばらしい若者でした、英雄として非業の死を遂げたんです、と言った。詳しい事情には触れなかった――そんなことをする必要はないでしょ。

母親にはただ、わたしたちは息子さんにできるかぎりいいものを出しました、とだけ伝えた。わたし個人としてはそれ以上のことはできなかったと。わたしたちは二人で泣いた。

アブドゥッラー？　結局、兄弟たちに加わってわたしたちの敵になった。ドゥシュマン側で参戦した初期の作戦のひとつで死んだのよ。あれはまったく必要のない死だった、ヴィトルト。わたしたちのあの友好的介入と同じく、だれにとっても何の役にも立たなかった」

メニュー

シチー
鶏肉　四〇〇グラム
じゃがいも　六個
キャベツ　三〇〇グラム
玉ねぎ　二個
ニンジン　一本
トマト　六個
月桂樹の葉　一枚
ニンニク　五片
油
塩

大鍋に食べやすく切った鶏肉を入れ、水を注ぎ、中火にかける。沸騰したら賽の目に切ったじゃがいもを加える。じゃがいもに火が通ったら、千切りにしたキャベツを加える。

フライパンに油を熱し、みじん切りにした玉ねぎを黄金色になるまで炒める。すりおろしたニンジンを加え、さらに三〜四分炒める。

別のフライパンで、賽の目に切ったトマトを炒める。両方のフライパンの中身を鶏肉とじゃがいもの入った鍋に加える。月桂樹の葉、塩、つぶし器でつぶしたニンニクを加え、さらに十分間煮込む。

仔牛肉のきのこ添え

仔牛肉　一キログラム
スメタナ　三〇〇グラム
マッシュルーム　五〇〇グラム
玉ねぎ　一個
黄色いチーズ　一〇〇グラム
塩

仔牛肉は洗って一人分ずつ切り分け、スメタナに一～二時間漬けておく。

マッシュルームは一口大に切る。玉ねぎは薄切りにし、チーズは粗くおろしておく。

オーブンの天板にマッシュルームを敷き詰め、次に玉ねぎを敷き詰め、塩を振る。おろしたチーズを振りかけ、その上にスメタナに浸した仔牛肉を置いて、二〇〇℃に熱したオーブンで焼く。

表面が金褐色になったら、肉を漬けておいたスメタナの残りをかけ、オーブンの温度を一八〇℃に下げて、さらに四十～五十分焼く。

ウクライナ風ボルシチ（クワス入り）

豚肉または牛肉　五〇〇グラム

じゃがいも　四〇〇グラム
キャベツ　四〇〇グラム
ホースラディッシュ　一本
玉ねぎ　一個
ビーツ　二五〇グラム
トマト　二個
バター　大さじ一
小麦粉　大さじ一
ラード　二〇グラム
トマトピューレ　二分の一カップ
クワス　一カップ
ニンニク　二片
月桂樹の葉
オールスパイス
唐辛子
塩
スメタナ　二分の一カップ
パセリ

鍋に肉を入れ、水を注ぎ、中火にかけてブイヨンを取る。ホースラディッシュを千切りに、玉ねぎは薄切りにする。ホースラディッシュと玉ねぎをバターで炒め、小麦粉をまぶしてさらに炒め、ブイヨンで薄めて鍋に加える。

その間にビーツを二十〜三十分茹で、冷めたら千切りにする。

ラード、トマトピューレ、クワスを先ほどの鍋に加える（ここでスメタナを少量加えても可）。

大きな賽の目に切ったじゃがいも、キャベツ、茹でたビーツと塩を加え、十〜十五分煮込む。残りの香辛料とニンニク、輪切りにしたトマトを加える。

器によそってスメタナをかけ、みじん切りにしたパセリを散らす。

ロシア風肉団子

豚肉　六〇〇〜七〇〇グラム
鶏モツ　二〇〇グラム
玉ねぎ　二個
バターまたはマーガリン　一〇〇グラム
ブイヨンまたは湯
じゃがいも　六〇〇グラム
辛いトマトソースまたはオニオンソース
塩、胡椒

豚肉の半量を薄切りにし、塩、胡椒して軽くソテーする。玉ねぎはみじん切りにしてバターまたはマーガリンで炒めておく。鶏モツは塩水で茹で、豚肉の残り半分と共に肉挽き器に通す。炒めた玉ねぎ、塩を加えて、よく混ぜる。

挽いた肉を団子状に丸める。フライパンに並べ、そこに熱いブイヨンまたは湯を少し加え、蓋をして柔らかくなるまで蒸し焼きにする。肉団子をソテーしておいた豚肉の薄切りで包み、さらに五〜七分蒸し焼きにする。

揚げたじゃがいもと辛いトマトソースまたはオニオンソースを添えて供する。

第十二の皿　ヴィクトル・ベリャーエフ再登場

1

「ブレジネフが死んだ、ヴィトルト、あの日のことはよく憶えているし、忘れはしないよ、彼の死でクレムリンは大混乱に陥ったからね。一九五三年にスターリンが死んで以来、ほぼ三十年間、在職中に死んだ書記長はひとりもいなかったし、適切な葬儀の手順を憶えている人もいなかった。

仕事の内容もいつもと違っていた。というのも国際的な代表団が大勢来たから、料理人の大半はそちらに割り振られたんだ。私はフランスの首相を担当した。やることはそんなになかった——首相は飛行機で到着し、葬儀に参列し、すぐパリに戻った。だから私は、葬儀後の追善供養に出す料理を作っていた同僚の厨房を手伝っただけだが、そこでもやることはそんなになかった。我々は干しぶどう入りクチヤー——ロシアの葬儀で伝統的に出される穀物粥——を作った。別のテーブルにはブリヌィとコンポートがあった。少しつまみも出したが、大袈裟なものはなし、チョウザメもキャビアもなしだ。

いずれにせよ、チョウザメとキャビアの時代はブレジネフと共に忘れ去られることになった。だが当時、我々はまだそのことを知らなかった。

そして、三十年間一度も葬儀がなかったのに、ブレジネフの死後、突如として毎年葬儀が行われるようになった。まず彼の後継者ユーリイ・アンドロポフが死んだ。それからその後継者コンスタンチン・チェルネンコも。毎回それは同じように見えた。葬儀、クチヤー、ブリヌィ、コンポート、終了。

一年以内に死ぬ老人をまた選出するわけにはいかないとようやくだれかが思い至り、一九八五年に比較的若いミハイル・ゴルバチョフがソ連共産党中央委員会書記長に選出された。そして、よくご存知のように、ゴルバチョフは我々にペレストロイカ、つまり再建をもたらしたが、その後、実に残念なことにソ連は崩壊してしまった。だがそうなる前に、クレムリンの厨房でもペレストロイカがあったんだ。

まず我々は高価な宴会をやめるよう指示された。チョウザメ、テーブルから滴るほどのキャビア、こういったものはすべて取りやめになった。ゴルバチョフ自身はずっとダイエットを続けていて、妻のライーサ・マクシーモヴナはその件で夫ともめていた。ゴルバチョフはもっぱら燕麦のカーシャを食べ、カロリーにはとても気をつけていた。ちょっと気を抜くとすぐ太るような体質だったからね。

ゴルバチョフと共にクレムリン全体がダイエットをする羽目になった。

正直言って、ヴィトルト、ライーサ・マクシーモヴナの相手をする料理人は楽じゃなかったよ。ライーサはよく料理人を辞めさせた。料理人たちはしょっちゅう何か間違ったことをやらかしたからね。こんな料理はだめ、卵の焼き方が下手、ソーセージが少なすぎるとか多すぎるとかってね。私はその頃また専属料理人《リーチニク》にならないかと打診されたが、そのときも断ったよ。ゴルバチョフのための料理を作ることについちゃ、同僚からは悪い噂しか聞かなかった。

ゴルバチョフに目がないものがあるとすれば、それはシャンパンだった。たとえば料理人たちはゴルバチョフ自身のアイデアに従ってレモネードを作った。氷、ミント、レモン汁、ラズベリー少々――そして一杯につき五〇グラムのシャンパン。

宴会で私が憶えている彼の唯一の贅沢は、やはりシャンパンで調理したオオチョウザメだった」

2

「一九八六年、私はクレムリンで執り行われた最後かつ異例の葬儀に関わった。ひとりの老人、政権の最古参、ポーランドでもきっと憶えている人がいるだろう、ヴャチェスラフ・モロトフが死んだのだ。一九三九年にリッベントロップと独ソ不可侵条約を結んだあの人物だ。九十六歳まで生きたスターリン主義時代の権力エリートの最後のひとり、ゴルバチョフの時代まで生き延びた唯一の人物だった。私はモロトフに会ったことがある。ときどきクレムリンから彼のところに料理を運んだからね。

モロトフは晩年をもっぱらルブリョフカのレーニン療養所で過ごした。ルブリョフカはいまや政府関係者や富豪が暮らすモスクワ郊外の高級住宅地になっている。そこにモロトフの部屋があったんだが、そこは党幹部向けの療養所だったので、我々はときどきそこへ料理をしに行っていた。いつも深々と頭を下げていたよ。当時はもう政治的な役割は一切なかったとはいえ、モロトフは伝説の人だったからね。

モロトフ個人の住まいはクレムリンのすぐ隣、グラノフスキー通りにあった。戦前はソヴィエト連邦のエリートたちが住んでいたところだ。ロコソフスキー、ブジョーンヌイ、ヴォロシーロフ。

モロトフが死ぬと、重要な政治家として国費で葬儀と追善供養が執り行われることになった。そこで私はこの追善供養の準備をするためグラノフスキー通りに派遣された。モロトフ宅では遠い親戚だという年輩の婦人ふたりが待ち受けていたので、私は自己紹介をし、丁重にお辞儀をして中に通してもらった。

住まいはなかなかのもので、モスクワのど真ん中で数百平方メートルもあった。そこには、暖炉のある広間、食堂、書斎、二つの寝室、大きな厨房があった。その厨房に入って、周囲を見まわし、使える皿や鍋の種類、包丁はどんなものが何本あるかを確認し、自分がどんな道具を使うことになるかを把握した。テーブルに近づいて皿をつかむと、そいつが手から離れない。なぜか？　汚れていたからさ！　そこにあった皿は全部同じ。モロトフは非常に高齢だったから、皿を洗う力がなかったか、洗う気がしなかったんだろう。だから食べ終えるとそのまま放ったらかしにしてたんだ。

後にも先にも、こんなのは一度も見たためしがない。

親戚のご婦人ふたりは、私が途方に暮れて立っているのを見て、こう言う。『気にしないでください、ヴィクトル・ボリソヴィチ。お皿はわたしたちが浴槽で洗いますから』

そして洗ってくれた。だがそれでもまだ足りなかったので、クレムリンからいくらか持ってこなくてはならなかった。

私はその住まいを見渡した。すでに言ったように私は歴史に興味があってね、モロトフがどんなふうに暮らしていたかを見られるこんな機会は一生に一度しかない。もしかして、何かのメモや、リッベントロップと撮った写真なんかが見られるかもしれないと思ったんだ。でも違った。あそこには何もなかったよ。たとえ何か面白いものがあったとしても、料理人を送り込む前に、きっとしかるべき機関の職員が来て片付けたんだろう。

私が目にしたのは、さまざまな国の人形の置物と、ウズベキスタンから贈られた、米でできた彼の肖像画だけだ。

モロトフが死んで遺したのはこれだけ。汚れた皿。それと米でできた肖像画」

3

「私が師と呼べる人と出会ったのはゴルバチョフの時代のことだ。

事の始まりはこうだ。第二十七回党大会が近づいていた——この機会にはいつも、多くの著名人が国外からもモスクワにやって来た。特別な客のために、党はゴールキ・レーニンスキエのレーニンが暮らしていた場所のすぐ隣にコテージをいくつか建てた。かなり豪華な建物でね、各戸に映写室、ビリヤード台、書斎、食堂があった。それぞれに職員と警備員が常駐してもいた。我々はこうした建物を〈豪邸〉と呼んでいた。ある日、料理長にこう言われた。党大会中、君を〈豪邸〉に行かせる、そこで君はカイソーン・ポムウィハーンのために料理を作るんだ、と。だれだか知ってるかい？　私も知らなかった。当時ソ連と友好関係にあったラオスの首相さ。

私は怖くなった。いいかい、私はまだ若造で三十にもなっていなかった。そこで料理長にこう言った。

『私が〈豪邸〉に行くですって⁉　責任が重すぎます！』

料理長はそれに答えて曰く、

『君の言うとおりかもしれん。だれを一緒に行かせよう……』料理長はしばし考え、そしてこう言った。『わかった。ヴィターリイ・アレクセーエヴィチと一緒に行きたまえ。だれかって？　行けばわかる』

もういい、なるようになれ。数日後、私は車に乗せられ、連れていかれた。ヴィターリイ・アレクセーエヴィチはもうそこに来ていた。背の高い白髪の老人で、実に礼儀正しく、ごく控えめな人だった。私たちは握手をして仕事に取りかかったが、ヴィターリイ・アレクセーエヴィチは経験豊かな優れた料理人のように振る舞ったりはしなかった。何でも私に尋ね、何でも私に合わせ、何もかも相談してくれた。ラオスからの客人においしく召し上がってもらうには、どんな食材をどれだけ注文するか、何を作るべきか？　それから私たちは調理に取りかかった。驚かずにはいられなかったね、この人はなんて見事に料理するんだろう！　なんて器用で、なんて優雅に厨房内を動きまわるんだろう。そんな才能を持った人が毎日クレムリンで我々と一緒に働いていないことに私はとても驚いた。そのことを彼に尋ねてみた。

『クレムリンの習慣とはどんなものだね、ヴィクトル？』ヴィターリイ・アレクセーエヴィチは微笑んだ。『あそこで料理できないのはだれだね？』

『わかりません』私は答えた。『あそこは決まりが多すぎて全部は覚えていられないんです』

『考えてごらん』ヴィターリイ・アレクセーエヴィチは答えた。そしてまた微笑んだ。

あの人は何者なのか、どのようにだれの不興を買って、我々と一緒に働けなくなったんだろうと、私は夜半まで頭を悩ませた。そしてようやく思い出した——クレムリンでは死んだ者や権力の座を追われた者の専属料理人《リーチニク》はもう働けないということを。

ヴィターリイ・アレクセーエヴィチは書記長のだれかに仕えていたのか？　もしそうなら、いったいだれに？

またもや眠れずに頭を悩ませ、考えに考えた。そして、それがどういうことかついにわかったとき、背筋がぞっとした。

翌日、起きて朝食を作ろうとしたとき、私は彼に近づいて、こう尋ねた。

『例のことを一晩中考えていました。あなたは……あなたはスターリンに仕えていたのですか？』

ヴィターリイ・アレクセーエヴィチはまたしても微笑むだけだった」

4

「こうしてスターリンの専属料理人は私の親友となり、のちに我が師となった。彼はスターリンの邸宅の隣に住んでいたので、サーシャ・エグナタシヴィリを筆頭に、伝説的な料理人全員を知っていた。私たちは二週間、〈豪邸〉で生活を共にした。一緒に料理をし、毎日一緒にコニャックをちびちび飲み、一緒にドミノをした――これはクレムリンの年輩の料理人たちお気に入りのゲームだった。ラオスの首相は会議が終わってから夜遅く送迎車で戻ってきたので、我々はあまり興味がわかず、向こうも我々に特別興味を持たなかった。文句は言われなかった――それだけでもう十分だった。

ヴィターリイ・アレクセーエヴィチとの仕事は私を大きく成長させてくれた。彼こそが私を一人前の料理人にしてくれたんだ。我々の職業で何が重要か気づかせてくれた。これまで学校でもほかのどこでも、だれひとり教えてくれなかったようなことを教わったよ。

たとえば、包丁をすっと入れるだけでニシンを切り身にする方法を教えてくれた――スターリンはニシンが大好物で、毎日だって食べることができたそうだ。

料理人は気分よく仕事に行かなければならないとも教えてくれた。ストレスを感じてはいけない、いらだってもいけない、どんなことがあっても決して腹を立ててはいけない――もっとも政府で働くとなると、それは容易なことじゃない。『いらいらしている料理人の作った料理はまずい』とヴィターリイ・アレクセーエヴィチはよく言ったが、そのとおりだった。スターリンはそのことがよくわかっていたから、取り巻きや部下のさまざまな人たちに突っかかることはあっても、料理人にはそうしなかった。自分の健康と体調が、料理人の気分に左右されることを知っていたんだ。

あの日のことは忘れないね、その日、我々はイースト生地を作ることになっていて、私はぶつくさ文句を言いはじめた。

『この生地はふくらまないな』と私は言った。『うまくいかない、また時間が無駄になる、これじゃどうしようもない』

『君、歌えるか？』だしぬけにヴィターリイが訊いた。

『歌うですって？　何の関係があるんです？』私は混乱して尋ねた。

『イースト菌は生き物だからね、君の気分を完璧に感じ取るんだ。君がいらいらすると、イースト菌はそれを察して落ち込むんだ。あいつらを欺く方法はひとつしかない。歌ってやるんだよ』

『真面目に言っているんですか、ヴィターリイ・アレクセーエヴィチ？』私は訊き返した。

ヴィターリイ・アレクセーエヴィチは大真面目に言っていた。

歌ってみた。すると本当にイースト菌を欺くことができた。子供の頃、母がよく歌ってくれたから、ロシアの伝統的な歌なら結構たくさん知っていたんだ。それ以来いつもイースト生地に向かって歌ってるが、ふくらまなかったことは一度もないな」

5

「ヴィターリイ・アレクセーエヴィチと親しくなったおかげで、スターリンに関する話をたくさん聞かせてもらえるようになった。

もちろん、ほどほどにだが。国の指導者たちに仕えた人たちは皆、私も含めて、自分の仕事について口外しないと誓う文書、いわゆる誓約書に署名させられた。たとえ政府が変わろうと、何が起ころうと、だれもこの誓約から逃れることはできない。

そのうえヴィターリイ・アレクセーエヴィチは専属料理人《リーチニク》だった。専属料理人にはさらに多くの制約が加わった。リーチニクがそれぞれKGBに直接雇用されていたことはもう話したね。もし君が私に接触したようにリーチニクのだれかに近づこうとしていたら、きっと面倒なことになっていただろう。指導者たちに食事を出す厨房は国家保安委員会の管轄下にある。リーチニクには特別な認定資格があって、私が調べられたより十倍も厳しく調べられるし、それぞれが軍の階級を持っている。いまでもそうだ。

ついにヴィターリイ・アレクセーエヴィチはスターリンが死んだ日のことを話してくれた。三月五日、スターリンが死んだとき、厨房はヴィターリイ・アレクセーエヴィチの当番だった。他の職員と同じく、妻子と共にスターリンのダーチャの敷地内に住んでいたが、その日は所用で市内に行っていた。昼食前に戻ってくると、スターリンの家政婦で、愛人でもあったというヴァレンチーナ・イストーミナが、窓越しにヴィターリイ・アレクセーエヴィチを見た。イストーミナはヴィターリイ・アレクセーエヴィチにとてもなついていた。そこで中庭にいた彼のところに駆けてくると、泣きながらこう言ったそうだ。

『ご主人様が亡くなった。ベリヤはもう彼の部下を射殺しはじめてる』

『どうすればいい?』ヴィターリイ・アレクセーエヴィチは訊いた。

イストーミナは中庭の奥に隠してあった車を指さした。

『あれを使って! 奥さんと子供たちを連れて逃げるのよ、手遅れにならないうちに』

イストーミナは彼の命を救った。実際にベリヤはそのときスターリンの側近の多くを処刑するよう命じていたからだ。

ヴィターリイ・アレクセーエヴィチは、ベリヤの部下が自分を捜しに来るのではないかと恐れて、何か月も村の実家で過ごした。その後、ベリヤも銃殺されたことを知ると、戻ってきてクレムリンに赴き、以前のように受け入れてくれるかと尋ねた。

受け入れてはもらえたが、書記長の元専属料理人はクレムリンに入れないという不文律にしたがって、他のさまざまな場所で仕事を請け負うことになった。たとえば、長年ソ連邦の首相を務め、この国の最重要人物のひとりであるアレクセイ・コスイギンのダーチャで働いたこともある。コスイギンは市外のソスヌィに住んでいた。上の世代の多くの共産主義者にありがちな絶対的な禁欲主義者で、スィルニキ〔白チーズを使ったパンケーキ〕、プディング、蕎麦の実のカーシャを食べるのを好んだという。ヴィターリイ・アレクセーエヴィチが語ったところによると、実際コスイギンに作ってあげられるものはその三つだけだった。

ところがある日、コスイギンから特別な任務を受けた。

『あのな』コスイギンは言った。『明日アメリカの国会議員が何人か来ることになっている。ちゃんともてなさないといかん、何か面白いものを考えてくれ』

ヴィターリイ・アレクセーエヴィチは考えに考えた。コスイギンはドミノをするのが大好きだったから、オードブルにドミノの形をしたカナッペを作ったんだ。ご存知のように、ドミノ牌というのは二つの部分に分かれていて、それぞれに異なる数の目が付いている。アレクセーエヴィチはパンを薄切りにし、形が崩れないようにオーブンで少し乾かし、ぴったりの大きさになるようすべてナイフで切り揃えた。表面にバターを厚く塗って、キャビアでドミノの目を作ったんだよ。

ものすごく時間がかかったが、見事な出来栄えだった。食べられるドミノ牌を想像してみてくれ。我が師は自分の仕事にとても満足し、皆にそのカナッペを見せて、こんなに立派なのを作ったんだから表彰されてもいいんじゃないか、なんて話していたんだ。

ところが歓迎会の直前になって、コスイギンの警護隊長がやって来るじゃないか。

『行け。お呼びだ』と言われた。

コスイギンは執務室に座っていた。怒るととても小さな声で話す人だったが、そのときはアレクセーエヴィチに向かって小声の中でもいちばんの小声で話しはじめた。『いったいどういうことだ？　おまえときたらまったく、もしまたあんなふうに高級食材をこねくりまわしたら、ただじゃ置かんぞ……。国民はソーセージを求めて行列しているというのに。おまえはキャビアでドミノを作るのか？　失せろ！』

ヴィターリイは二度言われる必要はなかった。彼は速やかにその場を立ち去った。そして私は彼の話から重要なことをひとつ理解した。クレムリンはおまえを正しく評価してくれる場所ではない。おまえを褒めてくれる場所ではない。もしだれにも怒鳴られなければ、それはすなわち称賛なのだ。

ドミノについて言えば、コスイギンは間違っていた。ヴィターリイが作ったのはカナッペなどではなく、芸術作品だった。それはまるで、農民が飢えているのにフレスコ画を描くのかとアンドレイ・ルブリョフに向かって腹を立てるようなものだった。

だが、もしかしたらコスイギンは別の理由で怒っていて、料理人がお目玉を食らっただけでは？　そういうことは一度や二度ではなかったらしい。料理人とボディーガードはしばしば緊張を和らげる避雷針として政治家に使われていたんだ」

6

「どういうわけか、私の作る料理は気に入ってもらえた。そこで上司たちは私を外国の重要な代表団に派遣するようになったんだ。

自分が料理を作った重要人物でさえ全部は憶えていないが、その中にはフィデル・カストロ、ニコラエ・チャウシェスク、サダム・フセイン、エーリッヒ・ホーネッカー、そしてもちろんエドヴァルト・ギエレクもいた。だが本当の冒険が始まったのは、ゴルバチョフ政権時代に元米国大統領リチャード・ニクソンがゴルバチョフとロナルド・レーガンの会談の地ならしをするためにモスクワを訪問したときのことだ。初日の夜、ニクソンは女性秘書と共に夕食に降りてきた——そして沈黙が訪れた。私はニクソンのためにすばらしい料理を用意していた——ブリヌィ、魚、肉を何種類も。すべて美しく盛り付けられ、見事に並んでいる。ところが——沈黙。

我々はどうすべきか厨房内で相談した。我々にとって理解しがたかったからだ。そこで給仕係にワインを持たせて送り出した。彼が戻ってくると、全員が飛びついた。すると給仕係はこう言った。『何が起きているのか信じられないだろう。ニクソンと女性秘書がカメラを持ってビュッフェのそばに立っている。一枚一枚、料理の写真を撮ってるんだ』

二人は我々クレムリンの料理が大いに気に入り、すべて写真に残すことにしたというわけさ。

私は数日間ニクソンに料理を作り、とても満足してもらえた。ある日ニクソンはひょっこり厨房にやって来ると、敷居のところからこう尋ねた。『ここの料理人はだれだい⁉』私が呼ばれて、たどたどしい英語で、こんにちは、と言った。だがニクソンはじっと立ちすくんでいる。きっと髭面の太ったロシア男が出てくると思っていたんだろう。ところが現れたのは私。イズマイロヴォ出の若造だ。ニクソンは若いロシア人と話せることがすっかり気に入って、毎日やって来るようになった。そして私にあれこれ尋ねてきた。若者の暮らし向きはどうだ、アパートに入居できるまでどれくらい待つのか、これはいくらするのか、あれはいくらするのか。ニクソンがこんなふうに私に会いに来るのは気まずかったが、料理長は、大丈夫、何も問題ない、と言ってくれた。ニクソンが話したがっているなら話すべきだとね。

ある日、勇気を出して、私の料理がお口に合ったようで光栄です、と言ってみた。ですが、私が思うに、ロシア料理でいちばんうまいものを食べ損ねているようですね、と。

『おお！』ニクソンは興味を示した。『それは何だね？』

『スープです、大統領閣下』と私は言った。ニクソンはいつもスープを残していたからね。『ロシアはスープがおいしいことで有名です。ボルシチもあるし、ソリャンカもあるし、ウハーもあります。どれも大変健康にいいんですよ。とりわけ男性には』私は意味ありげに言った。

『私にはもう遅すぎる』ニクソンは肩をすくめた。

『大統領閣下』私は答えた。『遅すぎることはありません。スープは若返らせてくれます。ご自身でお確かめください』

ニクソンが熱心な釣り人で魚が大好物だとわかったので、翌日はウハーを作った。ニクソンは食べ終えるとお代わりをして、それも平らげた。

『本当にうまいな』大統領は私に言った。『アメリカに帰ったらロシア人の料理人を見つけないといけないな』そう言って微笑んだ。

だが最も異例な出来事が起きたのは、滞在最終日にニクソンからモスクワを案内してほしいと頼まれたときのことだ。料理長の許可が得られたので、ニクソンはボディーガードをひとりだけ連れて私と一緒に出かけたんだ。名所旧蹟は見たがらなかったね。普通の人々がどんなふうに暮らしているかを見たかったんだ。私たちはチェリョームシキ地区〔モスクワの高級住宅地〕に行った。数年前にニクソンはブレジネフと一緒にそこへ行ったことがあったからだ。現地に着くと、ニクソンは地元の市場はどこかと尋ねた――前回の訪問で憶えていたんだな。大勢のお供なしで、ボディーガードひとりと私だけなら、だれにも気づかれずに普通の人々の生活が眺められると思ったのさ。それで私たちはそのチェリョームシキの市場に向かった。

もちろんみんなニクソンに気づいた。群衆が押し寄せて、花や野菜や果物や蜂蜜を差し出してきたので、私はそれを全部抱えて歩くのもやっとだったが、ニクソンは感極まって涙を流していたよ。

ある瞬間、群衆の中からひとりのおばあさんが進み出た。市場に座って、ニンニクやヒマワリの種をいくらか売って年金の足しにしている、そういうお年寄りのひとりだ。そのおばあさんは売り物のヒマワリを丸ごと差し出した。そしてこう言った。『大統領閣下、あたしにはこれしかありません。でもその代わりひとつお願いがあります。あたしは戦争で二人の息子を失くしました。戦争はこの世で起きる最も恐ろしいものです。お願いです、戦争が二度と起こらないよう、どうか全力を尽くしてください』

ヴィクトル・ベリャーエフとリチャード・ニクソン

ニクソンはそのおばあさんを抱きしめ、何か答えたが、この出会いに非常に心を動かされているのは明らかだった。私たちはニクソンが泊まっている邸宅に戻り、私は昼食の支度をしたが、ニクソンは長いこと庭園を散歩しながら、そうしたあれこれに思いをめぐらしていた。

その後、私は別れのウハーを作り、ニクソンは一緒に写真を撮ろうと言ってくれた――そうして帰っていったよ」

7

「寝坊して仕事に遅刻したのは人生で一度だけだが、寝坊するには考えうるかぎり最悪の日だった。なぜならその日私はマーガレット・サッチャーに朝食を作ることになっていたからだ。サッチャーは代表団全員と共にモスクワに来ていて、一行は夜遅くまで起きていたが、朝五時の飛行機で帰国する予定だった。料理長は私にクレムリンのソファで寝てはどうかと言った。でも私はね、ヴィトルト、自分の家じゃないと寝られないんだ。それでお礼だけ言って、クレムリンの車で家まで送ってもらった。仕事場を出たのは午前一時だが、三時半にはまた戻ってこないといけなかった。クレムリンの車を手配して、目覚まし時計をかけた……が、聞こえなかった。

目が覚めたら三時半だった――パニックになった。私は家族全員を、妻と子供たちを不安に陥れた。同居していた母がズボンを履かせてくれて、妻はシャツにアイロンをかけてくれた。私はクレムリンの女性管理人に電話して何があったかを伝え、こう頼んだ。エンドウ豆の缶を開けてくれ、ブリヌィ用に卵を割っておけ、私が着いたときにお湯が沸いているようにやかんを火にかけろ、って言ったんだ。

ところが最悪の事態が待ち受けていた——車だ。一九八〇年代のモスクワ。タクシーはないし、徒歩だとクレムリンまで一時間はかかる。市内を回って職員を拾いながら走っていたクレムリンの送迎車の運転手たちには、待つのは最大三十分という原則があった。その時刻に現れないなら、それはおまえの問題だ。自分の上司の前で説明するんだな。

私は思った——車がまだそこにいる見込みはない。そこで心臓が口から飛び出そうになりながらクレムリンの配車係に電話をかけ、当直が顔なじみの親切なリューバでありますようにとひたすら祈った。

電話に出たのはリューバだった。もう大丈夫だ。

私は叫んだ。

『リューバ、寝過ごした！　そっちにマーガレット・サッチャーがいるんだ、なんとかしてくれ、助けてくれ、朝食を作らなくちゃいけないんだ！』

『ううむ』リューバは言った。『悪くないわね』

そして二台目の車を差し向けてくれた。

シャツを着てネクタイを締め、階段を駆け下りて車に乗り込んだ、するとそこへ……二台目がやって来た。なんと、一台目の運転手が特別に私を待っていてくれたんだ。

そこで私は一台目に乗り込み、二台目がその後ろに続いた。クレムリンの入口で兵士たちが我々に敬礼したので、私も彼らに敬礼を返した——それも笑顔で。歩哨たちは私に目を向けた。

『なんだよ、ヴィクトル、おどかしやがって。どっかの大物が来たかと思ったじゃないか』

『すぐに慣れるさ、君たち』私はそれに答えて言った。『これからはいつもこうやって通うからな』歩哨たちは大笑いした。

それから階段を駆け上がる。ブリヌィ、前菜、チーズ、ソーセージ、ハム、すべてを大急ぎで切った。間一髪で間に合ったよ。

サッチャーもニクソンと同じように厨房にお礼を言いに来た。実際可笑しかったな。というのも、初めてサッチャーが来ることになったとき、他の料理人たちにこう言われたからだ――サッチャーのことは気にするな、我々が作るものなんてどうせ食べないんだから。サッチャーは家に料理人を置いていなくて、食べるものは自分で作っていて、他人が作った料理はまったく口に合わないというんだ。

だから彼女のモスクワでの最初の朝食には何もかも少しずつ作ったんだが、そもそも何も食べないか、フォークで皿をちょっとつつくだけだろうと覚悟していた。二種類のサラダ、カーシャを少し、ハムやソーセージ、トースト、ジャム、ブリヌィを出して、昼食の準備に取りかかった。

十分後、給仕係が空のブリヌィの皿を持ってきたとき、どんなに驚いたことか。

『お代わりをご所望です』と給仕係が言った。

なんてこった、お代わりだって？　何も食べないんじゃなかったのか⁉

パニックになった私は、卵を割り、水、牛乳、小麦粉と混ぜて、手早く我らがブリヌィを焼いた。すぐに二枚出した。給仕係が戻ってきた。

『もっとだそうです』

そのときは確か八枚食べたんじゃないか。それほどお気に召したことに、サッチャーの同行者たちも驚いていたよ。

いちばん大変だったのは、インドやアラブ諸国の代表団が来たときだな。アラブの人たちは、たとえばサダム・フセインなんかは、しばしば自前の料理人を連れてきていた――イスラム教の戒律に則って適切な方法で屠られた動物の肉を使わなくてはならなかったからね。我々にそれはできなかった、どうやってできるっていうんだい。

一方、インド人は我々のところで食事を取った。ところが、ひとりは肉を食べず、もうひとりは魚を食べず、三人目は肉と魚は食べるが、卵は食べない。そのうえ、だれにも牛肉を出してはいけないし、だれに何を出すのか正確に覚えておかなくてはいけない。ベジタリアン料理ですら三つのカテゴリーに分かれていた。これをどう解決すべきか、他の料理人たちと長いこと思案したが、結局うまい方策はなかった――インドの代表団の各メンバー用に別々に作るほかなかったのさ。

インドの代表団が到着したとき、部屋に水とジュースを運んでいった給仕係が困惑して戻ってきたのを憶えてるよ。部屋に入ったら彼らはなんと……逆立ちしてたんだからね。その後、ガンディーは毎日ヨガをするんだと知らされた、それも朝五時から」

8

「外国の代表団が来ないとき、クレムリンでの料理は単調な繰り返しだった。昼食のたびに我々は、魚、肉、野菜を使った十五種類の前菜を用意した。詰め物をしたヒレ肉とか、鶏肉や魚のガランティーヌを作ったな。

だが、クレムリンで特別だったのは料理の盛り付けだ。我々はそれぞれ特別講習を受けた。トマトのバラ、きゅうりの垣根、二十日大根の花――我々は何だって作れたんだよ。

前菜は同じものを週に二度以上出してはいけなかった。魚卵だけは二度出してもよかったが、一度イクラを出したら、次はキャビアでないといけなかった。もちろんアストラハン産の最高級のオオチョウザメかチョウザメの卵だ。アストラハンにはキャビアを獲るための特別な加工工場があってね、各工場にはクレムリンのために働く特別同業組合があった。アストラハンは我々のためにキャビアを作り、ムルマンスクは燻製の魚を、ミコヤン食肉加工工場は、さまざまな種類のソーセージその他の加工肉食品を製造していた。党大会が開かれると、代表団がそれぞれ地元の特産品を携えてきた。ウクライナはソーセージ、バルト三国――リトアニア、ラトビア、エストニア――はスプラット〔ニシン科の小魚〕とニシン、カフカース諸国は羊肉、ブドウ、その他の果物を。でもクレムリンの料理人はロシア出身者ばかりだったな。少数民族出身者はひとりもいた憶えがない。なぜかって？　わからん。きっと我々ロシア人の方が調べやすかったんじゃないか。

　仕事ではもちろん対立することもあったが、みんな度を越さないよう気をつけていた。突飛なことをすれば解雇されるとわかっていたからね。それに、当時こんなにいい仕事はほかになかった、二年でアパートの部屋がもらえて、そのうえクリミアでの休暇が格安、それも贅沢な環境でだよ、あそこにはクレムリンの職員向けの特別な保養所があったんだ。半年に一度、モスクワ中心部にあるデパート〈グム〉の特別部門に行って、配給券で服を買うこともできた。ほかの仕事じゃ思いもよらないことだった。そのうえクレムリンの仕立て屋で外套を誂えることだってできた。スーツも仕立ててくれたし、お望みとあらば、靴屋が靴も作ってくれた。妻と私はすべてそこで誂えたよ。〈ジグリ〉の車も二年待てばよかった。当時クレムリンで働いていない人たちは十年待たされたものだ。だから、だれかが言い争って職を失ったなんていう記憶はないな。

　でも、同僚たちが気まぐれに羽目をはずした一件は憶えているよ。一九八〇年代末の国際女性の日のことだ。女性の同僚たちに贈り物を渡したあと、我々はしばらくクレムリンに残って、何かを飲んだりつまんだりしていた。そういう行為は禁じられていて、料理長からは『一杯ずつ飲んだら帰れ』と言われていた。私のような妻帯者は、本当にグラス一杯だけ飲んで別れた。だが、妻も子もいない若者が四人いて、そこに残っていた。帰り際、私は彼らに言った。『おい、もうすぐ警備司令官が巡回に来る。捕まったら問題になるぞ』『わかってますって、ヴィクトル』四人は答えた。『俺たちもすぐに出ます』

そしてそこを出た。が、クレムリンからは出なかった。

夜七時、クレムリンの扉は閉まっていた。すると突然、塔のどれかから歌声が響き渡った。その声は赤の広場じゅうに聞こえた。四人の男声がロシアのありとあらゆる主要ヒット曲を歌っていた。『カチューシャ』、『モスクワ郊外の夕べ』、それからアーラ・プガチョワや他の有名歌手のレパートリーから何曲か。あいにく、その歌声は観光客だけでなく、クレムリンの警備司令官にも聞こえていた。呼び出された部下たちがクレムリンの周囲を回ってみたが、歌声の出どころはわからなかった。壁の上？　だれもいない。塔の上？　だれもいない。鐘楼の上？　だれもいない！

一時間捜しまわった。連中はどこに行ったと思う？　あそこにはツァーリ・コロコル〔鐘の皇帝の意〕という世界最大の鐘があってね、十八世紀に鐘の一部が欠けてしまった。その欠けた隙間から四人は鐘の中に入って座り込んで、ソーセージやウォツカを並べて歌っていたのさ。だからそんなによく響いたんだな。だから見つからなかったわけだ――鐘の中に座ってたからね。

あいにく四人は解雇された。警備司令官はその後、私にこう語った。あの四人の宴会を見たとき、非常に残念な気持ちになった、というのも自分も喜んで彼らと一緒に腰を下ろして飲んだり歌ったりしたかったから。若者たちはとても楽しそうに宴を開いていた、とね。

だがそれは禁じられていた。クレムリンでは許されなかった」

厨房のドアから

ミハイル・ゴルバチョフはソ連邦を救うためにできるかぎりのことをしたが、運命は明らかに彼の味方ではなかった。

ブレジネフ政権時代に始まった危機は深まる一方で、若き書記長のあらゆる努力はソヴィエト官僚機構の泥沼にはまり込んでしまった。ゴルバチョフは改革を推し進めようと奮闘したが、彼の目指したペレストロイカやグラスノスチを支持する気など毛頭ない頑迷な共産主義者の反対に遭っただけではなかった。多くのソ連国民もまた、ゴルバチョフの行動を理解せず、支持しなかったのだ。

さらにゴルバチョフには、みずから育てたライバル、ボリス・エリツィンもいた。エリツィンは若く有能な党官僚で、ボリシェヴィキが皇帝ニコライ二世一家を銃殺した館の取り壊しを命じたことで名を上げた。ゴルバチョフは当初エリツィンに目をかけていたが、その後は出世を阻もうとした。この両者の間には、ソヴィエト連邦──とそこから残るはずのもの──の支配権をめぐって、すでに死闘が始まっていた。ゴルバチョフには対処すべき問題がまだ足りないといわんばかりに、一九八六年四月二十六日、チェルノブイリ原子力発電所の原子炉の一基が事故を起こした。書記長は同僚に惑わされて最初は軽視し、その後、災害の真の規模を隠蔽しようとした。この悲劇に直面した際の国家の無力さは、ゴルバチョフとソ連国民との間の不信の壁にさらなる煉瓦を積み増した。

世界最大の国家の命運はすでに尽きていた。

第十三の皿　おとぎ話――チェルノブイリの厨房

ヴァラシュのバスターミナル脇の広場に立つと、少なくとも二十年前に戻ったような気がする。広場に敷かれたアスファルトはもう何年も前に溶けていて、でもそうなる前、ここには肘くらいの深さの穴がぼこぼこ開いていた。新しくできた穴ぼこを避けて先へ進むと、大きなプラスティックの桶に入った、地元のスティル川で獲れたナマズ、鯉、ローチ、テンチ〔いずれもコイ科の淡水魚〕が並んでいるのが見えてくる。地方の党幹部がテープカットしたリボンみたいに、のたうつウナギもいる。まだ鰓《えら》が動いているもの、最後の力であえぐもの、数分前には生きていた他の魚の血にまみれたものもいる。どれかが客の目に留まると、売り手は巧みな手さばきで魚の頭に長い包丁を突き刺し、ワタを抜き、鱗を取って、十数秒後にはポリ袋に入れてくれるので、客はさらに買い物を続けることができる。近くのトロスチャネツの食肉加工工場の直営店でソーセージを買おうか？　トルチン産の野菜にする？　それとも生きたガチョウか、鶏か、鳩？

ここには何でもある。

最新型のスマートフォンの画面を修理してもらったり、スカートやズボンを直してもらったり、パンティストッキングの穴を繕ってもらったり、コーヒーを飲んだり、肉入りのチェブレキ〔油で揚げた薄いパイ。クリミア・タタール料理〕

かじゃがいもの具を詰めたパンを食べながら、より良い生活を夢見たりすることもできる。食べ物を売っているのは――ソ連崩壊後、どこでも見かける風景と同じく――スカーフをかぶった老女たちだ。

バスターミナルとして使われている古めかしい建物のそばに数台のタクシーが停まっている。一台目の運転手は流行の革ジャンを着て、どこかのスキーリゾートのロゴ入りキャップをかぶっている。二台目は、古いジャケットにソ連製のもこもこした帽子。どちらかというと二台目に乗りたい、面白い話が聞けそうだから。でも差し当たって列の先頭にいるのは革ジャンの方で、私と一緒にバスを降りた人はだれもタクシー乗り場の方には来ない。

待とう。

正面は市の主要な大通りのひとつ、タラス・シェフチェンコ通りで、通りの左を見ると、立派な高層集合住宅が並んでいる。

右を見る。すると……なんてこった！　振り向いて今度は左を見る。さらにもう一度。

振り向けばバスターミナルの左手遠くにチェルノブイリ原発があるじゃないか。順番に煙突を数える――一本、二本、六本。

いや、チェルノブイリではない。煙突が多すぎる。これは、そこから西におよそ三〇〇キロメートルのところにある双子の妹、リウネ原子力発電所だ。そしてヴァラシュ自体、発電所の膝元で成長した町である。チェルノブイリ原発の膝元でプリピャチ――今日では原発事故を扱ったあらゆるドキュメンタリー映画に登場するゴーストタウン――が成長したように。もし原子力発電所近くの町の暮らしがどんなふうか見たければ、まさにここに来るべきだ。

私はそれ以上待たない。一台目のタクシー、より西欧風の服装をした運転手の車に乗り込む。事故直後のチェルノブイリで料理人をしていた女性たちに会いに行くのだ。

料理人たち

リューバさんは草取りをしていたトマト畑から連れ出された。

ラーヤ〔ライーサの愛称〕さんは、女手ひとつで三人の子を育てていた集合住宅から。

ヴァレンチーナさんは勤務先の店で、その日のうちに行くようにと言われた。そして、あまり楯突くような真似はするなと、すぐさま釘を刺された。どうすればよかったのか？　彼女は行った。

ナースチャさんは医師の診察の順番待ちをしていたときに、人事部で働いていた同僚に言われて知った。「でもわたしは病気休暇中よ」ナースチャさんは驚いた。だが同僚は、それは全然問題ではない、と彼女に言った。

そしてリジヤさんは同じ人事部の部長にこう言われた。「行くか、荷物をまとめて田舎に帰るか、どちらかよ」それで彼女は行った。

オリガさんは二時間泣き続け、どうしたらいいか思案した。生後六か月の子供がいた。子供が何かに感染するのが怖かった。

タチアナさんだけが、自分はチェルノブイリに行って大惨事に立ち向かう人たちのために料理をするのだということを、料理人らしく、大鍋の傍らで知った。

私はこの七人全員と知り合うことができた。

事故直後にチェルノブイリに行った最初の調理師グループに参加した別の八人の女性がどのように集め

られたのかは、もはや知りようがない。全員死亡しているからだ。一人目は家に戻ってすぐ、二人目は数年後に亡くなった。事故から十周年を迎えたあと、三人が死亡した。二十周年を迎える前に一人。あとの二人はその数年後だった。しかも、存命の七人のうち六人は長患いで、ときに数回、ある人に至っては十数回もの、複雑さの度合いもさまざまな手術を受けている。

だが最初から始めよう。ヴォルィーニ〔ウクライナ西部の歴史的地名〕のかつてのヴァラシュ村から。そこには数軒の家が残るばかり。そしていくつかの思い出が。

リューバ

リューバさんはいま六十代、黒っぽいベストをはおり、頭には、種類はわからないが何かの動物の毛皮でできた帽子をかぶっている。私たちはヴァラシュ文化宮殿のそばの小さな喫茶店で会う。リューバさんは、この場所でガチョウが走りまわり、雌牛が草を食んでいたのをいまも憶えている。

「きれいな村でしたよ、ヴァラシュは。父は豚と牛とウサギとアヒルを飼っていました。両親はコルホーズで働いていたけれど、その頃にはソ連は自宅で家畜を飼うことを許可していたんです。

母さんと父さんは十一人の子だくさんでした。わたしは末っ子で、大事にされてぬくぬくと育ちましたよ。みんなにかわいがられてね。わたしが三年生になったとき、父のところに委員会が来て、うちと猫の額ほどの土地を買い取ると言うんです。ヴァラシュに原子力発電所が建設されることになって、うちのあばら家がある場所に原子炉ができるんですって。びっくり仰天しましたよ。原子炉？　発電所？　いったい何のこと？　いまはもう原子力発電所のことはだれでも聞いたことがあるでしょう、チェルノブイリがそれに一役買ったわけだけど、でも当時はまったく目新しいもので、建設が始まったばかりだったの。

父はその提案が気に入らなかった。うちの家族は代々ヴァラシュで暮らしてきた。戦争を生き延び、集団化を乗り越えてきたのに、なぜいまになって急に、家と土地を手放して、それと引き換えに団地に移らなくちゃならないのか？ でも委員会は父を説得しはじめた。いま自分から売らなくても、どのみち将来取り上げられる、なぜならモスクワで書記長がヴァラシュに発電所を建設すべしと決めたからだ、大変申し訳ないけれども、ヴォルィーニの村人たちに、この決定を阻止できる見込みはないのだと。

そこで父は、うちのあばら家と引き換えに、ここに建設される予定の団地に二世帯分の部屋をもらうということで手を打った。半年くらいすると労働者がやって来て、団地が建つと、わたしたちは引っ越したの。両親はふたりとも、まだ建設中だった発電所で仕事に就いた。母さんは掃除婦、父さんは守衛。そしたら突然、父は原子力発電所を熱狂的に支持するようになってしまった！ 母と共稼ぎでコルホーズで働いていた頃の三倍の収入があったし、市民農園を持っていたから、そこでガチョウ、豚、アヒルを数羽、ウサギを何匹か飼いつづけていた。ただ牛はあきらめるしかなかった、放牧する場所がなかったから。

いつも目端が利く人だった父に、ある日こう言われたんです。

『リューバ、おまえ、発電所で料理人として働く気はないか？ 料理するのがいつも好きだったろ。おまえ向きの仕事じゃないか？』

『わかったわ、父さん』わたしは答えた。『でもどうしていま、そんなこと思いついたの？』

すると、父の同僚の娘さんが発電所で料理人として働いていることがわかったんです。そして毎晩、人々の食べ残しを全部バケツに空けて、父親が発電所までトラクターで乗りつけて、自分ちの豚用に持ち帰っているんですって。うちの父も豚の餌をただでもらえたらなって夢見たわけ。

最初はちょっと腹が立ったわよ。わたしのことなんかちっとも考えてない、豚のことばっかりって。それから、ちょっと笑ってしまった。でもしばらくして、発電所で働くのも悪くないかもって思った。わたしは出かけていって仕事に応募しました。その頃、発電所は急速に拡張していたから、次の日には採用されたんです。だからわたしの人生はすべて父さんが豚にやる残飯を欲しがったせいで形作られたというわけ。

そんな生活が何年か続きました。わたしは発電所で調理の仕事をし、夕方になると父がトラクターでやって来て残飯を引き取った。父が最後の豚を屠ったとき、最初の原子炉がもう稼働していたのを憶えてます。肉を運ばなくてもいいように、団地の浴室で近所の人と一緒に解体したんです。ソーセージ、サルツエソン〔豚の胃袋に豚の頭肉やモツを刻んで詰め、煮て固めたもの〕、ハム、全部、母さんとわたしで作りました。外では原子炉が建設中で——そこでいずれ原子が核分裂させられる——その一部始終が窓から見える。浴室では父と近所の人が豚を解体している。

結局、原子炉はうちの土地ではなく別の場所に建ちました。そして、わたしたちの村の名はヴァラシュからクズネツォフスクに変えられました。戦時中ドイツ軍でスパイ活動をしていた、ある共産主義者に敬意を表して。ウクライナが独立してようやく元のヴァラシュに戻したんです」

オリガ

「わたしは生まれてこのかたずっと食が細くてね」オリガさんは言う。

私たちはヴァラシュの正教会から程近いオリガさんの家にいる。オリガさんは冷蔵庫にあるものをすべてテーブルに並べる。プロの調理師にふさわしく、本当にわんさか出てくる。自家製ソーセージとサルツエソン、オリヴィエ・サラダ、魚の燻製、茄子ロール、塩漬けきゅうり、ニンジンの酢漬け、それに加えて、私の持参した自家製ホースラディッシュ酒一瓶。

「母は、わたしがマジパンしか食べなかったって言うけど、それは嘘」オリガさんは笑う。「本当はね、わたしは好き嫌いが激しかったの。もしもその頃わたしが家族の前で、大きくなったら料理人になる、なんて言っていたら、みんな笑って椅子から転げ落ちてたと思うわ。

わたしの町では一九六〇年代に大きな化学コンビナートが建設されたので、学校を卒業したらそこで働きたいと思っていました。でも義理の兄がすでにそこで働いていて、こう言ったんです。『オリガ、あれは化学物質を扱う仕事だ。あそこには何があるかわかったもんじゃない。君は若くてきれいだし、これから子供も持つだろう。あそこには行かない方がいい』

義兄の言うとおりだと思ったので、調理師学校に行ったんです。ところがほら、なんて愚かな人生かしら。化学コンビナートの代わりにチェルノブイリに行き着いてしまったんだから。

でも順番に行きましょう。わたしはイヴァノ＝フランキウシク近くの出で、そこのブルシュティンという町にとてもいい料理学校があった。その学校に行ったんです。わたしたちはいきなり難しいことをやらされました——一か月は理論で、おろし器やらあれやこれやはどんな仕組みか、肉挽き器はどう動くかを学び、その後いきなり、レストラン、バー、食堂で実習なんです。一年も経たないうちに、バスに乗せられ、市外実習に連れていかれました——わたしの故郷の近くの村出身だった親友のナージャとわたしは、ヴァラシュの原子力発電所に行きました。わたしたち二人だけじゃなくて、バスに乗せられた全員が行ったんですけど、ナージャとは特に親しくしていたの。どうしてヴァラシュかって？　わたしはまだ知らなかったんですけど、うちの学校はウクライナにあるすべての原発の管理部と契約を結んでいて、この学校の卒業生はどこの原発でも働いていたんです。もっとも調理師だけじゃなかった。というのもブルシュティンからは、給仕係、パン職人、菓子職人、店員も、各地の店舗やリウネ原子力発電所——これが正式名称——に行っていたし、フメリニツキー、南ウクライナ、ザポリージャの各原子力発電所にも行っていました。

そしてチェルノブイリにも。チェルノブイリで調理の仕事をしていた子をわたしは大勢知っていましたし、給仕係や菓子職人も知っていました。大半は事故の時点でそこにいたか、事故直後に行ったんです。その大半はもう亡くなりました。

実習で使いものになるとわかれば、仕事が与えられ、そこに残れるようになっていました。チェルノブイリが爆発する前の話です。放射線が危険だなんて、だれも知りませんでした。

初めの頃は大変でしたよ。一九八〇年六月一日、わたしたちは集団でここに連れてこられました。割り当てられた寮のベッドは板張りで傾《かし》いでました。周囲にはまだ小さな集落や田舎の小屋があった。原子炉は一基も稼働してなくて、これから稼働する準備をしているところでした。それでも仕事はどっさりあった。二千人の食事の世話をするのに、わたしたちはたったの五人。パンを切れ、ハムを切れ、炒り卵を作れ、片付けろ、そしてまた、昼食用のパンを切れ、スープを作れ、カツレツを揚げろ、片付けろ、夕食も同じ。たとえ五分でも遅刻すると、みんなが不満を示す。あの人たちも楽じゃなかったし、食事の提供が遅れてほしくないからね。

いま原子炉の一基が建っている場所に食堂の厨房があったんです。ナージャとわたしは寮で同じ部屋に住んでいて、毎日一緒に通勤していた。朝食の始まるのが七時ちょうどだったから、朝五時前に起きないといけなかった。わたしたちが働いていたのは七番食堂。一番、七番、八番、九番、十三番は原発の敷地内にあって、ほかは市内にありました。

あるとき仕事のペースについていけなくて、ちょっと外に出て、ボイラー室で居眠りしてしまったことがありました――まだセントラルヒーティングはなくて、わたしたちの部屋の暖房は石炭を使っていたんです。真夜中に目が覚めた。同僚の女の子たちはわたしがどこにいるか知らなかったので、わたしを置いて帰ってしまっていた。窓から外に出ました。どこかの穴に落っこちなかったのが奇蹟よね。

その後、わたしはレストラン〈森の歌〉、ウクライナ語で〈リソヴァ・ピースニャ〉に異動になった。そこではさらに仕事が増えました。日常業務に加えて、結婚披露宴や葬儀、モスクワやキエフ〔現キーウ〕や他の原発からの代表団の到着にも対応していたから。もう明日にも原子炉が稼働するという頃で、そういう訪問がやたらとたくさんあったんです。土曜日だろうと、赤ん坊が泣こうと関係なかった。とにかく出てきて働け。

一九八一年、ついに最初の原子炉が稼働したときのことを憶えています。その日〈森の歌〉で開かれたような、あんな式典はそれまで見たことがなかった。タンクローリー一台分のウォッカが注がれたんじゃないかしら。よかった。うちの管理部と技師たちはそれに値することを成し遂げたんだもの。懸命に働いて、ついに成功を収めたんだから。その日、わたしは同僚の女の子たちと朝四時まで働きました。

翌日わたしたちは委員会に呼ばれました。厨房から一〇キロの肉がなくなっていたんです。

ブレジネフの時代で、経済危機だったから、みんな盗めるものは何でも盗んでいました。料理人は常に批判の的になっていたんです。というのも、家族に料理人がいる者は貧乏にならないという諺《ことわざ》があって、どういうわけか、わたしたち料理人が盗みを働くと思われていたから。

胸に手を当てて言うけど、わたしは何も盗んでいませんよ。たとえそうしたいと思ったとしても、そんな勇気はなかったし――盗めば刑務所行きですから。肉が、チーズが、ハムやソーセージが、野菜が、厨房にどれだけ届いたかは毎日ちゃんと数えられていて、自分が賄いとして食べるには十分でした。

ところが食材が消えた、それは本当よ。とりわけ結婚披露宴のときには。事情を知っている新郎新婦は、常にだれかを厨房に立たせて見張らせていました。さもないと、たとえばスープ用の大きな肉の塊が消え失せてしまうから。すると肉なしでボルシチを作る羽目になる。だれが持ち去ったのか？　わからない。だれの責任か？　料理人！　というわけ。

もっとも、わたしたちみんな、だれが持ち去ったのか、よく知っていました。でもそれを口に出すことはできなかった。だって、わたしたちよりはるかに立場が上の人たちだったから。

その代わり、ヴァラシュの町は最初からとても気に入ったわ。そこは建設中の町で、若者がいっぱいいて、エネルギーにあふれていました。仕事は大変だったけど、若者向けのクラブがあって、週に一度か二度、ダンスパーティーがありました。年がら年中新しい人がやって来て、常に何かが起きていて、みんな仲良しだった。チェルノブイリ原発近くのプリピャチに住んでいる友達がいたんだけど、その子たちも同じような感じだと言っていたわ。ソヴィエト連邦の他の町では得られない可能性があった――肉も魚も果物もある、品揃え豊富な店。みんな稼ぎはよかったし。確かにソ連の平均を上回っていたわね。

そういう場所には特定のタイプの人たちがやって来た。最も意気盛んな人たち。最も怖いもの知らずの人たちが」

ラーヤ

「チェルノブイリで何かまずいことが起きていると、もう事故当日からみんな言いはじめていました。わたしたちはチェルノブイリと緊密につながっていたんです。あそこの調理師たちはうちに研修に来ていました。技師たちもチェルノブイリからしょっちゅうこちらに来てました。二つの発電所は姉妹関係にあって、互いに近しい関係だったから、連絡がないなんてことはあり得ませんでした。

でも最初は何かたわいもないことだった。チェルノブイリに住んでいる娘に電話がつながらない。知り合いと連絡が取れない。何かが聞こえたんだけど、何なのかわからない、とか。

それでも、オリガが出勤してくるなり、イヴァノ＝フランキウシクから電話があって、そっちは大丈夫かと訊かれたと言っていたのを憶えているわ。オリガの義理のお兄さんは政治に関わっていて、ラジオ・スヴォボダ〔自由欧州放送〕を聞いていたら、ウクライナの原子力発電所で恐ろしい事故があったと伝えていたんですって。わたしたちはきゅうりの樽に目をやりました——うちの原発の煙突をそう呼んでるんです——ああ、その事故はうちじゃないわねと思いました。それから仕事に戻りました。そんなに深刻な事態だとは思いもせずに。

数日後の五月一日にはメーデーのパレードがあって、何事もなかったかのようにみんなパレードに参加しました。何年も経ってから、その時点ですでに何か知っている人がいたと人々が認めはじめたんですけど。でもその人はほかの人たちに言わなかった。なぜなら偽情報を広めたとして告発されかねなかったし、そうなれば起訴される恐れがあったから。ヴァラシュは特に重要な意味を持つ閉鎖都市でした。情報漏洩があると吹聴しただけで刑務所に入れられる可能性があったんです。

五月一日以降、事態は急速に進みました。料理をする人がいなかったので、調理師を連れてくる必要があった。当たり前のことです。軍隊が出動すれば、調理師も真っ先に出動するんです。

当時わたしには三人の子がいました。六年生の娘ゾイカ、四年生の息子イヴァン、一年生の小さいアリョンカ。同僚の大半の女の子たちと同じく、わたしも〈森の歌〉で働いていましたが、人事部長から電話があって、発電所に行くよう言われました——うちのレストランは原発の人事部の管轄下にあったので。

それで行ってみると、人事部長にこう言われました、荷造りをしてください、明日、事故を起こした原子炉の後処理の応援に行ってもらいますから、と。わたしはそれに対してこう言った。調理師のわたしが原子炉の事故と何の関係があるんです？　その上に横たわれとでも？　毛布をかけたりするんですか？　それとも鍋をかぶせるとか？　それがまずひとつ、第二に、わたしには三人の子がいて、ひとりで育てています。夫が出ていってしまって、子供たちの世話をしてくれそうな人もいません、と。

人事部長は肩をすくめた。そして、ゾイカはもう十二歳なんだから下の子の世話はできるでしょ、と言ったのよ。

最初はね、ヴィトルト、こんなのばかげてると思ったわ。あんな小さなわたしのゾイカに家事を任せるなんて。でもその後そうなった。そしてゾイカは何もかもひとりでやりこなしたのよ。料理も、洗濯も、下の子たちを学校に送り出すのも。

あとになって、ほかの原発で働いていた同僚たちから聞いて知ったんだけど——ウクライナには原発が五か所にあって、わたしたちはみんな顔見知りだったの——その最初の応援に、幼い子供がいる女性を派遣したのは、うちの原発だけだったそうよ。女手ひとつで子供を育てていたのは、おそらくわたしだけだったはず。人事部長はわたしのことが気に食わなかったから、それできっとこんな贈り物を寄越したんでしょうね。

その最初の十五人のグループに〈森の歌〉から何人か、原発または市内のどこかの食堂から何人かが集められたんです。わたしたちは皆、顔見知りでした。ヴァラシュは大きな町ではないので、料理人は必ず他の料理人と知り合いになるんです。

バスに乗っている間ずっと、わたしたちは歌っていました。だれかがコニャックを一本持っていたので、わたしたちは景気づけに一杯やりました。そして極力、窓の外を見ないようにしていたんです。窓の外は黙示録のような有り様だったから。森は焼け焦げていました。その黒焦げになった森の中に牛たちが立って哀れな声で鳴いていたの。人々はそこから連れ出されていて、乳搾りをする者がいなかったから。何頭か地面に横たわっていました。おそらく死んでいたんでしょうね。

わたしたちは人けのない村々を通り過ぎました。そこには野菜でいっぱいの菜園や、白樺の樹液が入った瓶や、養蜂場、蜜蜂、蜂蜜がありました。バスを停めて全部回収しましょうと頼んだくらいです。でも停車はできなかった。禁止されていたんです。

人類がいなくなった世界。奇妙な感じでした。ほんの数日前には、何かの計画や夢や仕事があって、三人の子がいた。国中の何百万もの人たちと同じように、ありきたりの問題を抱えていた。ところが突然、その三日後か四日後には、奇妙な土地を通って、何が待ち受けているのかわからない場所に向かっている。そして、戻ってこられるかどうかもわからない。

いまでもときどき路上で屠られに行く牛を乗せた車とすれ違うと、あのとき運ばれていったわたしたちも同じだったんだなあと思う。そんなときはいつもこう思うのよ。哀れな生き物たちよ、どこへ運ばれていくのか、わかっていないのねって」

リューバ

「わたしたちはうちのレストランの前でバスに乗せられました。そのバスでラファリウカに連れていかれたの、ここから四キロメートルのところで、鉄道が通ってる。そこでわたしたちの作業班長ヴァレンチーナ・チモフェーエヴナ・サヴィツカヤに引き合わされました。おはようございます、おはようございます、全員が彼女のことを知っていた、発電所近くの店の店長だったから。最初から彼女はわたしたちにいい印象を与えました。他人《ひと》のためなら何でもしてくれる人でしたよ。何か不都合があると言えば、ヴァーリャ〔ヴァレンチーナの愛称〕がすぐに駆けつけて改善しようとしてくれるんです。何か困っているの？　って。ヴァーリャは夜も眠らずに、どうやって助けようかと考えてくれる人でした。

ラファリウカでキエフ行きの夜行列車に乗って、キエフで朝食が出て、それからボートに乗せられて、そのボートでチェルノブイリへ向かいました。ボートを降りて、さらにもう少し歩いて、最後のバスに乗ると、もう目的地でした。

そのときたった一度だけ原子炉を見たんです。そのときはまだ燃えていて、もうもうと煙が上がっていた。ひどい眺めだったわ。その後わたしたちはひと月の間、森の中にいたから、原子炉は木々に隠れて見えなかった。

わたしたちは森の真ん中にある、かつてのピオネール・キャンプに連れていかれました。〈おとぎ話〉という名前だった。すてきじゃない？　ヴァーリャはわたしたちに早く寝るように言いました。朝は六時起床だからって。でもわたしたちはずいぶん長いこと眠れませんでした。その後四時にはもう兵士たちに起こされた。どうしてこんなに早く？　わたしたちの同僚のせいだったの。最初の二日間、そこには別の発電所から調理師が来ていました。彼女たちが朝食を準備して、わたしたちに厨房、冷蔵室、取水口を見せて、備品の説明をして、十二時に帰ることになっていた。ところがわたしたちを待たずに、真夜中に森を抜けて逃げてしまったのよ。

そのときはその子たちに腹が立ったわ、だってわたしたちが全部やる羽目になったから。どうしてそんな真似ができるのか理解できなかった。

いまはただ彼女たちを気の毒に思ってる。森の中はいちばん放射線量が高かった。命が助かりたい一心だったんだろうけど、いま生きている人はきっとひとりもいないわ」

ヴァレンチーナ

「あの音は一生忘れない。ときどき夢に見るんです、わたしはまた〈おとぎ話〉にいて、またあの音が聞こえるのを。

でも順番に行きましょう。原発内の厨房と店舗を管轄下に置くＯＲＳ、〈労働者供給局〉〔ソ連の国営小売企業組織〕は、わたしを作業班長、調理師グループの責任者に指名した。やりたくなかったわよ、だってこれまで店でしか働いたことがなくて、厨房で働いたことなんてなかったし、それにとんでもない激務になるとわかっていたから。でもわたしが所属していた党細胞の議長は、わたしの野心につけこんで、こう言った。

『ヴァーリャ、わたしたち党員でなければ、いったいだれがやるの？』

党を持ち出せば、わたしが同意するってわかってたのよ。わたしは心から共産主義を信奉していて、他人のために何かしようとしょっちゅう走り回っていたから。当時は党がわたしの人生のすべてだった。党が解体されたことは、いまでも受け入れられません。
　党細胞議長本人が行かなかったことは、また別の話。我が最愛の党もすでに、あらゆることを美しい言葉で語りはしても、その言葉をみずから実践するつもりはない人たちばかりだった。そして、党があんなにあっけなく解体したのは、何よりも彼女のような人たちのせいなのよ。
　わたしたちが到着したとき、何もかも同僚たちが言っていたとおりだった。牛や鶏が森の中を走りまわり、いたるところに軍隊がいて、わたしたちの前にザポリージャ原子力発電所から来ていた女の子たちは森を抜けて逃げてしまっていた。わたしたちは放射線を測定する線量計を与えられて周囲を調べた。どこにあって、どこにないのか、よし、そんなに悪くないわ、寝ましょう。わたしがもう横になって眠ろうとしていたとき、突然女の子のひとり、アンナ・ジミトローヴナが大声で叫ぶのよ。『どうしたの?』ってわたしは訊いた。どうやら女の子たちはふざけて線量計で遊びながら、周囲の物を測りはじめていたのね。するとわたしたちが寝ようとしていた布団の上で、針が振り切れた。ベッドの上も同じ。少しだけましだったのは浴室のシャワーの下。わたしが線量計を手にして布団に近づけてみると、ジジジジジジジジと鳴る。枕も同じ。タオル、ベッドの枠、マットレスも。するとアンナがわたしに言った。『ヴァレンチーナ、わたしはここでは寝ないわ、危険かもしれない』
　そのときわたしは、おそらく人生で最も愚かな決断を下した。あなたたちは好きにしなさい、わたしはもう寝るわ、と言ったんです。わたしは放射線量の高いマットレスに横になり、放射線量の高い布団を頭からかぶって寝入った。そのうえアンナ・ジミトローヴナのことを悪く思っていたのを憶えてるわ。若いくせに生意気な口を利くじゃないって。

わたしが横になるのを見て、女の子たちも横になった。アンナがいちばん長くためらっていたけれど、わたしたち全員が寝てしまった以上、ほかにどうしようもなかった。結局、彼女も横になった。

いまならわかる、あの寝具であの子たちを寝かせるべきじゃなかった。わたしは行って、大声を上げて、あの子たちの健康のために、彼女たちのために戦うべきだった、だってアンナ・ジミトローヴナは当時まだ十八歳だったのよ！

そして今日、アンナ・ジミトローヴナはもうこの世にいない。チェルノブイリの事故の十数年後に亡くなったわ。わたしを恨んでいたかどうかはわからない。あの夜のことも、あの線量計のことも二度と話さなかったから。わたしはただ自分の愚かさを心の中で呪い、こう言い訳することしかできない——作業班長だったとはいえ、わたしは若くて愚かだった、あの過ちの付けをわたしも自分の健康を損なうことで払っているのだと。

翌日、わたしたちは朝四時に仕事を始めた。それもいきなりフル回転でね、というのも例の女の子たちが逃げたあとがひどい散らかりようだったから。流しには洗ってない皿が溜まっていたし、大鍋も汚れていたし、床は箒で掃いて水拭きしないといけなかった。それからようやく朝食の支度に取りかかった。作業班長として仕事のペースを決めなくちゃいけないとわかっていたから、だれよりもすばやくてきぱきと働いたわ。そのうえみんなに微笑みかけたり目配せしたりした。こういう状況で作業班長が文句を言いはじめたり座り込んだりしたら終わり。みんながその横に腰を下ろして、もう仕事どころじゃなくなる。

六時十五分前には用意万端とととのっていた。オリガとナージャ、仲のいい二人を配膳に行かせた。二人はこんなすてきなコックの帽をかぶっていたわ。配膳台のそばに、わたしたちヴァラシュORSの名称とこんな文句を書いた看板を掲げたの。『皆さんようこそ、おいしい食事を召し上がれ』。そして、多少絵心のあったオリガが、花と雄鶏の絵を描き足した。

六時七分前、よく憶えているけど、最初のリクヴィダートル〔チェルノブイリ原発事故の処理作業に従事した人〕たち――または、当時わたしたちが最初のお客さんと呼ぶようにしていた人たち――がやって来た。

すると突然、出し抜けに、作業員たちがすっかり入ってこないうちに、またもやあのすさまじいジジジジジジジジジという音が聞こえた。

食堂の入口にも線量計、ガイガーカウンターがあることがわかった。そしてその線量計が、わたしたちの布団に当てたときと同じように鳴りはじめた。ジジジジジジジジジジ、ジジジジジジジジジ、ジジジジジジジジジジジジ、ジジジジジジジジジ、ジジジジジジジジジジ。

次から次へと人が入ってきて、わたしたちの方に向かって歩いてくると、オリガとナージャから料理を受け取っていき、その音は溶け合って、ひとつの大きな終わりのないジジジになった。

チェルノブイリからわたしたちの食堂に来た人たちは、わたしたちの寝具やタオルと同じく放射線量が高かった。彼らは発電所からまっすぐそこに来ていた。放射線源の最も近くにいた人たち、原子炉のすぐそばで働いていた人たちよ。

恐ろしい音だった。

わたしたちはその音を朝から晩まで、食堂の掃除をすることになっていた二時間の休みを挟んで聞きつづけた。

ところが三日後に線量計が消えた。いつどのようにかは知らないけれど、ある日わたしたちが食堂に来るとなくなっていた。最初は、だれかに盗まれたんだと思った。あそこでは当時すでに――言うのも恥ずかしいことだけど、でもこの目で見たの――線量計を手に入れて副収入を得ようとしていた人もいたのよね。でもその後、近くに駐屯していた兵士たちから、わたしたちも線量計を引き渡すようにと言われたわ。そういう命令を受けたのね。放射線というのはまったくもって安全なように思える。目に見えないし、においもないし、最初のうちは害を及ぼさない。どうしてわざわざ放射線を浴びていることを思い出させて人々を怖がらせたりするのか？

きっとそう考えた人がいたのね」

オリガ

「ヴァレンチーナ・チモフェーエヴナは、わたしとナージャ、ブルシュティンの調理師学校時代からの親友を配膳に立たせました。そして、ここではだれもが懸命に働いていて、だれもが困難な状況下にいる、ここにいる人たちの大半にとって食事は一日のうちで唯一楽しい瞬間なんだということを教えてくれたんです。あの人たちがこの先も仕事を続ける力をここで得られるように、わたしたちはできるかぎりのことをしなくてはならないと。

ヴァーリャがわたしを配膳係にしたのは、わたしがいつもいちばんよく笑っていたから。理由があろうとなかろうと、めそめそするのは嫌というのがわたしの性分なので。ブロンドの若い娘がにこにこしていれば、みんな楽しい気分になれる――我らがヴァーリャはそう考えたんです。ナージャとわたしを一緒にしたのは、わたしたちが仲良しで、二人一緒ならたくさん冗談を言うだろうって知っていたから。

あそこですべてを監視していた兵士たちに作業服と防護マスクと線量計を渡されました。服は一日二回着替えるよう指示されて──脱いだ服はすぐに廃棄物として回収されました──マスクははずしてはいけなかった。

最初の三十分間、わたしたちは律儀にマスクをつけて働いていました。でもそれ以上は無理──マスクをしていると息ができなかった。わたしはその後一度もマスクをつけなかった。

その最初の日、わたしはパンを焼いて、それからパンを切って、テーブルに花を飾ったり、ナプキンを折って見栄えをよくしたりしました。それから、六時十五分前になると、ココシニクというすてきなコック帽をかぶって、その日会うことになる人たちにもわたしの気分が伝わるようにと何か楽しいことを考えて、ナージャと一緒に配膳口に立ちました。

ひとつ言っておくとね、ヴィトルト。いい料理人になるには敏感でないといけないの。感受性がない人は共感する力もないし、おいしい料理を作ることなんてできないのよ。いい料理人というのは他人《ひと》の気分を察するものなの。だから料理人にはほかの人に見えないものがたくさん見えるのよ。わたしは初日にもう非常にまずい状況だってことがわかった。話に聞いていたよりはるかに悪いって。というのも当時人々はまだ、原発でよく起こる些細な事故に過ぎないと言っていたの。でも、原子炉のすぐ近くからわたしたちの食堂に来たあの兵士たちを目にしたとき、それが嘘だとわかった。実際は悲惨なんだと。

料理はとてもおいしくできた。初日だったからがんばって作ったのよ。でもたとえ炒り卵や燕麦のカーシャが口に合わなくても、テーブルにはいつもチョコレートや果物がたくさんあった。自分の家でそれだけのものを見たことがある人は少なかったと思うけど、作業員たちは見向きもしなかった。ただ喉が渇いていた。それだけ。

彼らは燃えていたのよ、ヴィトルト。内側から燃えていたの。コンポートを三杯も四杯も飲んで、さらにお代わりを頼んだ。何も食べようとしなくて、チョコレートなんか見向きもしなかった。ただただ飲んで飲みまくっていた。わたしやわたしがかぶっていたココシニクなんか、だれも見ていなかったことは言うまでもないわね。

あの人たちは、あのときすでに死にかけていたのよ」

ヴァレンチーナ

「人生でチェルノブイリにいたときほど懸命に働いたことはなかったわね。

夜中の三時に一日が始まった。あの頃は食料の調達に出かけていたから。何を買うにも自分で行ったわ、だってどの用紙にもわたしが署名する欄があって、バター一個でもなくなれば窃盗罪で告訴される可能性があったから。それにわたしをあの仕事に指名してくれたのは正解だった。というのもわたしは少々図々しいところがあって、食料調達担当者というのはそうあるべきだから。こっちで行列に割り込み、そっちで尋ね、あっちでだれかと楽しくおしゃべりする、でもそのついでに何かを手配できるようにね。以前ヴァラシュの店で同じ仕事をしていたから、特に困ったことはなかったわね。一度、五月九日の戦勝記念日の前に、うちの従業員用にビールを買いに行かされたことがあったんだけど、ルーツィクの倉庫の管理責任者から工場が停止していてビールが届かないと言われた。わたしはこう言ってやった。好きにすれば、でもわたしたちが作っている電力がなければ、ビール工場はビールを製造できないし、あんたも倉庫を開けないのよ。わたしたちの町の人々がビールをもらえなかったら、何が起きるかは想像したくないわってね。

そうやって大見得を切ったおかげで、この地域で退役軍人のためにビールを用意できたのはわたしたちのところだけだったのよ。

わたしの上司たちはまさにこういう手腕を期待して、わたしを〈おとぎ話〉の調理師の班長——兼食料調達責任者——にしたというわけ。楽じゃないことは承知の上で。そして、だれかがそれに対処しなくちゃいけないいなら、それはわたし以外にいなかった。

そんなわけで、毎日プリピャチ近くの物流基地に食料を調達しに出かけた——大型トラックを運転してそこへ行って、野菜、果物、チーズ、牛乳、パンを買ったものよ。ここではわたしの大言壮語の才能の出る幕はなかった。当時わたしが働いていたような食堂は三つあって、荷物を積み込める車は三台しかなかった。でも国はチェルノブイリを優先事項として扱っていたから、物流基地にはとても豊富に物資が供給されていて、何も待つ必要はなくて、何もかもあっという間に揃った。

でも週に一度、追加のトラックを借りて、肉、ハムやソーセージ、小麦粉、パスタを調達しにキエフに行った。そこでもう問題が起きた。というのも、わたしは放射線量の高い地域から来ていて、自分自身も放射性物質を浴びていたのに、市内の食堂やレストランの食材調達担当者が並ぶのと同じ基地に案内されていたのね。何もかも問題なく進んだから、特に大騒ぎもせず、ただ他のみんなと一緒に並んで待っていた。ところが三週目に奇妙なことが起きた。わたしが着くと、ほかの運転手たちが道をふさいで基地に通そうとしなかった。どうなっているのか聞こうとトラックを降りると、みんなが口々に悪口雑言を浴びせてきて、てめえはてめえのチェルノブイリに帰りやがれ、俺たちにうつすな、と言うのが聞こえた。

わたしのチェルノブイリ?

『皆さん』わたしは言った。『わたしはあそこの出身ですらないんです！　火事を消すのを手伝ってるんです、でないとみんな死んでしまうんですよ、わたしも、あなたも』

でもあの人たちは聞く耳を持たなかった。

わたしは経理部に行って、他の運転手たちがわたしを通してくれないと訴えた。運転手たちのことはなんとかすると言われたけれど、わたしはこう言った。

『聞いてください、人々には恐れる権利があります。わたしの前には、幼稚園に牛乳を運ぶ小型トラックが停まっていました。わたしがその牛乳に放射線を浴びせないと、あの人たちはどうやって知ることができるというの？』

『じゃあ我々はどうすればいいんです？』と訊かれたわ。

『別の入口から通してください、行列に並ばずに済むように』

それ以降ずっとそうしてもらえた。その後は一度も待たなかった。そして入口ではだれにも会わなかった。気まずかったかって？　ヴィトルト、わたしはいつも仕事は仕事として取り組んできたわ、感情的にではなく。列に並ばなくて済むようになって喜んだくらいよ」

オリガ

「〈おとぎ話〉には医療拠点があって、そこにロシアから年寄りの医者が来ていて、わたしたちのだれかが病気になったり、健康上の問題を抱えていたりしたときに助けてくれることになっていたんですけど、わたしはもう初日からひどいアレルギーが始まってしまって。喉は痛いし、鼻水は出るし、目から涙が止まらない。そんなふうにわたしの体は放射線に反応していたんです。それでその医者のところに通って目薬をもらってました。

　その先生、アレクサンドル・ヨシポヴィチはもう引退したお医者さんで、医師として勤務していたのは第二次世界大戦中のことだった。チェルノブイリでの勤務に志願したのは、ソ連の原爆に関する秘密実験に関わっていて、放射能についての知識があったかららしいです。先生はわたしたちを助けるのが自分の義務だと考えていたけれど、司令部は先生をどう扱えばいいかよくわからなかったので、調理師担当に割り当てたようです。先生はそこで起きていたすべてを見て取ると、首を横に振った。だれとも話をせず、ただしょっちゅうどこかに電話をかけていた。わたしたちはみんな変だなと思っていたけれど、年寄りというのはよく奇妙な振る舞いをするものだから気にする必要はないと考えていたんです。

　でもある日、また目薬をもらいに行ったとき、わたしは先生にこう尋ねてみました。

『アレクサンドル・ヨシポヴィチ』わたしは言いました。『先生は悲しそうですね。食堂にいらっしゃらないし、食事時にもお見かけしません。何かあったのですか？　なんとかうまくいきそうですか？』

すると先生はまるで幽霊でも見たかのようにわたしを見つめた。そしてこう言ったんです。

『十年だよ。十年。そうしたら、あなたがたはひとりもいなくなる』

背筋がぞっとしたわ。それでもわたしはさらに尋ねました。

『なぜそう思われるのですか、アレクサンドル・ヨシポヴィチ？』

先生はそれに対してこう答えました。

『ここの人たちはだれも原子がいかに強力なものか理解していない。ヒロシマの話を聞いたことはあるかね？　私は現地に行って、苦しみながら死んでいく人たちを見た。体の一部が変形して生まれてくる子たちを見た〔実際には原爆の放射線による遺伝的影響は観察されていない――訳註〕。でもこれはヒロシマよりはるかにひどい』

わたしは泣きながらそこから駆けだし、また先生のところに行くのが怖くなってしまった。次に目薬をもらいに行くまでの二日間、目の症状に悩まされました。

一週間後、アレクサンドル・ヨシポヴィチ先生はもうわたしたちのところにはいなかった。その代わり、放射能について何も知らない陽気な若い看護師が派遣されてきて、その看護師はわたしたちが不安に思っているあらゆることに対して、手を洗うこと、一日二回シャワーを浴びること、と指示しました。

当時、あの老先生は自殺したのだと言う人もいたんです。この状況がどこへ向かい、どんなふうに終わるのか、わたしたちの中で唯一知っていた先生はそれに耐えられなかったのだと。でもわたしは、もっと悪いことを考えていました。きっと軍に連行され、ロシアに送還されたんだと、言ってはいけないことを言いはじめたから。わたしにああ言ったのだから、きっと他の人たちにも話していたんでしょう。当局としては、わたしたちが何も知らずに働いている方がよかったんです。

でも、わたしたちはまだだれもそのことを知らなかった。先生がいなくなったのと同じ頃、ヴァラシュの顔見知りの人たちが食堂に来るようになったのを憶えています。調理師だけでなく、技師や消防士、一般の建設作業員もヴァラシュから連れてこられるようになったんです。建設作業員のコーリャという名の若者が、わたしを見てこう言いました。

『やあ、オーレンカ〔オリガの愛称〕、君も死ぬためにここに送られたの?』

そんなこと言うもんじゃないわよと叱りつけました。だれもここでは死なないのだから、と。わたしには夫と幼い子供がいる、生きる理由があるのよ。

コーリャはかすかに微笑んで謝った。そしてこう言いました。

『オリガ、君はここ、森の中にいて、何も知らないんだね』

そしてコンポートを飲みに行ってしまいました」

ヴァレンチーナ

「気まずくなったことは一度だけある。

チェルノブイリで働く人たちのために、ときどきコンサートが催されていた。何人ものアーティストに断られていたんだけど——当時わたしたちはそのことを知らなかった——でも何人か本当に有名で人気のあるアーティストが、あそこで働く人々のために歌いに来てくれたのよ。

そうした初期のコンサートのひとつに、わたしが大ファンだった歌手がモスクワから呼ばれてきたのね。その人の曲が流れているときに夫と知り合ったし、当時その歌手はわたしにとって大切な存在だった。でもね、ヴィトルト、その歌手の名前は言いたくないの、だれかを非難するという話ではないから。ともかくあの歌手たちは立入禁止区域にやって来るだけの勇気を示したんだもの。だからわたしがどう感じたかだけを話すわね。

コンサートの前日、だれがわたしの仕事を代わりに引き受けてくれるか、女の子たちと話し合って決めた。それはわたしにとって特別な祝日みたいなものだったから。その日だけ三時間、仕事を休ませてもらうことにしたの。コンサートの当日、わたしは女の子のひとりから口紅を借りて、よそ行きの服を着た。二日前にキエフに行ったとき、きれいな花束を買ってあった。わたしに買えたいちばん美しい花束をね。

わたしたちは四人でコンサートに出かけた。配膳の作業は休みなく続いていたから、その他の子たちは残って仕事をする羽目になった。わたしはその花束を持って最前列に座って、いつになく感動し、幸せな気分だった。

そしてコンサートが終わると、だれの許可も求めずに花束を持って舞台に上がり、大好きな歌手の方へ向かっていったの。近づきながらもう遠くから話しかけていた——おしゃべりはいつも得意だったから——わたしたちはちょっと変わった状況下でお会いしていますけど、でもこうでもなければ会えなかったでしょうね、あなたの歌は人生のいちばん大切な瞬間にわたしと共にあるんです。だんだん近づいていくと、その歌手はわたしを見た、でも何か変だったの、ヴィトルト。わたしの大好きなアーティストは、喜んだり、感謝したり、たとえ社交辞令でも、たとえ追い払うためであっても、二言三言口にする代わりに、後ずさりしはじめた。まるでわたしがハンセン病患者であるかのように逃げたのよ。

そして突然わたしは、自分は本当にハンセン病患者のような存在なのだと気づいた。わたしは危険な存在なんだ、放射線を浴びているんだと。わたしに触れたり、わたしから花をもらったり、わたしを抱きしめたりする人は病気になったり死んだりする可能性もあるんだと。

どうしてそうなったの？　いつ？　なぜ？

そのときだれか男の人がわたしに駆け寄ってきて、その場をおさめようとし、花束を床に置くようにと言った。アーティストは大変喜んでおりますが、残念ながら、人から何かをもらうことは禁じられています、上からの命令です、ご理解ください、って。でもわたしはもう、ヴィトルト、聞いていなかった。

あのとき人生で初めてというくらい泣いたわ。でも誤解してほしくないんだけど、あの歌手に恨みはないの。その後、新聞で、彼らも強制的に行かされていた、彼らも怖かったのだと書かれた記事を読んだ。そして彼らにも怖がる権利があった——わたしはそのことをどうこう言ったりはしない。有名な歌手のアーラ・プガチョワはリクヴィダートルたちと親交を結び、サインをし、贈り物も受け取っていたそうだけど、その後子供を産まなかったし、いまも甲状腺の病気を患っている――ロシアの新聞で読んだことの受け売りだけど。

でもその日、わたしの中で何かがぷつんと切れた。長いこと立ち直れなかった。女の子たちは慰めようとしてくれたけど、わたしは自分の身に何が起きたのか説明することさえできなかった。

翌日になると、わたしのプロ意識が勝利を収め、気を取り直して食材の調達に出かけた。でもあの歌手の曲はいまでも聴くことができない。テレビに映るとチャンネルを変えなくちゃいけない、以前はわたしにとってあんなに大切な存在だったのに。

チェルノブイリはわたしの健康を損なっただけじゃない。わたしの思い出まで壊したのよ」

リューバ

「さてと、そろそろ食べ物の話をする頃合いじゃないかしら?

ひとつ言っておくとね、ヴィトルト。わたしは料理人だったけど、その前に原発でも働いたし、いいレストランでも働いていたけど、チェルノブイリで見たほどたくさんのいい食べ物を人生で一度も見たことがなかった。まるで国が、あんなひどい場所に送り込んだ人たちに、その埋め合わせをしようとしたみたいだった。おまえらは死ね、だがその前に食っておけ、と。

あそこには山のような食材があった。角切りのバター、水で薄めていないスメタナ――可笑しく聞こえるけど、ゴルバチョフの時代にはめったにお目にかかれない贅沢品だった――それからイチゴ、スグリ、ツルコケモモ〔クランベリー〕のコンポート、それにモルス〔リンゴンベリーやクランベリーで作る飲料〕というソ連の飲み物は必須ね。食べ物は――ゼリー寄せ、肉、ハム、ソーセージ、海水魚、淡水魚、燻製でも焼いたのでもお好みで。さらにスイカ、メロン、オレンジ、アゼルバイジャン産のザクロなど、ありとあらゆる果物があった。ある男性がイタリアから親切にも車両二台分のレモンを送ってくれたので、わたしたちは毎日レモネードを作ったのよ。

献立は食品技術者たちが適切なカロリー量を考慮して作成したものだった。それを調理したわけ。グヤーシュ、サラダ、コンポート、重ね焼き、スィルニキ、肉巻き。スープは、エンドウ豆のスープ、蕎麦の実のスープ、ウクライナ風ボルシチ、ロシア風ボルシチ、もちろんどれも肉が入っていた、力をつけるには欠かせないから。時間と気力があるときはブリヌィやパンを焼いたりもした。

めいめいがカップ一杯のスメタナももらっていたわね――カルシウムが放射線に効くという話だったので、あそこにはトヴァロークやその他のチーズもたくさんあった。それでも、いちばん効果があるのはウォツカだとみんな信じていた。わたし自身も放射線に効くと思い込んでいたから、あまりお酒は飲めない方だけど、毎日仕事前に頑張って五〇ミリリットル飲み干していたの。

お好みの種類のジュースもふんだんにあったし、あれだけ大量のチョコレートはそれ以来見たためしがない。

でも、さっきオリガが言ったように、作業員たちは特に進んで食べようとはしなかった。チョコレートですら。『食べないなら持って帰ってお子さんにあげたら』と作業員のひとりに言うと、その人はわたしをこんな目つきで見たので、わたしはすぐに理解したわ。ここからチョコレートを持ち帰ることはできないし、もちろん子供にやることもできないのだと。作業員たちはそれをわたしたちにくれて、わたしたちはそれを近くの道路に検問所を設けていた民警にあげた。わたしたちも家に持ち帰りたくなかったの。その後だれかがそれを買い取って、キエフの市場で売っていたという話よ——もちろん、どこから持ってきたかは言わずにね。

わたしたちの食堂からさほど遠くない、似たようなピオネール・キャンプでも徐々に他の食堂が営業を始めると、ヴァレンチーナはそうした食堂と競い合おうと考えた。わたしたちは全員集まって、自分たちに何ができるか、人々が何を必要としているかを話し合った。そして、こんなことを思いついた——食堂にテーブルを並べて、そこに体にいいありとあらゆる食べ物を置いて、デザートを自分で取れるようにすると同時に目で楽しんでもらう。あの人たちを何とか慰めたいと思ったの、そりゃ楽じゃないことはわかっていたけど、でもあんなひどいときでも人はちゃんと食べれば、せめて一時でも気分がよくなるものなのよ。

そして実際、食堂にテーブルを三つ並べて、それを〈ビタミン・テーブル〉と名付け、毎日できるだけ美しく見えるようにすることがわたしたちの誇りとなった。そこにないものはなかったわ！　ラーヤは砂糖水に浸した小玉ねぎでバラを作って、とてもきれいだった。わたしはニンジンを切って花を作った。そのほかに背中がリンゴのピクルスでできたハリネズミもいたのよ。その隣には、大きな魔法瓶にシベリア産ハーブで淹れた消化にいいお茶が入っていた。どれも清潔で新鮮でおいしかったのよ。

わたしたちは、手の皮膚が剝け、目がひりひりするまで働いた。わたしは一度、あまりにも眠くて、靴も履かずに出勤したことがある。でも、わたしたちの食堂に来た人はみんな満足して帰っていった」

ラーヤ

「しばらくすると仕事が回らなくなってきて、わたしたちの作業班には何人かの料理係と助手が加わった。中には感じのいい働き者の女の子もいたけど。でも、とにかくお金を稼ぎたいというちゃっかり者もいたのよ――チェルノブイリでは通常の五割増しの給料がもらえて、もともと原発では給料はよかったから、キエフやどこかの地方から来た料理人にとってはずいぶんいい稼ぎになった――それでいてその子たちは一生懸命働く気はなかった。スープを作らなくちゃいけないの？――その子は作り方を知らない。ヴァレンチーナはその子を配膳係に移した――料理ができないなら、せめてスープをよそいなさい――ところがこれもやり方を知らない。だれかが来て、その子の代わりによそってやる方が早かったくらい。ヴァレンチーナはそういう子たちの扱いに長けていた。スープのよそい方を知らないの？　だったら床の拭き掃除をしなさい、ってね。

とはいえ、わたしはその子のことをこうやって悪く言ってるけど、その子はチェルノブイリでわたしたちと一緒に働いたあとまもなく死んでしまったの――彼女が天国で永遠の安息を得られますように。実はね、その子はここからソーセージを田舎に持ち帰っていたの。夫と一緒にそれを食べて、そのソーセージのせいで一家全員死んでしまったという話よ。本当かって？　わからない。わたしたちもあそこで同じものを食べていたけど、いまも生きている。でも、わたしたちがあそこにいたのはひと月だけだけど、その子には家を改築して、当時は高価だったテレビとビデオデッキを買うという目標があったから、〈おとぎ話〉にほぼ一年いたのね。二週間働いて、一週間はキエフ郊外の家に帰る。それからまた二週間。そしてまた家に帰る。そして毎回、袋いっぱいの食料を持ち出していたらしいわ。

でもどうやってソーセージを持ち出したのかは本当に知らない。あそこには民警がいたるところにいて、だれも何も持ち出さないよう厳しく見張っていた。バッグの中に何か入れていないか、上着の下に何か隠していないか、ひとりひとり調べられたのよ。チェルノブイリでも、ソ連国内のあらゆる場所と同じく、盗んでいたのはわたしたちみたいな下っ端ではなくて、はるかに大物だった。わたしたちが調べられている間に、何台ものトラックが食堂から盗まれた食品を積んで走り去っていた。

でもそのことを知ったのは、もう何年も経ったあとのことよ。

その子についてはこんな噂があったの。ソーセージその他の食料を持ち出していたのに見逃してもらえたのは、民警の隊長と寝ていたからだって。でもね、ヴィトルト、わたしがこんな話をするのは、だれかを侮辱するためじゃないの、彼女の名前は言わないわ。ただ、わたしたちがどんな場所で働くことになったかを察してほしいだけ。

食品はすべて汚染地域の外から運ばれてきた。付近で穫れたものを調理することは禁止されていたの。でもそこは森の中だったから、あるときベリー類やきのこが出てくると、近くに駐屯していた兵士たちがきのこ狩りを始めて、バターとスメタナで炒めてくれと持ってくるようになった。わたしたちはもちろん応じたけど、わたし自身は彼らに作ったものは決して食べなかった。それに、これは放射性物質に汚染されているかもしれないのよって何度も言い聞かせた。

でも、このきのこのせいで病気になるかもと言うたび、兵士たちはわたしをせせら笑ったのよ」

ヴァレンチーナ

「ある時点でチェルノブイリ周辺にはすでに食堂が五つあった。そこに突然、上層部から電話がかかってきたの。

『同志たちよ、祝いたまえ』その人は言った。『私からも君たちにおめでとうを言うよ。諸君はコンテストで一位になった。君たちの食堂には最高の料理があり、最も美しい盛り付けがされ、最も感じのいい従業員がいる』

『すばらしいわ』わたしは答えました。『ありがとうございます、でもいったい、何のコンテストです？だれがどうやってここでコンテストをしたんですか？　いったいどういうこと？　ここで何が起きてるんです？』

すると、こう説明されたんです――わたしたちがてんてこ舞いのとき、本部では、だれがいちばんうまくこなしているか審査しようと考えた。男女ふたりにリクヴィダートルが着ていた白い作業服を着せて、チェルノブイリ周辺のすべての食堂に送り込んだ。ふたりは料理を味見し、メモを取り、その後もう一度やって来た――だれでも一度や二度うまくいかないのは当たり前、コンテストを可能なかぎり客観的なものにするためだった。

わたしたちの食堂が満場一致で勝利したという話だった。最高の料理、最も感じのいい応待、最も美しい盛り付け。委員会はとりわけわたしたちのビタミン・テーブルを高く評価してくれて、他の食堂にも同じことをするよう推奨したそうよ。

同僚の女の子たちとみんなで喜んだわ。言うまでもなく、だれかに仕事を認めてもらうのはいつだってうれしいものよ。でもいちばんの褒め言葉は、自分が作った料理を食べてくれた人たちの言葉ね。わたしたちは食堂の出口に人々が意見を書き込める帳面を置いていたんだけど、長い間だれもそれを見る暇がなかった。

人々がそこに何か書き込んでいることに、あるときオリガが気づいてね。仕事が終わってみんなでその帳面を開いてみたら、もうほとんどすべてのページが埋まっていた。そしてみんなわたしたちを大絶賛してくれていたの。おふくろの味みたいにおいしかったとか。ここは気持ちのいい場所だとか。君たちはすばらしいとか。『あなたがたのおかげで家から遠く離れていても家のような場所ができました』とだれかが書いていて、その言葉がいちばん記憶に残っているわね」

ラーヤ

「ヴァラシュに戻るのは大変だった。ここには両手を広げてわたしたちを迎えてくれる人はいなかった。みんなよく知ってたのよ、わたしたちがあそこでいちばん強い放射線にさらされてたってことを。かつての知り合いたちがわたしをお茶に招くのを怖がっていた時期があった。こう言われたわ。『ラーヤ、あなたがいなくて寂しいわ、でもわかるでしょ……うちには小さい子供がいるのよ』

わたしにも小さい子供がいたけど、でも理解はできた。

数年経ってようやく、みんな何となくチェルノブイリのことは忘れてしまった。ソヴィエト連邦が崩壊して、もっと深刻な問題が始まったのよ」

ヴァレンチーナ

「チェルノブイリにはあと二回行ったわ、毎回作業班長として。そうやってうちの調理師たちと親しくなって、向こうもわたしを慕ってくれたから、ヴァラシュに戻っても店にはもう行きたくなくて、彼女たちと一緒に厨房にいたかったの。食堂でも〈森の歌〉でも、みんなと同じように働いたわ。わたしは作業班長兼調達係だったけど、料理人でもあったの。

わたしたちと一緒にリウネ原発で働いていたレーシャという子は、その前はチェルノブイリで働いていて、プリピャチに住んでいた。そして原子炉が爆発したとき、レーシャはそこ、プリピャチに何もかも置いてきた。彼女の話では、やって来た人たちに、身分証明書以外、一切の持ち出しを禁じられたそうよ。そして、そのまま出てください、避難です、と。もうこれっきりとは、だれも言わなかった。だから、お金も、宝石も、家族写真も、すべて置いてきたの。レーシャと夫は別荘《ダーチャ》も持っていたし、貯金もあったのに、何もかも失われてしまった。

ああ、どれだけ彼女が泣いたことか。出勤してくるともう目の下に隈ができてたから、夜中に眠れなくて、泣いてたんだなってわかった。仕事中もそうだった。

レーシャの旦那さんはチェルノブイリで技術者として働いていた。彼女と一緒にヴァラシュに来たけど、長くは留まらず、どこかの建設現場へ働きに出たまま音信不通になってしまった。そのせいでレーシャはますます泣くようになった。彼女が笑っているのを一度も見たことがない。あるときわたしは彼女にこう言った。

『レーシャ、時間を戻すことはできないのよ。何もかも建て直すの。何さ、世の中には男なんてたくさんいるじゃないの？　住むところだってこれからもらえるんだし、お金だって稼げる。一生そうやってめそめそしてるわけにはいかないでしょ』

　ところがレーシャは、まるでわたしに親しい人を殺されたかのような目つきでわたしを見るだけだった。そして腹立たしげにこう吐き捨てた。

『あなたたちは幸せ者だわ。帰るところがあるじゃないの』

まあ、ここだけの話、わたしは自分が幸せ者だとは思ってないわ。チェルノブイリで働いたあと、わたしの健康はひどく損なわれてしまったから。でも仕方ない、だってどっちがより苦しんでいるかなんて競うつもりはないから。

　彼女を慰める方法はなかった。レーシャはわたしにかなり不愉快な態度をとったけれども、なるたけ早く彼女に住む場所を与えてくれるよう、わたしは人事部にかけ合った。与えられて当然です、とわたしは言った。何もかもプリピャチに置いてきたんですから。そして実際、彼女は順番を待たずに住むところを手に入れた、かなりの部分わたしのおかげで。でも彼女は仕事をやめた途端、通りで会っても知らんぷりするようになった。おはようございますも、こんにちはも、お変わりないですかもなし。わたしのことをとても悪く言っていると人づてに聞いたので、彼女に電話してみた。『わたしたち、何かはっきりさせておいた方がいいんじゃないかしら？』わたしは尋ねた。

　彼女は受話器を置いた。

　でもそのことで彼女を責めるつもりはないわ。チェルノブイリが損なったのはわたしたちの健康だけじゃない。わたしたちの心も傷つけたのよ」

オリガ

「わたしたちが〈おとぎ話〉にいたとき、思いがけず企画された最高の食堂コンテストは、各原子力発電所の本部で大好評だったので続けられることになりました。チェルノブイリを鎮火し、石棺を建てたら、再びコンテストを開催すると発表されたんです。各発電所が料理人とその助手を選出し、全員が一か所に集まって料理をすることになった。なぜだか知らないけど、うちのORSの責任者はわたしをうちの発電所の代表に選んだの。わたしは自分の助手として親友のナージャを選んだ。コンテストはザポリージャ原子力発電所のあるエネルホダル市で開催されることになっていました。

わたしたちはコンテストの準備に取りかかり、何を料理するか考えるために何度か会った。でもナージャはそのときかなり気分が悪くなっていた。コンテストの二日前、彼女はキエフの病院に行きました。白血病だとわかったんです。診察した先生は即入院するように言いました。エネルホダルのコンテストには、わたしひとりで行かなくちゃならなかった。

茫然自失の状態で出かけたのよ、ヴィトルト。何も憶えてない、だれに会ったのか、だれに何と言われたか、どんな賞があったかも憶えてない。憶えているのは、ウクライナのすべての原子力発電所の代表がいたということだけ、チェルノブイリも含めてね、だってチェルノブイリは事故のあとも公式に何年も稼働していたのだから。わたしはそこの料理人たちと面識があったの、一緒に講習を受けたことがあったから。それと、土壇場で計画を変更して、ナージャと作るつもりだった魚料理の代わりに別のものを作ったのを憶えています。ニシンを数匹茹でて肉挽き器に通し、バターと葉物野菜を加えて、もう一度肉挽き器に通す、この塊で小さい魚の形をいくつか作って、レタスとニンジンで飾ったの。これはまだ調理師学校にいた頃、ナージャと一緒に考案したレシピでした。そのときはずっとナージャのことを考えていたから、彼女を思い出させてくれるものを作りたかったのね。

二つ目の前菜もごく簡単に作った。蜂蜜とホースラディッシュを添えた牛タン。これはナージャと一緒にチェルノブイリの〈ビタミン・テーブル〉用に作ったレシピだった。それと、きれいに飾り付けた茹で卵のゼリー寄せと、小さなソーセージのパイ包みに焼きリンゴを添えたものも作った。

どんな経緯で、どういう理由かはわからないけど、そのときわたしはね、ヴィトルト、大賞をもらったのよ。みんなが拍手してくれて、賞状と、たしか賞金までもらったけど、コンテストが終わるやいなや列車に飛び乗って大急ぎでキエフの病院に駆けつけた。

ナージャに会ってから五日しか経っていなかったのに、まるで何年も経ったみたいに変わり果てていた。先生がたはとても丁寧に治療してくれていた。当時はまだ、チェルノブイリで働いたあと病気になったわたしたちに対して、医師たちが辛抱強かった時期だったの。その後、状況が変わったけれど、先生がたはナージャに最善を尽くしてくれた。ナージャは若くて、まだ死ぬときではないとわかっていたから。化学療法を予定していて、おそらく髪が抜けることになりますと説明されたけれど、それで終わりになるかもしれないとはだれも言わなかった。

でもナージャはもうわかっていた。『オリガ』彼女は言った。『わたし死ぬと思う』わたしは彼女にこう答えた。『ナージャ、なぜそんな莫迦なこと言うの？　来年のコンテストにあなたの力が必要なのよ。今回わたしはたまたま勝てたけど、二度もそううまくはいかないわ』

一年後の全原子力発電所料理コンテストは、偶然にもわたしたちのところ、ヴァラシュで開催されたんです。わたしはそのとき、ごく普通のボルシチとごく普通のポジャールスキー・カツレツを作った。最下位でした。去年は優勝したのに、今回のあまりに惨憺たる結果にみんな驚いてました。そのあと墓地にナージャを訪ねて、とがめるようにこう言いました。『ほらね？　言ったでしょ？』って。

二日か三日に一度、彼女のもとを訪ねています。彼女はわたしの天使で、わたしのためにいろんなことを神様にお願いしてくれているって信じてるの。たとえば体のことを。チェルノブイリにいた料理人で、健康に問題を抱えていないのはわたしひとりだけなんです。一度も手術をしたことがないし、これまでのところ何の病気にも罹っていない、ほかの子と同じ期間あそこにいたのにね。

それはわたしの親友があそこ、天国で、しかるべき人にかけ合ってくれたからだって信じているの」

＊＊＊

チェルノブイリにいた料理人は皆、自分たちの存在が忘れられてしまったと感じている。

「リクヴィダートルだった人々は年金に上乗せがある。わたしたちは？　何もありません」彼女たちは言う。「わたしたちが必要とされていたときはもちろんみんなが手にキスして敬ってくれた。でもいまや年金じゃ生活必需品にも足りない始末。料理人？　だれそれ、ってみんなが訊くのよ」

そのため女性たちの大半は、退職後もどこかでお金を稼がないといけない。結婚披露宴や洗礼式の料理を作ったり、お客が多い時期には、レストランで調理することもある。

チェルノブイリの厨房で作業班長だったヴァレンチーナ・サヴィツカヤさんは今日、料理人たちの年金を求めて戦おうとしている。すでに何度か法廷に出て、何人かの女性のために数千フリヴニャずつ〔日本円で一万から一万五千円ほど〕余計にもらうことに成功した。だが、こんなのは雀の涙でしかない。

「いちばん心が痛むのはね、わたしは知っているけれど、どれだけ多くの人がチェルノブイリの特別手当を不正受給しているかってことよ」ヴァレンチーナさんは言う。「十数年前、ある知り合いの女性から、コネを使って年金を増額してあげると持ちかけられたの。かなりの額だった、いまなら一万フリヴニャ〔日本円で約三万六千円〕くらいかしら。その人は援助と引き換えに千ドル欲しいと言ったの。わたしはこう言い返したわ。『どうしてそのためにわたしがお金を払わなきゃいけないわけ？　だってわたしは本当にチェルノブイリにいたのよ、そのお金は当然わたしに支払われるべきだわ』

するとその人は、わたしに支払われるべきなのは知っている、だから千ドルしか要求しないのだと言うの。チェルノブイリにいなかった人たちには数千ドルずつ請求しているのだと。

そのときは憤慨したわ。でも事実はこうよ、当時その人にお金を払った人たちは、いまのわたしよりはるかにいい年金をもらっている。より価値があると考えるもののためなら、わたしは自分の原理原則は引っ込めておける」

ヴァレンチーナさんは朝起きると、両足の傷が化膿していることがある。あるいは黒ずんでいることが。

「わたしからは四六時中放射線が出ているの」彼女は言う。「あちこちのお医者さんを訪ねて、どうにかしようと試みたこともあった。でも、これはこのまま一生続くんだって、いまはもうわかっている」

＊　＊　＊

ラーヤさんは自分の汗にさえアレルギーがある。そして日光にも。

リクヴィダートルのために食事の支度をする調理師たち

「わたしたちが戻ってきたとき、わたしがあまりにも痩せていたから、同僚の子たちから死ぬんだと思われていたの。みんな、わたしを訪ねてきたり、食べ物を持ってきてくれたりするようになった。わたしは思った、なんであの子たちみんな、わたしのところにやって来るんだろうって。わたしに別れを告げに来ていたのね。あと数日か数週間もすれば、わたしがいなくなるとみんな思っていたの。わたしの子供たちが孤児院にやられないように、だれが面倒を見るかまで話し合っていたんですって」

チェルノブイリとアレルギーのせいで、ラーヤさんは夏でも手袋をしないといけない。でもそれだけではない。これまでに十一回の手術を受けた。ヘルニア、甲状腺結節、二度目の甲状腺結節。腸の一部切除——放射線障害を持つ人たちに典型的な疾患だ。

「神経膠腫《こうしゅ》と悪性リンパ腫がいくつあったかは、もう数えてもいないわ」ラーヤさんは言う。「それに甲状腺がもうだめなの。そのうえもう年だから、集中力の問題や白内障もある」

＊　＊　＊

リューバさんは深い物思いに沈む。

「最初に死んだのが、あそこでわたしたちと一緒にいた女の子、アンナ・ジミトローヴナだった。最初の晩、線量の高い布団で寝るのを怖がったあの子よ。両親と一緒に市民農園に行って倒れて、二度と起き上がらなかったそうよ。それまで病気になったことはなかった。それで解剖が行われたの、人があまりに若くして死んだ場合、だれかに毒を盛られていないかどうか確認する必要があるから。お医者さんがその後わたしの夫にこう言ったのよ、内臓はどこもかしこもぼろぼろでした、って。どこもかしこも」

リューバさんは石鹸より重いものを持てない。長年ヘルニアに苦しんでいる。とても難しい手術を受けるため、はるばるモスクワまで行かねばならなかった。

「事故後に応援に行ったことを後悔しているかって？」リューバさんは自分が質問をちゃんと理解しているかどうか確認する。「そうね、もしいま知っていることを当時のわたしが知っていたら、できるだけ遠くへ逃げていたでしょうね。国境を越えてポーランドへ、ドイツへ、スイスへ——どこでもいいから、なるたけ遠くへ逃げていたと思う。あれはわたしの人生に何ひとついいことをもたらさなかった。苦痛によって人間は気高くなれるなんて信じないわ。わたしはこれでもかというほど苦しんできたけど、ちっとも気高くなった気がしないもの」

メニュー

ハルチョー（グルジア風スープ）

牛肉または仔羊肉（できれば胸肉）　五〇〇グラム
玉ねぎ　二個
ニンニク　二〜三片
米　半カップ
スメタナ　半カップ
トマトピューレ　大さじ二（または生のトマト　一〇〇グラム）
コリアンダー（またはパセリかディル）
塩、挽いた黒胡椒

肉は洗って一口大に切る。鍋に入れ、冷水を注ぎ、弱火にかける。泡（あく）が表面に浮かんできたら、スプーンで取り除く。

一時間半から二時間煮込んだあと、みじん切りにした玉ねぎ、つぶしたニンニク、米、スメタナ、塩、黒胡椒を加えて、さらに三十分煮込む。

トマトピューレか生のトマトを角切りにして油で炒めたものを、できあがる五〜十分前に加える。

テーブルに出す直前に、みじん切りにしたコリアンダー、またはパセリかディルを振りかける。

異国風サラダ

じゃがいも（中）　六個
スメタナ（またはヨーグルト）　二カップ
塩　小さじ二
ココナッツのすりおろし　一・五カップ（一〇〇グラム）
粒マスタード　小さじ一
唐辛子のみじん切り　一本分
生姜のすりおろし　大さじ一（お好みで）
胡椒
固く熟したトマト　二個
パセリ　数本

じゃがいもは皮ごと茹でる。火が通ったら皮を剝き、賽の目に切ってボウルに入れ、冷蔵庫で冷やす。

スメタナまたはヨーグルト、塩、ココナッツを混ぜる。小鍋に移して火にかけ、粒マスタードを加え、はじけた種が飛び散らないように蓋をする。種がはじけなくなったら、唐辛子と生姜と胡椒を加え、全体を数秒間混ぜ合わせる。

冷蔵庫からじゃがいもの入ったボウルを出して、小鍋の中身を注ぎ、じゃがいもがマリネ液で均一に覆われるように軽く揺り動かす。

パセリと四つ切りにしたトマトで飾る。冷やしたものを供する。

パリ風サラダ

アスパラガス　九〇〇グラム
クレソン　一束
マヨネーズ　一〇〇グラム
牛乳　大さじ二
レモン汁　大さじ一
レモンの薄切り（飾り用）

鍋に湯を沸かし、皮を剝いたアスパラガスを強火で二～三分下茹でする。その後、中火にし、柔らかくなるまでさらに五～十分間茹でる。ざるに上げ、粗熱がとれたら深皿に並べ、蓋をして、冷蔵庫で二時間冷やす。

クレソンをみじん切りにする（レタス、スイバ、その他のサラダ菜ミックスで代用可能だが、クレソンが世界一健康にいい野菜と考えられていることを思い出す価値はある）。ボウルにマヨネーズ、牛乳、レモン汁を入れて混ぜ合わせ、刻んだクレソンを和える。これを冷やしたアスパラガスの上に載せる。

レモンの薄切りを飾る。

スラヴ風スープ

ビール　五〇〇ミリリットル

スメタナまたはケフィール　大さじ二
卵黄　二個分
砂糖　大さじ一
黒パンの皮
黒パンで作ったクルトン
粉チーズ　大さじ二

スメタナまたはケフィールと卵黄と砂糖をボウルに入れてすり混ぜ、ビール大さじ一を加えて泡立てる。残りのビールを、みじん切りにした黒パンの皮と共に鍋に入れて沸かし、そこに少しずつスメタナと卵黄を混ぜ合わせたものを注ぎ入れ、弱火で煮る（沸騰させないこと！）。皿に粉チーズとクルトンを振り入れておき、そこにスープを注ぐ。

春のサラダ
オレンジ　三個
グレープフルーツ　三個
イチゴ　二〇〇グラム
蜂蜜　二〇〇グラム
レモン汁　一個分
コニャック　小さじ一

泡立てた生クリーム　大さじ六
ミントの葉

柑橘類の皮を剥き、一口大に切って、イチゴと混ぜる。蜂蜜にレモン汁とコニャックを加えて混ぜたソースを果物の上にかける。

泡立てた生クリームとミントの葉で飾る。

第十四の皿　ヴィクトル・ベリャーエフ再々登場

チェルノブイリの事故から三年後の一九八九年、ヴィクトル・ベリャーエフはクレムリンの仕事を休むことにした。

「契約でシリアに行ったんだ」ベリャーエフは回想する。「私の友人がダマスカス駐在のソ連大使と懇意でね。その大使がちょうど料理人を探していた。ちょっとした小遣い稼ぎと気分転換のために出かけたんだ。歴史への関心が戻ってきて、古代ローマの遺跡の考古学的発掘作業に何度かボランティアとして参加したよ。すばらしかったな。我々が発掘したのはある裕福な貴族《パトリキ》の邸宅だった。そこにはアンフォラ〔二つの持ち手が付いた陶器の壺〕やフレスコ壁画があって、保存状態は極めてよかった。まるで館の主たちはちょっと外出してすぐに戻ってくるはずで、その間に我々は彼らの持ち物をあさっているといった感じだった」

ベリャーエフが発ったとき、国内ではまだミハイル・ゴルバチョフが政権の座にあり、何かが変わるような気配は微塵もなかった。

ベリャーエフは二年後に帰国した。そして政治的混乱の真っただ中にぶつかった。

「文字どおり真っただ中さ」ベリャーエフは言う。「なにしろ一九九一年八月十九日にクレムリンに来るよう言われたんだから。その八月十九日の朝、電話で起こされた。親しくしていたクレムリンの将校からだった。『ヴィクトル、テレビをつけろ、いますぐ』テレビをつけると、戦車が映ってるじゃないか。ヤナーエフのクーデターが始まった、つまり、守旧派の共産主義者たちがソ連邦を救おうと試みたわけだ。妻は、どうなるかわからないから行かない方がいいと言った。だが長年クレムリンで働いていると、ひとつわかることがある。上の方では何らかの入れ替えがあって、権力を失う者もいれば、権力を得る者もいる、だがおまえとは関係のないことだ。おまえは料理をすることになっている。料理をしているかぎり、危険にさらされることはない」

ベリャーエフは妻をなだめ、服を着替えると、クレムリンに赴いた。以前のように管理部は迎えの車を寄越した。

「入ってみると、まさに狂気の沙汰だ」ベリャーエフは言う。「走っている者、叫んでいる者、手錠をはめられて連行される者もいた。私は何事もなかったように、いつもどおり人事担当者のところへ、自分はどんな仕事をすることになるかと聞きに行くんだ。途中でなんとヤナーエフ本人とすれ違ったが、彼は私を見るなり満面の笑みを浮かべて、ずいぶん長いこと見かけなかったがどうしてだと訊いた――私たちはクレムリンのさまざまな宴会で顔見知りだったんだ――クーデター首謀者のひとり、ボリス・プーゴもいたな。国の命運が決するというときに、私は人事担当者とお茶を飲み、彼女は私をどこへ派遣したいか説明していた。これには何か不条理なものがあった」

さらに異例だったのは、ベリャーエフが派遣された場所だ。

「私が行き着いたのはクンツェヴォにあるスターリンが所有していた別荘《ダーチャ》だった」ベリャーエフは回想する。「アレクサンドル・エグナタシヴィリとヴィタ－リイ・アレクセーエヴィチが働き、スターリンが暮らし、そして死んだ場所だ」

どうしてそんなことになったのか？

「あれは私の人生で最も稀な経験のひとつだったな。クレムリンの首脳部はクンツェヴォをどうにかしたいと考えていた。ゴルバチョフはあそこに自分用の近代的な別邸を建てたが、あまり使っていなかった。それで、モスクワ中心部に近いあんなに広大な敷地を遊ばせておくのはもったいないと思った奴がいたわけさ。で、考えたのが、クンツェヴォを大会や会議のために、あるいは個人に貸し出して、この歴史的な場所で贅沢に過ごしてもらおうという計画だった。

そして私は、そのクンツェヴォの支配人にならないかと持ちかけられたんだよ。

迷いはなかった。言っただろ、昔から歴史が好きだったと。そのうえ私はスターリンの専属料理人《リーチニク》と親しくなっていたから、そのダーチャの話は何度も聞いていた。そんなわけで承諾した。すると彼らはすぐに車を呼んで、私を乗せてそこへ連れていった。何もかもこの目で見られるように。

ダーチャはフィンランド風の建物で、隣には小さな湖があり、かつてはそこで魚を捕っていた。そこから二〇〇メートルほど離れたところにゴルバチョフが建てた建物があり、その中には――党幹部向けの似たような建物すべてと同じく――プール、図書室、サウナ、さらに映写室まであった。

クーデターが失敗に終わり、エリツィンが勝利し、ボリス・プーゴは拳銃自殺した。私は料理人や給仕係を雇い入れ、食器を買い揃え、野菜や果物の苗を注文した。というのも、スターリンの時代以来使われていなかった古い温室を蘇らせたかったんだ。

ダーチャはスターリンが死んだ日から何も変わっていないように見えた。一度も改修された形跡がなく、彼の死後、足を踏み入れた者はほとんどいなかったと思う。スターリンが死んだソファはいまもそこにあり、その部屋の入口の床には何かの茶色い染みがあって、あまり心惹かれるものではなかった。テーブル、椅子、絨毯、机、厨房にあった食器類――すべて元のままで、どれもスターリン自身が使っていたものだった。

食堂にとても面白い鏡が複数あったのを憶えている。鏡は歪んでいたが、向きを変えると部屋全体が見渡せるようになっていた。周りの者には軍服を直していると思わせておいて、スターリン自身は、側近たちが自分たちは見られていないと思っている間に彼らが何をしているか見ていたというわけだ。

広間にはまた、身長を高く見せる鏡もあった。

かつてのスターリンのダーチャが貸し出されるというニュースはモスクワ中に広まり、ある有名な監督から、彼の生涯に関するドキュメンタリー映画をそこで撮影したいという依頼を受けた。私は支配人として、その申し出に異を唱えなかったし、上層部からの反対もなかったので、数週間後に撮影スタッフがやって来た――あとでわかったことだが、これが最初で最後だった。彼らは珍しい客を連れてきた。スターリンの警護をしていたその老人は、この場所について知っている一切をカメラの前で語った。私は撮影スタッフと一緒に歩きまわったよ。その一部始終がどんなに面白かったか想像できるだろ。

あそこの全体の造りはこんなふうだった、建物が一棟あって――ダーチャのこと――そこから絨毯を敷いた長い廊下がもう一棟の建物に続いている。そこには厨房と警護員たちの詰所があり、グルジア風パン焼き窯、新鮮な魚を泳がせておく大きな水槽まであった。その元警護の老人は使用人の区角を実に詳しく案内してくれて、それから我々はその絨毯を敷いた廊下――すべて元のままだ――を通ってスターリンのダーチャに向かった。そこを開けて中に入った。するとその老人は顔面蒼白になった。

監督は私を見、私は監督を見た。我々はその老人に、どうかしたのか、気分でも悪いのか、看護師を呼んでほしいかと尋ねた。だが老人は何も答えず、ただ前を見つめるだけだった。ついに老人は我々の方を見ると、おびえて首を振りながらこう言った。

『彼がここにいた』

背筋がぞっとしたよ、ヴィトルト。その老人が言ったのはそれだけだ。そして、なるたけ早く家に帰らせてくれと言った。それ以上インタビューを続けることを拒み、撮影スタッフから謝礼も受け取らなかった。とにかく一刻も早く逃げ出したかったのさ。

その後、あそこで働いていた同僚たちと話すうちに、あの場所は相変わらずスターリンのにおいがするのだという結論に達した。スターリンの死後、ダーチャは閉鎖され、換気もされなかったから、あの老人は若い頃から憶えているにおいを感じたんだ。それだけさ。

とはいえ、夜ひとりであそこに残るたびに落ち着かない気分になったと言わざるを得ない。怖かったんだ。あの場所には何らかの力が宿っているように感じられてね。

そこで二年働いた。その間にソヴィエト連邦は崩壊し、クレムリンではゴルバチョフの後釜にボリス・エリツィンが座った。ソ連崩壊については——正直言って——最初は何が起きたのかだれもよくわかっていなかった。エリツィンとウクライナのクラフチュクはベラルーシのシュシケヴィチのところに行って、ある協定に署名したが、それが何を意味するのかだれもよくわからなかった。いまにして思えば、わざとだれにも理解できないようにしたんだろうな」

第十五の皿　ポリーナ・イワノウナ――猪肉のグヤーシュ、あるいはソ連邦最後の晩餐

「あいつらひとりひとりに毒を盛るべきだったわ。猪肉にヒ素を入れるとか。ソーセージか何かに毒を仕込むとか。だれもあそこから生きて出てくるべきじゃなかった」

ポリーナ・イワノウナは六十前後の体格のいい小太りの女性だ。私たちがインタビューしているいま、ベラルーシ国民は大統領に対して抗議活動中なので――明らかに大統領によって不正操作された二〇二〇年の選挙のあと、人々はアレクサンドル・ルカシェンコのことを「大統領のなりすまし」と呼んでいる――彼女は仮名にしてほしいと頼む。面倒はごめんなのだ。そうでなくとも人生でもう散々な目に遭ってきたのだから。

だから仮名にする。そして話の続きを聞く。

「あたしの人生と世界中で起きたあらゆる悪は、一九九一年十二月八日、あの日に始まった」ポリーナ・イワノウナは言う。「酔っ払いのエリツィンから。そしてあの恥ずべき協定にエリツィンと共に署名したあの二人の悪党から。どうしてソ連邦を、我らが母を、我らが祖国を、あたしたちを養ってくれる大地を切り刻むなんてことができたの？　田舎の農民ならだれでも、身ごもっている豚を殺してはいけない

って知ってる。なのに、あいつらはそんなことも知らないで、ファシズムを打ち負かし、人類を宇宙に送った、世界で最も強大な国をずたずたにしたのよ？　ねえ、ヴィトルト、教えてちょうだい、どうしてたった二日間であれだけの悪事をしでかすことができたの？　いったいどんな悪魔があいつらに入り込んだの？」

はて、わからない。私はソ連邦の陰で育ったが、なぜかソ連が恋しいとはあまり思わない。だが差し当たり黙っていることにする。

1

それは奇妙な関係だった。彼はベラルーシの党官僚で、ソ連崩壊後の最初の首相。私はポーランドの作家で、年齢は彼の半分にも満たない。私がヴャチャスラウ・ケビッチにたどり着いたのは、ソ連が崩壊した際に彼が主催した晩餐のレシピを再現したかったからだ。ところがケビッチは引退後、退屈な暮らしを送っていたため、一年以上も私といたちごっこを続け、いくつかの質問には答えたものの、そのほかの質問には、訪ねてきてくれたら答えると約束したのだ。

何もかも私たちは大違いだった。ケビッチは一九九四年の大統領選挙でアレクサンドル・ルカシェンコに敗れ、政治的な地位は失ったものの、たとえばボリス・エリツィンとはエリツィンが死ぬまで親しかった。ケビッチの電話には、カザフスタンのヌルスルタン・ナザルバエフと、ウラジーミル・プーチンのボディーガード個人の電話番号が登録されていた――プーチン自身は携帯電話を持ち歩かないので、これがプーチンと連絡を取る最も確実な方法らしい（私は、プーチンに電話して、料理人だった祖父スピリドンについて私の代わりに訊いてほしいと頼んだが、ケビッチは微笑むだけだった。「これは本当に特別な用事があるときだけかける番号なんだ。さもないとブロックされてしまう」）。

そのような機会はあったのか？　ケビッチは答えようとしなかった。

ケビッチは一九三六年、当時はポーランド領だったベラルーシのコニュシェフシチナ村で生まれた。父親は第一次世界大戦ではロシア側で従軍したが、その後ポーランド軍に入り、一九二〇年にはボリシェヴィキと戦った。第二次世界大戦が始まり、故郷の村がベラルーシの他の地域と同様にソ連邦に編入された際、家族はこの事実をひた隠しにした――ポーランド軍に所属していた廉でフランツ・ケビッチは熊に餌をやりにシベリア送りになりかねなかったからだ。

高齢かつ病気のせいで腰の曲がったケビッチは、合成皮革の快適そうな椅子にゆったりと座って、己の人生について生き生きと魅力的に語った。それは実に面白かった。戦後、ケビッチ一家は暮らし向きがよくなかった。若きヴャチャスラウは勉強がよくできて、ピャルシャイの学校で優秀な成績を収め、金メダルを獲得して卒業したが、危うくギムナジウム卒で終わるところだった。

「ちょうど学校を終えたとき、うちの雌牛が死んだ」ケビッチは言った。「父にこう言われた。『息子よ、すまないが、おまえは上の学校に行けん。おまえを行かせてやる余裕がない』と。幸い、母が味方してくれた。母はそれが私にとってどんなに重要なことかわかっていたから、なんとか父を説得してくれたのだ。だがミンスクでの大学生活の最初の数年は貧しくてね。もっぱらじゃがいもとサーロ――塩漬けの豚の脂身――ばかり食べていた」

ケビッチは工科大学を卒業すると、数年間、西ドイツで不法就労し――このことは、ボリシェヴィキと戦った父親に続いて、彼の履歴書のさらなる汚点となり、政界入りする際に隠蔽せざるを得なくなる――

帰国すると、たちまちベラルーシの産業界で華々しい経歴を築いた。四十歳のとき、彼はキーロフ記念ミンスク工作機械工場の工場長になった。

「そこで、私には経営者の手腕もあることがわかった」ケビッチは言った。「翼を手に入れたんだ」

すでに崩壊しつつあったソヴィエト連邦で、ケビッチが経営した工場は利益を上げたばかりか、四十か国以上に輸出もしていた。

「うちの工場では数千人を雇用していた。そして毎年、全員が給料に加えてかなりの賞与をもらっていた」ケビッチは自慢した。「私はあらゆる立場の従業員と話し合って彼らが何を必要としているかを聞き取り、それに応えるよう努めてきた。資本主義陣営の人々は、従業員はなるたけ多く稼ぎたいだけだと思っているが、そうじゃない。そこで我々は工場の敷地内にサウナを建てたんだよ。従業員がそれを望んだのは、それが彼らにとってよりよく団結する方法だったからだ。我々はさらに小さな植物園を造って、休み時間をそこで過ごせるようにした。こうしたことはすべて、ベラルーシはおろか、ソ連全土でも想像もつかないことだった」

ケビッチの試みはあまりに異例だったので——工場は安定した収益を上げていたにもかかわらず——そのせいでしょっちゅうあらゆる管理機関から不当な扱いを受けた。

「サウナ？　浪費だ。植物園？　そんなものだれが見ますか」ケビッチは当時を振り返った。「まさにそういう人たちがソヴィエト連邦を破壊したのだ。鈍くて頭の固い役人たちは、既存の枠にとらわれない考え方ができなかった。きっと私の工場長の職を解くつもりだったんだろう、覚悟はしていた。だが幸い、私の努力はモスクワで注目された。こうして私の党内での出世が始まったわけだ」

私はケビッチのもとを何度か訪ねた。年老いた党官僚は私と会って話すのを楽しんでいたと思う。彼はめったにない話の数々で応えてくれた。「本を出すのは私が死んでからにしてくれ」口が滑ったり、少々言い過ぎたりするたびにそう言った。

そして茶目っ気たっぷりに笑った。

その後、ケビッチは二〇二〇年に新型コロナウイルス感染症で本当に亡くなった。彼のおかげで私は、ソ連崩壊とその経過に関する他に類を見ない録音記録を手に入れたのだ。それもなんと、厨房から見た記録を。

2

私たちはビャウォヴィエジャ〔ロシア語ではベロヴェーシ、ベラルーシ語ではベラヴェジャ〕の森にいる。フルシチョフはここでだれかを撃ったという（この伝説の別のバージョンでは、だれかがフルシチョフを撃った）。ラウル・カストロはここで疾走する自動車から転げ落ちたという。ルーマニアの独裁者ニコラエ・チャウシェスクは、猟師たちがイノシシを彼の銃口近くまで追い立てても一頭も命中させられなかったという。恋人に振られて泥酔し、自暴自棄になった兵士がここでレオニード・ブレジネフを射殺しようとしたという。

すべては「という」話だ。なぜなら、ビャウォヴィエジャの森で党のお偉いさんが参加した狩猟に関することは、常に最高機密事項だからである。私が引き合わされた老猟師は、ブレジネフ、カストロ、チャウシェスク、その他の高官たちを狩猟に連れていったことがあり、きっとこの話題について多くを語れた人物だが、すでに九十歳を超え、認知症が進んでいる。めったに聞けないこの森の話の大半は、この老猟師と共に消えてしまうだろう。

この森は昔から偉大な指導者たちを惹きつけてきた。何世紀も前、ポーランド国王ヴワディスワフ二世ヤギェウォはここでひと冬を過ごし、一四一〇年のグルンヴァルトの戦い〔タンネンベルクの戦いとも呼ぶ〕に向けて部隊と共に準備を整えた。その後、歴代のポーランドの王様は皆ここで狩りをし、十八世紀のポーランド分割後は、歴代のほぼすべてのロシア皇帝《ツァーリ》がここで狩猟をした。アレクサンドル三世が建設させた狩猟館の跡は、いまでもビャウォヴィエジャで見ることができる。

ポーランドは危うく現在の国境内にこの森の片鱗すら残らないところだったことを知る人は少ない。なんと、第二次世界大戦後、最初にポーランドを統治した人々——共産主義政府のボレスワフ・ビェルト大統領とエドヴァルト・オスプカ゠モラフスキ首相——はそのために奮闘したのだ。彼らは珍しくスターリンに楯突く勇気を見せ、国境を決める際にこの森をポーランドに残すべきだと主張したのである。スターリンはこの件に関して異なる見解だったが、ビェルトとオスプカ゠モラフスキは譲らなかった。そして、驚いたことにスターリンが折れた。何度もせがまれたスターリンは、片手を振ってこう言ったという。「半分ずつにしよう」ところがその後、スターリンが赤鉛筆で引いた新たな国境線は、ソヴィエト連邦が「大きい方の半分」を得ることになっていた——森のおよそ六〇パーセントが白ロシア・ソヴィエト社会主義共和国〔現ベラルーシ〕に入っていたのだ。

一九五〇年代半ば、スターリンの後継者ニキータ・セルゲーエヴィチ・フルシチョフはユーゴスラヴィアのヨシップ・ブロズ・ティトー元帥を訪問した。ティトーはフルシチョフを狩りに連れていき、みずからの指示で建てさせ、自分だけが使える国有の狩猟館に案内した。

「フルシチョフは狂喜しました」アンナ・デングベンコは言う。彼女はビャウォヴィエジャの森のベラルーシ側にある国立公園の元職員で、ここの歴史に精通し、いまも研究を続けている。「彼は狩りの最中にいかに政治問題がよく議論されるかを目の当たりにしました。それで、ただちにソヴィエト連邦にも同じような狩猟館が欲しいと言ったのです。その話を聞きつけた当時の白ロシア共産党党首キリル・トロフィモヴィチ・マズロフがビャウォヴィエジャの森で狩りをしてはどうかと提案した。フルシチョフは喜んで同意しました」

わずか数か月後、ビャウォヴィエジャの森のベラルーシ側の首都である荒れ果てた町カミェニュキは、かつてないほどの勢いで発展しはじめた。幼稚園、学校、レストラン、そして未来の自然史博物館および動物園の胚芽がここに出現した。

同時に、ヴィスクリ村のはずれの森の中で小さな狩猟館の建設が始まった。設計を手がけたのは建築家ミハイル・バクラノフで、モスクワに建てられた共産主義建築を彷彿させる様式である。

「花崗岩はウクライナから、大理石はカフカースから運ばれました」アンナ・デングベンコは振り返る。「建設現場では毎日五百人が働き、そのおかげもあって記録的な早さで半年後には完成しました。建設現場にまだ立ち入ることができた地元住民は、ビデが設置されているのを見て驚きました。当時は首都でも珍しかったんです。森の真ん中じゃ言うまでもありません」

フルシチョフは一九五八年一月にモスクワから列車で初めてこの森を訪れた。

「自分の狩猟館に一目惚れしたとは言えないわね」アンナ・デングベンコは語る。「壁がまだ乾いてなくて、湿気で眠れない最初の夜を過ごしたあと、フルシチョフは翌日から列車内に泊まることにしました。でも、狩猟に出かけて、ここにたくさんの動物がいることがわかると気に入りはじめたんです」

数年後、カミェニュキに自然史博物館と動物園もできた。そこは一風変わった場所だった。

「おとなしい動物は放し飼いにされていて、観光客は餌をやることができました」アンナ・デングベンコは振り返る。「だからイノシシは柵にもたれてバスの到着を待っていましたよ。局長室に鹿が入ってきて、どうやっても出ていかなかったこともあったわね。ムフロン〔野生の羊〕四十頭とキジ五百羽も導入されたけれど、これらは在来種ではないと批判する人も多かった。でも森に放したら、地元のオオカミたちが迅速に対処してくれましたよ。問題はおのずと解決したと言えるでしょう」

3

大きな白い怪物が小さな女の子に向かってまっすぐやって来て、その子を食おうとする。これがポリーナ・イワノウナの子供時代の最初の記憶だ。そのとき両親はコルホーズのビーツ畑で働いていて、三歳くらいだった娘のポリーナを畑の端に広げた毛布の上に置いていったのを憶えている。

幸い、何もかもめでたく終わった。その怪物は、すぐ隣でカエルを捕まえていたコウノトリだったのだ。

ポリーナはベラルーシ南部の中規模の村で生まれた。祖母は結婚披露宴や葬式のあとの追善供養で出す料理を作る仕事をして年金生活の足しにしていて、孫娘が大きくなると仕事場に連れていくようになった。ポリーナは料理が好きになった。

「何を作ってもとてもおいしくできたんだよ」ポリーナは言う。「あるときおばあちゃんが肉を詰めたドラニキという伝統的なじゃがいものお焼きの生地の作り方を教えてくれたのね、そしたらその後すぐにひとりで作れるようになった。おばあちゃんの手伝いをして稼いだんだよ。お小遣い程度だったけど、あたしは十二歳か十三歳で、それが初めてのお給金だった。地元の党役員が娘を嫁にやるとき、あたしは披露宴のためにひとりでメンチカツを三百枚も揚げたんだ。両手がもげそうになったよ。でもそのときは二倍払ってもらえた」

若いポリーナは料理に夢中になり、他の仕事に就くことは考えられなくなった。

「ミンスクの料理学校に行ったのね。そこで二年間勉強して、とてもいい成績を収めたんだ。あたしたちは市内のいろんなレストランや食堂に実習に行かされた。ある先生があたしをとても気に入ってくれてね。あなたは本当に料理の才能があると言われた。ある日その先生がこう言った。『ポリーナ、あなたのために特別な実習場所を用意したわ』『どんな場所ですか、アンナ・ヴァレンチノウナ？』わたしは訊いた。すると先生はこう答えた。『ポリーナ、白ロシア・ソヴィエト社会主義共和国閣僚評議会の食堂よ』って」

こうしてポリーナ・イワノウナは白ロシア首相の居場所にたどり着いた。

「実習に行ったら、もう手放してくれなくてね」ポリーナは笑う。「そのままそこに残った。お給金はあまりよくないわりに仕事はどっさり、でも職員たちにも慣れたし、いいところだったよ。そして、ひとつ言えることがあるんだ、ヴィトルト。あたしが仕事を始めたのは、一九八〇年代まで首相だったチホン・ヤコヴレヴィチ・キセリョフの時代だった。その後、八人の歴代閣僚評議会議長の下で働いたよ。共産主義が続いている間、彼らは皆とてもつましい食事をしていた。ご馳走を頼む人なんかいなくて、みんな普通の職員が食べるものを食べていた。首相の唯一の特権は、給仕係が食堂から執務室まで料理を運んでくれることだった。でも、首相はしょっちゅう階下に降りてきては、一般職員と同じように列に並んでいたよ。首相を先に通してあげようなんて、だれの頭にも思い浮かばなかったんだ」

4

ヴャチャスラウ・ケビッチは閣僚評議会議長になるとすぐにボリス・エリツィンに会った。ベラルーシへの多額の融資を確保するため、モスクワにいるエリツィンのもとへ行く必要があったのだ。

「エリツィンの食事は質素だった」ケビッチは私に語った。「もちろん『質素』と言ってもマーガリンを塗ったパンという意味じゃない。当時まだソ連の一部だったロシアの大統領が食べるものにしては『質素』という意味だ。かつてブレジネフの時代のクレムリンには、キャビアやイクラの入った桶がいくつも並んでいたという話だ。私自身、キーロフ記念工場長として、ロシアでのさまざまな会合で、大きな鉢に山盛りのキャビアをスプーンですくって食べたことがある。ところがボリスのところじゃ、もちろんキャビアはあったが、カナッペに薄く塗ってあるだけだった。もう時代が違ったんだよ。彼はそのことをよくわかっていた」

融資に関する会話はたちまち酒宴に変わった。

「ウォッカはあったよ、当然、エリツィンとはウォッカなしじゃ何も片付かないからね」ケビッチは言った。「彼は決してつまみを口にしなかった、だから私も食べなかった。とにかく酒に強かったね、十三回目か十四回目の乾杯のあと、私は自分がそもそも何をしに来たのか忘れてしまった。幸い、ボリスは覚えていた。『で、いくら必要なんだ、その融資は?』とついに訊かれた。『一億ルーブル』と私は答えた。ボリスはすぐに同意し、書類に署名したが、私は喜びと酔いのせいで署名するのを忘れてしまった。あとで書類をもう一度送る羽目になったよ」

一九九一年九月、ケビッチの閣僚評議会議長という肩書きは首相に変わった。その少し前、物理学者のスタニスラウ・シュシケヴィチがベラルーシ最高会議議長――ソ連時代で言えば共和国元首のような立場――になった。私が訪問したとき、彼はミンスク中心部の質素な住居で暮らしていた。二〇二二年五月、シュシケヴィチは八十七歳で亡くなった。

「ペレストロイカがあって、大混乱だったよ。我々が恐れていたのは冬場にガスがなくなることだった」シュシケヴィチは当時を振り返る。「その冬は異例の寒さになるという予報だった。ゴルバチョフとは話がまとまらなかった。そこで我々はベラルーシにガスを確保する方法を一緒に考え出そうとした。私はケビッチのところへ行き、こう言った。『エリツィンを招待しよう。森に連れていって、かつてのように狩猟とウォツカでしかるべくもてなすんだ。そういう環境なら話をつけやすいだろう』ケビッチは私に同意した。初めてモスクワを訪問してエリツィンにそう持ちかけたところ、彼は喜んで受け入れた。その後さらにウクライナのクラフチュクも呼ぼうと思いついた。というのもスラヴの共和国三首脳による会談となればまったく次元が異なるからだ。ソ連解体を考えていた者はいたかって？　私はそんなことまったく考えていなかったよ。私にとってそれはガスに関する会談のはずだった。我々とウクライナ人にとっては」

一九九一年にはエリツィンとゴルバチョフの間で激しい権力闘争があった。崩壊しつつあるソヴィエト連邦を改革しようとするゴルバチョフの手から権力はますます滑り落ちていった。その年の初めにゴルバチョフは国民投票を実施し、七〇パーセント以上の国民がソ連邦の維持を望むと答えた。しかし同時にその年内に、ソ連構成共和国の議会は次々と独立を承認した。四月にはグルジア。八月にはベラルーシ、リトアニア、ラトビア、エストニア、モルドバ、ウクライナ、ウズベキスタン、キルギス。九月にはアルメニアとタジキスタンが独立を宣言し、十月にはアゼルバイジャンとトルクメニスタンがそれに続いた。どうすべきか迷っていた最後の共和国がカザフスタンだった。一方、ロシアには共和国初代大統領、ボリス・エリツィンがいた。

「奇妙な状況だった」ケビッチは振り返る。「共和国が続々と独立を宣言していたのに、クレムリンには相変わらずゴルバチョフがソ連邦大統領として居座っていた。だれに何の責任があるのか、ゴルバチョフにどれだけの権限があり、構成共和国にどれだけの権限があるのかもわからなかった。だれもそれを言い出せず、ゴルバチョフとは話もできなかった。彼は絶えず皆に腹を立てていたからね。八月にゲンナージイ・ヤナーエフによるクーデターが起き、守旧派の共産主義者たちは、構成共和国の権限を拡大するゴルバチョフの改革を阻止しようとした。正直に言えば、私の心は彼らの味方だった。だがすべてはあまりにも穏やかに行われ、あまりにも遅すぎた。ソヴィエト連邦はそのときすでに書類の上にしか存在しなかった。もう死体安置所に入っていたんだよ。あとは検視官が死亡診断書に署名するだけでよかった」

5

スチェパン・マルティシュクは、モスクワや他の共産主義国の首都から来た党のお偉方と共に狩猟をした猟師のひとりだ。私たちは絵のように美しい森の村のひとつにある彼の自宅で顔を合わせる。猟師の家にふさわしく、周囲の壁からは狩猟戦利品の虚ろな眼窩が私たちを眺めている。壁にはマルティシュクの古い狩猟用の制服も掛かっている。

「楽しい仕事だったよ、野外だったたし、それに結構稼げたしね」マルティシュクは当時を振り返る。「でもああいう狩りは少々インチキだったけどな」少し考えてから、そう付け加える。

「どうして?」私は驚く。

「ブレジネフがわざわざモスクワから狩りに来たら、当然何かを撃たなくちゃいけなかった。だが自然界というのはそういうものじゃない。イノシシは森のある場所にいるかと思えば、別の場所にいることもある。そこで、お偉方が来たときのためにイノシシの群れを特別に用意していたんだよ……」

「『用意していた』とはどういう意味です？」

「イノシシにじゃがいもその他の好物をやったんだ。狩りをする人たちが集まる監視塔の近くにそういう餌を撒いておいた。イノシシは、人の声や車のエンジン音が聞こえると食べるものがもらえるということを覚えた。だからすぐに監視塔の下に駆け寄ってくる。そこでそのイノシシを特別な囲いの中に入れておいて、VIPのだれかが来るたびに放したのさ。イノシシは人間めがけて突進してきた。弾が当たらないわけがない」

「つまり狩りはインチキだったと……」

「連中が狩りをしに来たのは、ストレスを発散したり、ついでに何か政治的な問題を片付けたりするためだった。ブレジネフは自分が昇進させたいと思っている部下の将官たちをよく連れてきた。我々は必ずイノシシがいる場所に彼らを連れていくことが期待されていた。ただこれだけは言える。ほかの動物、ノロジカや鹿やノウサギ、あとキジなんかはイノシシみたいに用意していなかったから、もしだれかがそういう獲物を仕留めたら、それはもう本当にその人自身の狩りの腕前ってことになる」

「彼らはよく仕留めましたか？」

「いちばんよく仕留めたのはフルシチョフだが、私は彼のことを憶えていない——狩りに同行したことがないからね。フルシチョフ以外で銃の扱いに長けていたのはラウル・カストロの奥さんだったな。ラウル自身は、国防大臣だったのに、射撃の腕はひどいものだった」

マルティシュクが定年を迎えるまであと二年というとき、ヴィスクリの狩猟館の管理人にならないかと国立公園の局長に持ちかけられた。

「理想的な仕事だと言われたよ」マルティシュクは振り返る。「ゴルバチョフはそこには全然来ない。それは本当だった。ベラルーシの党指導者は、ケビッチも、シュシケヴィチも、狩猟好きではなかった。局長は私に言った。『そう大した仕事じゃない、いかなる責任もないし、給料もいい。それに年金額も上がるぞ』と」

「それでどうしました？」

「引き受けたよ」スチェパン・マルティシュクは仕方ないというように両手を広げる。「もし時間を戻せるものなら、自分の頭を一発殴ってやるところさ。そして断っていただろうね。何があっても絶対に。政治からは、とりわけああいう大きな政治からは、できるだけ距離を置くべきなんだ。そう、恥は一生ついて回るからね」

「どんな恥です？」

「ソヴィエト連邦が解体されたんだよ、私の狩猟館で。私は彼らのために何もかも用意した。部屋を暖め、シーツを交換した。タイプライターまで持っていってやった。あいつらはそれを使ってあの恥ずべき合意をタイプしたんだ。無論、実際に用意したのは私ではなく、うちの職員だが――ヴィスクリで働いていた四十人が私の指示に従ってそのすべてをやった。だが恥は私について回るんだ、彼らにではなく。人々は、あそこで何が討議されていたかを我々が知っていたと思っているんだ」

「では、スチェパンさん、彼らがそこで何を書いていたのか、あなたはご存知なかったんですか？」

「仮に知っていたら、だれも生きてあそこから出られなかっただろうよ」元管理人は語気荒く言い返す。

「私は銃を持っていた。私は生まれてこのかたずっと猟師だ。もう一度言うが、連中があそこで何をしているか私がもし知っていたら、あいつらを撃っていただろう」

6

「エリツィンが正確にはいつ来るかを我々が知ったのは、訪問のおおよそ一か月前だった」ヴャチャスラウ・ケビッチは当時を振り返ってこう語った。「シュシケヴィチがエリツィンを出迎え、もてなしたことは皆が憶えている。だが、汚れ仕事は全部私がやらねばならなかった。この訪問に関わるすべての手はずを実際に整えるのが私の役目だった。全員の交通手段を確保し、飛行機の調整、リムジンの手配から、宿泊場所、食事に至るまで何もかも。ヴィスクリの狩猟館も私の管轄下にあった。ともかくすべてがよい雰囲気で行われることが肝要だったので、当時、閣僚評議会で働いていた料理人のうち腕利きの者たちを呼び寄せたんだ」

「その中にポリーナ・イワノウナも?」

「そう。だから君を紹介したんだよ。食べ物に関する本を書いている君が、ソヴィエト連邦最後の晩餐に何が出されたか知りたいと思うのは理解できる。そう、彼女がそれを用意したんだよ。彼女はすべて知っている。私はそれ以外の担当者も呼び寄せた。代表団に花束を手渡す役にきれいな若い女性を揃えたし、しかるべき量の森のウォツカはもちろん、西側のものを含め、その他のアルコールも用意した。ミンスクから三人のマッサージ師まで呼んだ。ヴィスクリには伝統的なロシアの蒸し風呂《バーニャ》があったからね。そのうちひとりは熱波師で、蒸気を自在にあやつり、儀式全体を執り行うことができた。実を言えば、ソヴィエト連邦を解体すべしという言葉を私が最初に耳にしたのは、サウナでの儀式の最中だった」

「エリツィンから？」

「彼の右腕だったゲンナージイ・ブルブリスからだ。でもその話は順番に、ひとつずつ行こう」

＊＊＊

「どんな会合になるか、だれも知らなかった」ポリーナ・イワノウナは言う。「あたしと話をした首相官邸の偉い人は、賓客が来るとしか言わなかった。仕事は多くなるが、その代わり特別手当を出すと。あたしは深く考えなかった――ここで何を考えるっていうの？　いつだって何かしら変化はあるんだから。ベロヴェーシの森にはそれまで二度しか行ったことがなくて、そのうち一回は学校の遠足。厨房の同僚の女性二人と一緒に二日前にそこへ行って、全部準備したよ。ロシア人だけで百人は来ると言われていて、それに加えてウクライナ人とベラルーシ人、それからナザルバエフがカザフスタンから来るかもしれないって話もあった。それであたしたちはナザルバエフを喜ばせるために羊肉まで取り寄せた、だってあそこじゃ羊をたくさん食べるから。それにあの森の中じゃ、田舎じゃ、羊肉なんて買える見込みはなかった。食材の大半も取り寄せたんだよ。

あたしたちが現地に着いたときにはもう、エリツィンのリムジンが特別に暖房のついたガレージに停まっていた。運転手がいて――エリツィンは数日後に飛行機で到着するっていうのに――いつも背広にネクタイ姿で歩き回っていたよ。ボディーガードたちもいた。連中はもっとたちが悪かった。最初から大騒ぎして、あたしたちを検査するって、あたしたちが何を作っているか、エリツィンが食後に具合が悪くならないかどうかを見張るっていうのさ。しかも、森の密造酒をひっかけてからは、あたしたちに手を出してくるようになった。

　あたしは当時もう離婚していてね、ヴィトルト、夫については話さないよ、特に話すこともないし、それで、べたべた触ってくる酔っ払いの男どもには肘鉄を食らわせていた。そのうちのひとりは雑巾でひっぱたいてやった——だってあたしたちはあそこで本当に朝から晩まで働いていたんだから——するとそいつは笑いだして、夜中におまえんとこに行くって言ったのさ。あたしたちは女三人で一緒に寝ていた。ああいう輩はいきなり何を思いつくかわかったもんじゃないからね。あいつら特殊部隊の隊員だか柔道家だか空手家だか何だか知らないけど、林間学校に来た子供みたいに振る舞っていたよ。

　会合の前日になってようやくクラフチュクのボディーガードが到着した。幸い、エリツィンのボディーガードはすぐにクラフチュクのボディーガードに関心を移して、あたしたちにちょっかいを出さなくなった。そのとき、ロシアとウクライナの間で何やら奇妙な摩擦が始まった。ウクライナでは大統領が選出されたばかりで、ロシア人はそれがあんまり気に入らなくて、コサック野郎《ハホール》がどうしたこうしたとウクライナの陰口ばかりたたいていた。ハホールっていうのはソヴィエト連邦でのウクライナ人の蔑称。クラフチュクのボディーガードたちは密造酒を買おうとしたけど、ロシアの連中は自分たちの酒をどこで買ったか教えようとしなかった。代表団がどこを通るのか、だれがどの建物に泊まるのかをクラフチュクのボディーガードたちが知ろうとすると、ロシア側はまたしても、なんでおまえらハホールがそんなこと知りたがるんだと言って笑うんだ。三か国の首脳が揃ったとき、エリツィンのボディーガードとクラフチュクのボディーガードは互いの顔をたたき合っていた。指導者たちがソヴィエト連邦を解体している間、彼らのボディーガードは殴り合いをしてたのさ。

さて、料理の話に戻ろうか。あたしたちは料理を、ドラニキの生地やサラダに使う茹で卵みたいな事前に用意できるものと、出す直前に作らないといけないものとに分けた。全員の分を作るのは到底無理だって、すぐにわかったよ。幸い、カミェニユキにはとてもいいレストランがあって、給仕係も料理人も揃っていたから、あたしの上司はすぐにそこへ行って話をつけてきた。料理人二人と給仕係が何人か、あたしたちを手伝いに来てくれた。残った人たちが、代表団のうちそんなに重要でないメンバーにそのレストランで食事を出した。そこはあたしたちのところから車で二十分ほどで、もっとも彼らの多くはそこに泊まっていたんだ。

料理そのものについて言えば、あそこのテーブルには大層なご馳走はひとつもなかった。モスクワじゃエリツィンの料理人が何か珍しい料理を作っていたかもしれないけど、あたしたちのところではそうじゃなかった。ハムやソーセージとチーズに、朝食は燕麦のカーシャとブリヌィだった。

唯一面白かったのはイノシシだね。あそこの冷蔵庫には獣肉がぎっしり詰まっていた。鹿肉、ノロジカの肉、猪肉。だって狩猟館に来て獣肉を味わわない人がいる？　でも表向きにはエリツィンを狩猟に招待していたから、初日は全員そこに集まって、狩りの準備を整えていた。猟師がいて、銃があって、勢子がいた。でもエリツィンが狩りになんか行かないことはすぐにわかった。彼の部下も行かない。エリツィンは飛行機が着陸すると、やっとのことで飛行機のドアまでたどり着いて、その後タラップから転げ落ちそうになったんだから」

7

「あれは失敗だった、狩りなんかじゃなかった」スチェパン・マルティシュクはどうしようもないというふうに両手を広げる。「我々みんな、ブレジネフの時代みたいになるように準備していたんだ。見事な狩りをしたあと、森の中で獣肉かクレーシュを食べ、それから酔っ払って仕事に取りかかる。森の中でスープを作る大鍋や、酒瓶を並べた移動式バーも含めて、私が全部手はずを整えたんだよ。そのあとで判明したんだ、狩りに出かけるのはウクライナ人が二人、クラフチュク大統領とフォーキン首相だけだとね。がっかりしたのは言うまでもないさ。だが腹を立てたって仕方ない。すべて計画どおりだった。クラフチュクとフォーキンが監視塔の方へ行くと、私の部下が囲いからイノシシを放し、イノシシは狩人に向かって突進していった——餌がもらえると期待してね。だがクラフチュクは五人のボディーガードを引き連れていて、そいつらときたら、煙草は吸うわ、悪態はつくわ、冗談は飛ばすわで。イノシシは皆おびえて逃げちまったよ。教えられたとおりに銃の真正面に駆け寄る代わりに、森の中に座り込んで動こうとしなかった。

クラフチュクは片手を振って、時間の無駄だと言った。フォーキンは、うちの最も経験豊かな猟師、ヤウヘーン・ルクシャと共に森の奥へ向かった。少し静かになるやいなや、フォーキンはすぐにイノシシを仕留めた」

＊＊＊

「よく憶えてるよ」ポリーナ・イワノウナは当時を振り返る。「あたしたちは料理に熱中していた。あれだけ大人数の料理を準備するのは容易じゃないからね。そこへ猟師たちがやって来て、ウクライナの首相がイノシシを仕留めたって言うのさ。そして笑いながら、その血まみれの、毛皮も何もかもついたままの獣を食料貯蔵室の床に放り投げていったんだ、それで何か作れと言わんばかりに。

頭に血が上るかと思ったよ。あたしはこう言ってやった。『皆さん、これで何か料理してほしければ、皮を剝いで、解体して、肩肉か鞍下肉を取り出してきてくださいい、そしたら何か考えますけど、でもこんな、まだ血を流しているイノシシをあたしにどうしろと?』でも、ひとつ言っておくとね、ヴィトルト。あそこで素面の人間を見つけるのは難しかった。地元の森の人たちは湧き水と天然の材料だけで自分たちの密造酒を作っていたんだ。ブレジネフの時代に特別な認可をもらっていたから、合法的に作れたの。狩猟館の中庭には、その森の密造酒が入った樽があってね。飲みたい人はだれでもそこに行って自分で注いでいたのよ。

そんなわけで、そのイノシシは通路に横たわったままだった。食料貯蔵室から何か取ってくるにはイノシシをまたがなくちゃいけなかった。でもついにだれかが哀れに思って、イノシシを運び出し、皮を剝いで解体してくれた」

8

「先ほど言ったように、ゴルバチョフを包囲するという案を最初に口にしたのはゲンナージイ・ブルブリスだった」ヴャチャスラウ・ケビッチは述懐した。「だがもちろん『ソヴィエト連邦を解体しよう』と言ったわけじゃない。もっとはるかに婉曲に言った、そう、我々に探りを入れるためにね。彼はこんなふうなことを言った。『仮に我々がゴルバチョフ抜きで、ひそかに話をつけたらどうだろう？』我々があそこにいたのはそのためだったから、もちろん全員が賛同した。するとブルブリスはこう尋ねた。『我々がゴルバチョフ抜きで、新たな連邦を組織するというのはどうだろう？』そして皆は、クラフチュクが何と言うか、シュシケヴィチが何と言うか待ちかまえていた。

事ここに至っていちかばちかの賭けになるのは明らかだった。ゴルバチョフ抜きで連邦を組織する？いったいどういう意味だ⁉　だが我々はすでにゴルバチョフにも、何につけても彼と折り合いがつかないことにもうんざりしていたから、全員が賛同した。よし。どうやるかはわからないが、そうしようと。我々はサウナを出て、夕食を食べに行った。翌日から交渉が始まった。条文をひとつひとつ考えて、この合意全体を起草する必要があった。問題も生じた。我々は重要な文書に署名する準備ができていなかった。タイプライターもなければタイピストもいなかったし、ファックスもなかったんだ。私の部下が近くのコルホーズからタイプライターと一緒にタイピストを連れてきたが、そのタイピストは大勢の著名な人物を見ると動転して、タイプどころではなかった。無理もないさ、その子は素朴な田舎娘で、おそらくこの合意に書き入れる必要があった単語のいくつかさえ知らなかっただろう。そんなときはブルブリスがタイプライターの前に座った。あるいはタイピストに口述した——ときには一文字ずつ。

ところがファックスを入手するには、ミンスクまで飛行機を飛ばす必要があった。飛行機が戻ってきたとき、機内には何人かの記者が乗り込んでいた。どういうわけか、何か重要なことが起こりそうだと嗅ぎつけたんだ。

いま振り返ってみると、ロシア人はあの会合に向けて周到に準備していたことがわかる。なぜなら、途中でブルブリスがこう言ったからだ。『皆さん、重要な項目がひとつ抜けています！　新たな組織を作るためには、古い組織を廃止しなくてはなりません！』そして我々に説明しはじめた――ソヴィエト連邦は、ロシア、白ロシア〔ベラルーシ〕、ウクライナ、ザカフカースの四つの共和国によって成立した。ザカフカースはさらに小さな共和国に分かれたので、もはや存在しない。だから奇妙な巡り合わせで、現存する三つの共和国の後継者がここ、ベロヴェーシの森にいるというわけだ。七十年前のあの合意はもはや無効と書けば十分だろう、と。

ひとつ言っておくがね、ヴィトルト。その結果どうなるか――国が存在しなくなる、崩壊するのだと、その後ユーゴスラヴィアでもドンバスでも戦争になるのだと――だれかが教えてくれていたら、私は決して署名などしなかっただろう。だがそのときは、我々はソヴィエト連邦を廃止して、それに代わる独立国家共同体（ＣＩＳ）を結成するのだと思い込んでいた。名称は変わっても、通貨や軍隊や国境はすべて元のままなのだと。

とんでもない。いまならこう言える――我々は騙されたんだと」

＊＊＊

「あの場には、ベラルーシKGB長官もいた」スチェパン・マルティシュクは言う。「彼のことは知っていたよ、よく狩りに来ていたからね。その彼が私にこう言った。『私はここで起きていることをモスクワに報告しなければならない』と。私は反対すらしなかった。ゴルバチョフが特殊部隊を送り込んできて我々全員を射殺し、それで終わるんじゃないかと思っていた。ひとつ言っておくがね、ヴィトルト。ほかの書記長だったらそうしていたはずだ。一つの石も崩されずして他の石の上に残らぬ〔すべては崩壊するという意味。『新約聖書』の「ルカによる福音書」第二十一章五節〕。だがゴルバチョフは違った。彼はせいぜい泣くしかなかったんだ」

＊＊＊

ヴャチャスラウ・ケビッチは言う。「ボリス・エリツィンのことは友人だと思っていた。葬儀のときは本当に親しい人を亡くしたかのように泣いたよ。しかし、君に訊かれたら、こう言わざるを得ない――ベロヴェーシ合意に関して、ボリスは我々を欺いたのだと。彼はまったく異なる賭け金で、まったく異なるゲームをしていた。すべてはおのずとそうなったように見えることになっていた。サウナでだれかがこう問いかける。ゴルバチョフを排除してはどうだろうか。それからだれかが、覚書を書いてはどうかと提案する。さらにその後、それは覚書ではなく、ソ連邦廃止に関する合意だと言う。実際そこに自然発生的なものは何もない。ボリスは自分が何をしに来たのかよくわかっていた。彼は我々が、私とシュシケヴィチがうぶなのを利用したのだ、なにしろ我々二人とも政治家としては駆け出しだったからね。自己弁護として言えるのは次のようなことだけだ。あれは一九九一年暮れのことだった。その時点でカザフスタンを除くすべてのソヴィエト連邦構成共和国が独立宣言に署名していた。すでに言ったように、ソ連邦は死体も同然で、あとは検視官が死亡診断書に署名するだけでよかった。我々がその検視官だった。ベロヴェーシ合意がその死亡診断書だったのだ」

9

「あらかじめ同僚たちと相談したんだよ、猪肉を手早く、しかもおいしく調理するにはどうすればいいかって」ポリーナ・イワノウナは当時を振り返る。「それでグヤーシュを作ることにした。みんなが好きな料理だし、マジョラムやニンニクなどを加えることで獣肉の風味を引き出して、あたしたちがいる場所の雰囲気を醸し出せるから。

猪肉は連中が合意に署名する前の日の晩餐に出された。ソヴィエト連邦最後の晩餐に何が出たかって訊いたね。そう、ソーセージがあったし、サラダがあったし、チーズがあったし、キャビアも少し、魚も少し、カツレツも少しあった。でも、いちばんの目玉料理はウクライナの首相が仕留めたイノシシだった。具体的には、その猪肉のグヤーシュね。

翌日あいつらは、そのイノシシみたいにあたしたちの国を解体した。

それで一巻の終わり」

メニュー

ポリーナ・イワノウナのレシピによる猪肉のグヤーシュ

猪の腰肉　七〇〇グラム
エシャロット　四本
マッシュルーム　二五〇グラム

オリーブ油　五〇ミリリットル
バター　五〇グラム
辛口の白ワイン　二〇〇ミリリットル
スメタナ（乳脂肪分一五パーセント）　二〇〇ミリリットル
マスタード　大さじ五
塩、胡椒

猪肉は短冊状に切る。エシャロットは長さ八〜一〇センチの斜め切りにし、太い茎は縦に切る。マッシュルームは太めの千切りにする。

フライパンをよく熱し、オリーブ油を引き、バターを入れて、猪肉を黄金色になるまで炒める。

マッシュルームとエシャロットを加えて炒める。中火にしてワインを注ぎ、四〜五分間煮る。その後、スメタナ、塩、胡椒を加え、全体を混ぜ合わせる。火から下ろし、マスタードを加えて再び混ぜる。

エシャロットはポロねぎ（リーキ）で代用可。マスタードはディジョンあるいは他のマイルドなものが最適。

第十六の皿　スピリドン・プーチン——サナトリウムの料理人

料理人とは、何よりもまず料理人なのだ。

ウラジーミル・プーチン

1

物事が自分の思いどおりに運ばないと、エプロンを床に投げつけ出ていった。第一次世界大戦前、サンクトペテルブルクの最高級レストランのひとつ〈アストリア〉では、そうなると大混乱に陥った——その男、スピリドン・プーチンが、上級料理人として高価な酒類の入った戸棚の鍵を持っていたのだ。プーチンがいなければ、アルメニア・コニャック〔正しくはブランデー〕もフランスのワインも出せなくなってしまう。少なくともプーチン家ではそう伝えられている。

この癇癪は死ぬまで続くが、引退後は小さなアパートで暮らし、釣りをしたり、おびただしい数の煙草を吸ったりしながら静かに余生を送ることになる。

孫のウラジーミルが祖父に会ったのはほんの数回きりだが、祖父が優れた料理人だったことは記憶にとどめた。一家に伝わる別の話によれば、帝政時代のある日、〈アストリア〉にラスプーチンが昼食を食べに来たという。プーチンはラスプーチンに何を調理したのか？〈アストリア〉の名物料理のどれか——

鶏肉のジュリエン〔きのこを使ったクリームグラタン〕？　仔羊肉のカツレツ？　それとも鱸《すずき》のオルリー風タルタルソース、キャビア添えだろうか？

それを憶えている者はもういない。

家族に伝わる話によれば、スピリドンの作る料理をいたくお気に召した宮廷の詐欺師は、食後に料理人を呼び寄せ、当人が来ると金貨を一枚手渡したという。プーチン家の高齢の人々は、つい最近までそれが家宝のひとつだったと断言する。いまでもその品を憶えている人はいるが、その後、二つの戦争があり、スターリンの時代が訪れ、雪解け、ペレストロイカがやって来た――そして、こうした出来事の間のどこかで金貨は行方知れずになった。

スピリドン・プーチン

スピリドン・プーチンがいかにして帝政時代のサンクトペテルブルクの最高級レストランのひとつにたどり着いたのかを憶えている者もいない。一説によれば、スピリドンはトヴェリ近郊の小村ポミノヴォ出身で貧しかった。どんな仕事でも構わず探し、十二歳のときにはもうレストランで下働きを始めた。まもなく何でも器用にこなせることがわかったので、料理人たちはスピリドンに仕事を教え込むようになった。そして三十歳になる前に尊敬される料理長となった。

だが、プーチン家は料理人の一族で、スピリドンはいとこたちから仕事を学んだのだと言う人もいる。黄金の帝政時代は第一次世界大戦の勃発と共に終わりを告げた。スピリドンは厨房からまっすぐ前線に行かされた。孫のウラジーミルは何年ものちにオリバー・ストーン監督にテレビのドキュメンタリー用にインタビューを受けた際、こう語る。祖父はまず塹壕からオーストリア兵を撃ったが、弾が当たると、すぐに救急箱を持って駆け出し、包帯をしてやった。こうしてオーストリア兵の命を救ったのだ。「もしも撃っていなければ、オーストリア兵に殺されていたでしょう」とプーチンは語った。

つまり、スピリドンは自分の身を守らねばならなかった。だが人殺しはしたくなかったのだ。この祖父は驚くほどウラジーミル・プーチンのロシアに似ている。というのも、プーチンのロシアもまた、武器を使用するのは――プロパガンダを信じるなら――もっぱら防衛のためなのだ。

2

料理人プーチンについて、ロシア国民は別のロング・インタビューで初めて知った。その少し前に、アルコールの過剰摂取でロシア国民を困らせるようになっていたボリス・エリツィンは、思いがけず料理人の孫ウラジーミルを後継者に指名した。選挙前の熱狂が続くなか、ＫＧＢに所属した過去を持つ若く精悍な柔道家がエリツィンの後継大統領となるかどうか、まもなく判明するはずだった。勝たねばならない選挙が近づいていていた。

『一人称で語る』というタイトルで出版された三人のロシア人ジャーナリストとのインタビューは、*このあまり知られていない政治家をロシア国民――と世界――に知らしめることを意図していた。プーチンはその中で自身の家族、ＫＧＢでの経歴、東ドイツで過ごした年月、妻、さらには密かに洗礼を授けてくれた祖母についても語っている。

そして祖父のことも。

「かなり腕のいい料理人だったに違いない、というのも第一次世界大戦後、レーニン〔本名ウラジーミル・イリイチ・ウリヤノフ〕とウリヤノフ一家全員が住んでいたモスクワ郊外のゴールキでの仕事を持ちかけられたからだ。レーニンが亡くなると、祖父はスターリンの別荘《ダーチャ》のひとつに異動になった。そこでとても長い間働いていた」当時まだロシア大統領候補だったウラジーミル・プーチンはこう語った。

「粛清の犠牲にはならなかったのですか？」ジャーナリストたちは尋ねた。

「いや、何らかの理由で祖父は生かしておいてもらえた」ウラジーミル・ウラジーミロヴィチは答えた。

「スターリンのそばで多くの時間を過ごした人々のうち、無傷で生き延びた者はほとんどいないが、祖父はそのうちのひとりだった。スターリンよりも長生きし、それから引退後は、イリンスコエというところにあるモスクワ党委員会のサナトリウムで料理人を務めた」

それ以来、ロシア大統領となったプーチンのほぼすべての伝記には、彼の祖父はレーニンとスターリンの料理人だったと書かれている。

＊ Владимир Путин, Наталия Геворкян, Наталья Тимакова, Андрей Колесников, *От первого лица. Разговоры с Владимиром Путиным*, Москва, 2001. アメリカ版は *First Person : An Astonishingly Frank Self-Portrait by Russia's President Vladimir Putin*, New York, 2000.

3

スピリドン・プーチンの家族はレニングラード封鎖と対ドイツ戦争で大勢を亡くした。四人の息子のうち、生き残ったのはウラジーミルとアレクサンドルの二人だけだった。ウラジーミル（ロシア大統領は彼の名を受け継いだ）は当時レニングラードに住んでいて、軍に志願した。配属されたＮＫＶＤ〔内務人民委員部〕の部隊は、キンギセップ〔レニングラード州西部の都市〕付近の敵の背後で破壊工作を行っていた。食料が尽きると、近くの村の農民のところへ行って助けを求めた。農民たちは彼らのことをドイツ軍に密告した。ウラジーミル・プーチンの同名の父の部隊は待ち伏せ攻撃を受けた。

二十八人のうち、生き残ったのはウラジーミルと戦友三人だけだった。プーチンの父は負傷していたうえ、追っ手から逃げる途中、葦の茎を使って呼吸しながら、湖に潜って一晩過ごした。奇蹟的にレニングラード近くまでたどり着くことができたが、疲労困憊し、傷は深かった。だれかがネヴァ川を渡るのを手助けしてくれなければ、生き残る見込みはなかったろう。

幸い、同じ部隊に近くの村の住人がいることがわかった。その人が負傷した父プーチンと共にネヴァ川を泳いで渡ってくれた。

「おまえは生きろ、俺は死にに戻る」去り際にそう言って、その人は部隊に戻っていった。

レニングラードが包囲されたという知らせはたちまち広まり、負傷したウラジーミルのもとへ妻マリヤは二歳の息子ヴィクトルを連れてなんとかたどり着いた。ヴィーチャ〔ヴィクトルの愛称〕は、当時この都市の住民だれもがそうであったように、常にお腹を空かせていた。それで父親は自分に配給された食料をすべて息子にやった――学校や幼稚園と同様に、病院でも給食があったのだ。

何が起きているかを見て取った看護師たちは、マリヤと子供を病院に入れないようにした。病院の食事は負傷者用であって、市内で飢え死にしかけている人たち用ではなかった。彼らはすでに死体のように扱われていた。

幼いヴィクトル・プーチンは封鎖を生き延びられなかった。ヴィクトルはジフテリアで死んだ。父と同名の息子ウラジーミル・プーチンは、大統領になってから、雑誌「ルースキー・ピオネール」に寄稿した感動的な記事の中で、衰弱した母親が崩れかけた建物から担架で運び出された様子を描写した。母親は辛くも死を免れた。

レニングラード封鎖当時のパンを試食せずに、プーチン家や現代ロシアを理解することはできない。

4

未来の大統領の叔父で、レニングラード封鎖をかろうじて生き延びたプーチン家の兄弟二人のうちの片方、故アレクサンドル・プーチンは、父親のスピリドンがいかに謙虚な人間であったか、同時に腕の立つ料理人だったかをあらゆるインタビューで強調した。「父は、料理芸術が花開いた帝政時代に仕事を覚えた。とりわけ肉や魚を調理するのが好きだったが、自分で考案した得意料理というものはなかった」アレクサンドルは「コムソモーリスカヤ・プラウダ」のインタビューで語った。「みんないつも満足してくれた。七十二歳になったとき、宴会を〔料理を作ってくれと――原註〕頼まれた。使える食材に制約があるとわかり〔品不足のため――訳註〕、父はひどく怒っていた。料理人にどんな制約があるというのか、何をいつどれだけ加えるかは料理人自身がわかっているはずだ！　と」

続けて、

「非常に原則を重んじる人で、食料不足の時代でも何ひとつ職場から家に持ち帰ったことはなかった。カナッペさえも。小さな二部屋でつましく暮らしていた。月百二十ルーブルの年金を受け取り、それ以上何も求めなかった。比類のない人だった。今日び、あんな人はめったにいない」

どうやらスピリドン・プーチンは料理人としての自分の仕事に誇りを持てなかったようだ。料理人はやりがいのない仕事だと思っていて、技師か建築家になればよかったと悔やんでいた。子供や孫に同じ道を歩んでほしくなかった。

スピリドンについてわかっているのは大体これだけだ。だが私はもっと知りたいと思った。

ゴールキ・レーニンスキエを訪れた際、ガイドやそこの館長にスピリドン・プーチンについて訊いてみた。全員が頑なに口をつぐんだ。

「いまも書類を探しているところです」館長は外交辞令的に言った。

「でもレーニンに料理を作っていたのはシューラ・ヴォロビヨワという話でしたよね？」私は食い下がった。

「大統領が祖父はここで働いていたと言った以上、彼はここで働いていたのです」館長は答えた。「書類はいずれ見つかると確信しています」

サンクトペテルブルクで私はレストラン〈アストリア〉に長年勤めた伝説的な支配人に話を聞いた。大統領の祖父については一度も耳にしたことがない、と支配人は率直に言った。だがその後、念のため自分の名前は出さないでほしいと言われた。スピリドン・プーチンに関して何らかの情報を見つけようとすればするほど、彼は私の手からすり抜けていった。公文書館や記録文書でスピリドンの履歴を確かめよう、せめて彼を個人的に知っていた人に話を聞こうとすればするほど、より大きな壁が目の前に立ちはだかった。

結局、私は理解した――スピリドン・プーチンが〈アストリア〉の料理人だったとか、ラスプーチンに金貨をもらったとかいういかなる証拠も見つからないのだと。

なぜか？

なぜならそんなものは存在しないから。彼がレーニンやスターリンのために料理したという証拠がないのと同様に。スピリドン・プーチンは生涯を通じて複数のサナトリウムで料理をしてきた。その中には党員用のサナトリウムもあった――それだけだ。もちろん、その党員の中にはスターリンの後継者であるニキータ・フルシチョフや、ヴャチェスラフ・モロトフもいた可能性はある。というのも、ウラジーミル・プーチンの叔父アレクサンドルがインタビューでそう述べたからだ。そして一度か二度は、スターリンが来賓として出席した晩餐会のために何か料理するよう頼まれたかもしれない。スターリンのダーチャのどれかでしばらく働いたことだってあったのでは？　ひょっとすると大がかりな宴会の際にクレムリンから仕事に招かれた料理人のひとりだったかも？　あるいはそこでだれかの代わりを務めたとか？

真相はもはや我々には知り得ない。だが私はひとつ確信していることがある。スピリドン・プーチンの経歴の半分は捏造されたものだ。そこでは事実と純然たるフィクションが混じり合っている。

スピリドン・プーチンの話はおそらく、ロシアのプロパガンダが――厨房から――いかに機能するかを示す最たる例だろう。その話が真実かどうかは重要ではない。人々がそれを信じることが重要なのだ。ラスプーチンを魅了し、その後レーニンにもスターリンにも料理を作った祖父は、ウラジーミル・プーチンにとって選挙前の絶好の宣伝材料となった。なぜなら祖父の経歴の中では、ロシア人が――当時起きたあらゆる悪にもかかわらず――懐かしく思う各時代がつなぎ合わされていたからだ。

「ソ連の指導者たちが私の祖父を信頼したのだから、皆さんも私を信頼していい」とウラジーミル・プーチンが言っているように見えたのだ。

そして実際にそうなった。

5

一度手に入れた権力をウラジーミル・プーチンはもう決して手放さなかった。二十年以上ずっとクレムリンに君臨している。何を食べているのか？　クレムリンは時折、外国の指導者との会談時のメニューを公表することがある。二〇一九年十二月、プーチンはヤルタで、ベラルーシのアレクサンドル・ルカシェンコ大統領と会談した。そのときテーブルに並んだのは、かぼちゃとトマトとチーズのサラダ、ニンジンのピュレを添えたイカ、グリーンピースのスープ、メダマヒメジという魚のアーティチョークとキヌア添え、メインディッシュは仔牛肉のステーキ、焼きポロねぎ添え、デザートはみかんのソルベとイチゴのタルトだった。

だがヴィクトル・ベリャーエフによると、指導者たちはテーブルの上にあるものを食べないことが多いという。ちゃんとした食事を取るのは公式の会談が終わったあとだ。だれも見ていないとき、プーチンは何を食べているのか？　ベリャーエフが唯一明かしてくれたのは、プーチンは異常なまでにアイスクリームが好きだということだ――彼のテーブルに並ぶデザートには、少なくともディッシャー一玉分は必ず供される。

ヤルタでの会談の際、プーチンはルカシェンコにサモワールと茶葉を贈った。ルカシェンコはお返しに、ベーコン、ホースラディッシュとマスタード、クランベリーの砂糖漬け、チーズ、フロドナ産のバストゥルマ〔乾燥牛肉〕、ヒレ肉などの食材を詰めた籠を持ってきた。ロシアのジャーナリストたちは、ベラルーシ人はだんだんいい贈り物を持ってくるようになったと冷笑的に指摘した――前回の訪問時、ルカシェンコはベラルーシのコルホーズが生産したじゃがいも数袋を持参したのだ。

数か月後、ベラルーシで大規模な抗議活動が始まった。四半世紀以上にわたって君臨しているルカシェンコに対して、何十万もの人々が反対の声を上げた。ところがプーチンはベラルーシのご馳走がお気に召したに違いない――抗議活動が続く間、口ひげに髪を横になでつけた独裁者を支持した。なぜなら、ロシア大統領はかつて、ソ連崩壊を悲しまない者には心がないが、ソ連の復活を望む者には脳がないと述べたにもかかわらず、彼の統治下でロシアはソヴィエト帝国の再建を目論んでいるからである。プーチンは少食かもしれないが、地域と世界における権力に対しては大いに食指を動かしている。ロシアはグルジア〔現ジョージア〕を攻撃し、中東の紛争に介入し、アメリカ合衆国やEU諸国の選挙に（効果的に）影響を与えようとしている。

だが、ロシアのこの政策の最も顕著な例は、二〇一四年に始まるウクライナ侵攻である。プーチンはそのとき、何事に対しても退かない姿勢を示した。

プーチンは、おそらく祖父のおかげで、料理人に好感を抱いている――そのうちのひとり、エヴゲーニイ・プリゴジンは、プーチンの特別任務を請け負う前は長年サンクトペテルブルクでレストランを経営していた。ＦＢＩはドナルド・トランプが勝利した二〇一六年のアメリカ大統領選に干渉したとしてプリゴジンを指名手配している。ワグネル・グループと呼ばれる彼の民間軍事組織は、対ウクライナ戦争のために凶悪犯罪者を刑務所から引き抜き、もし生き延びた場合は刑期を短縮すると約束したことで有名になった。その後、プリゴジンは受刑者たちを前線の最も危険な区域に送り込んだ。そこには、第二次世界大戦以降、最も長く占領された都市、そして前線で最も血なまぐさい場所となったバフムトも含まれる。ウクライナ側の計算によると、前線のいくつかの場所では平均して七分間に一人、ワグネル・グループのメンバーが死んだという。

生き残った者たちは約束された自由を手に入れた。ピカリョヴォ〔レニングラード州の町〕出身のアナトーリイ・サルミンは、ワグネル・グループに加わる前は友人殺しの罪で服役中だった。サルミンはたまたま幸運に恵まれた。生き延びてピカリョヴォに戻ったが、いまでは町全体が彼を恐れている。

ワグネル・グループはバフムト制圧に際して多くの兵士を失った。その後――皆が驚いたことに――グループの指導者、プーチンの元料理人は、ロシア軍の上層部に反旗を翻し（とりわけ味方を致命的な攻撃にさらした国防省を公然と非難した）、モスクワに向けて決死の行進を開始した。多くの人が誤ってクーデターと呼んだこの行進は二十四時間足らずで終わったが、その前にプリゴジンと配下の者たちはクレムリンの上層部を怒らせることに成功した――そして西側のロシア専門家の多くが驚いたことに、一発も発砲することなくロストフ・ナ・ドヌの南部軍管区司令部を掌握し、その後、ヴォロネジを制圧してモスクワまで二〇〇キロメートル弱の地点に到達したが、突然前進を断念した。もちろん、こうしたすべてが可能となったのは、ロシア軍がプリゴジンの奇襲にどう対応すればいいのか、それが一人（あるいは少数）による無計画な行動なのか、それとも――クレムリンで時折起きたような――権力を掌握するための大規模な行動の結果なのか、よくわかっていなかったがゆえである。

プリゴジンは部隊を呼び戻し、二十四時間も経たないうちに降伏した。どうやらベラルーシのアレクサンドル・ルカシェンコ大統領がクレムリンと交渉したらしい。

そこで具体的に何が交渉されたのか——そしてあの反乱は正確には何だったのか——私たちが知ることはおそらくもうないだろう。それでもやはり、ロシアにおいて、ある料理人の孫が権力闘争において別の料理人と対立したという事実は、本書の読者にとってもはや驚くにはあたらない。

第十七の皿　チェブレキ――クリミア・タタール人の料理

1

「チェブレキ食べるかい？」エルファン・クドゥソフは、大人になっても人を魅了する力と遊び心を失っていない少年の、やや斜視ぎみの黒っぽい目の魔力で私をじっと見つめる。「キーウ一うまいよ、嘘じゃないぜ」

小麦粉と塩と水で作るタタール風ピロシキ、チェブレキは私の好物だ。おいしいという彼の言葉は信じるが、しかしひとたび宴会を始めれば、仕事の気分は失せてしまう。だからまず夏の黒海沿岸の溶けたアスファルトみたいに黒くて濃いタタール風コーヒーを一杯頼む。ここで来客を迎える絨毯の上にゆったりと座り、私はレコーダーのスイッチを入れる。クリミア。追放。再びクリミア。再び追放。それに厨房、恋愛、戦争。聞くべきことがたくさんある。

エルファンは子供時代のクリミアの記憶がない。憶えているはずがない。彼は、先祖であるクリミア・タタール人を根絶やしにすることを企図した強制移住から四半世紀後に生まれた。思い出せるのは祖母が作ってくれた料理だけだ――まさにチェブレキ〔クリミア・タタール語ではチベレク〕、それからキョベテ〔肉と米などの具を詰めたパイ〕、ヤントゥク〔揚げずに焼いたチェブレキ〕、サルマ〔ブドウの葉で挽き肉を包んで焼いた料理〕、ショルバ〔羊肉のスープ〕。料理上手だった祖母が鍋を火にかけると、クリミアを憶えている年長者たちは目を輝かせ、自分たちの畑や草原や家々やブドウ畑を思い出しはじめた。自分たちの隣人のことも。そして、クリミア・タタール人が何百年も前から暮らし、こうした話の中では楽園のように聞こえる美しい半島での自分たちの生活のことも。

　エルファンの父親は、一九四四年に両親――エルファンの祖父母――がウズベキスタンに強制移住させられたとき、まだ二歳だったにもかかわらず、シンフェロポリ近郊で家族が暮らした家とその部屋をすべて完璧に憶えているといつも言い張っていた。

「僕らは父の話を無害な妄言と見なしていた」エルファンは言う。「何か憶えているには父は幼すぎたとわかっていたからね。昔住んでいた家についての父の記憶は、本当ではないが、年寄りを喜ばすために話してもいいおとぎ話なんだと思っていたんだ」

　エルファンは子供の頃クリミアの話を山ほど聞かされたせいで、時折クリミアの夢を見ることがあった。

「自分がそこへ行ったことがあるような気がしていたんだ。夢の中では何か当然のことのように思えてね。いまはもう、それが遺伝子のせいだとわかる」エルファンは言う。「だって僕の先祖は皆、父の代まで、あそこで生まれ、あそこで死んでいったんだから。僕の母は強制移住から二年後にウズベキスタンで生まれた。僕は、先祖の記憶を除けばクリミアとは何のつながりもない最初の世代だった。スターリンはクリミア・タタール人を父祖の土地から切り離し、まったく新しい場所に移住させようと思いついた。その地で、ウズベキスタンで、僕らがウズベク人に混じり合って存在しなくなるように。スターリンはもう少しでうまくいくところだった。僕がそのいい例だ。でも順番に行こう」

2

ディリャラ・セイトヴェリエワ――クリミア・タタール人にとってはディリャラ・ハーヌム、最も尊敬される女性はハーヌムという敬称をつけて呼ぶのだ――は優しい笑顔の落ち着いた女性で、顔だけ見たら、もう七十歳とはとても思えない。私たちは、ディリャラさんが滞在中のキーウにある子供たちの家の庭で面会している。

「でももうすぐクリミアに帰りますよ」彼女は念を押す。「あそこからはもうどこにも行きません。わたしたち一族はあそこで暮らすために、あまりに多くを犠牲にしてきました」

そこで私は山盛りのクリミア産ドライフルーツとナッツに手を伸ばし――テーブルに並んだおいしいものを食べないのは主人に対して失礼にあたるから――タールのように濃いコーヒーにまた口をつけながら耳を傾ける。ディリャラ・ハーヌムは、ロシア人がクリミア・タタール人の強制移住を長年計画していたことは間違いないと考えている。

「エカチェリーナ二世の時代にはすでに、わたしたちは追放されていました」ディリャラさんは強調する。「でも最悪の時代はボリシェヴィキと共にやって来た。彼らの支配が始まると、まず、ボリシェヴィキにとって都合の悪い他の人々と同じく、わたしたちも飢えに苦しみました。一九二一年、クリミアでは十万人以上が餓死したのです。さらに五万人が、より住みやすい場所を求めて半島を離れました。五人に一人がね」

その後もクリミア・タタール人にとって困難な時代が続いた。ソ連はテロと暗殺というお得意の手段を使って、クリミア・タタール人を完全に従わせようとした。一九三八年四月、ＮＫＶＤ〔内務人民委員部〕は、作家、思想家、学者、聖職者、クリミア・タタール民族代議機関メジュリスのメンバーといったエリートたちを射殺した。

　第二次世界大戦中、ドイツ軍はロシア人に対するクリミア・タタール人の敵意を利用し、クリミアでソ連のパルチザンと戦う際、彼らに協力させた。

「一九四四年、ソヴィエト連邦がドイツ軍からクリミアを奪還するやいなや、ロシア人は報復に出ました。わたしたちを追放したのです。全員、ひとり残らず」セイトヴェリエワは言う。「公式には、ドイツ軍に協力した罰としてです。でも、それがわたしたちを追い出すための口実に過ぎないことは、だれもが知っています。強制移住は実に込み入った作戦でした。戦争はまだ続いていて、何百万人もの兵士が前線にいました。ところがＮＫＶＤはたった二日半で、およそ二十万人をクリミアからウズベキスタンに移送したのです。ひとり残らず」

　今日、クリミア・タタール人は、スターリンの命で行われたこの強制移住を集団虐殺《ジェノサイド》と見なしている。

　正確を期すならば、強制移住作戦が行われたあともクリミアには、僻地のアラバト砂州《スピット》にクリミア・タタール人の村があと二つ残っていた。そこの住民は漁業に従事し、文明から遠く離れて暮らしていたため、ＮＫＶＤの機構も見落としたのだ。移住作戦を指揮したボグダン・コブロフ、「サモワール」の異名を持つ将軍が残る二つの村の存在を知ったのは、首尾よく効率的に実行された作戦の褒美に彼と部下たちがすでに勲章をもらったあとのことだった。いまになって作戦が完璧ではなかったと指導部のだれかに知られてはまずかった。そこで、コブロフは二つの村の住民を艀に乗せ、縛って海に投げ込むよう命じた。

　全員が死亡した。

チンギス・ハンの後裔の時代から、すなわち五百年間タタール人の手にあったクリミア半島には、ひとりのタタール人も残らなかった。

3

「つい最近だよ、ヴィトルト、うちの両親や祖父母が追放後にどんな暮らしをしていたかが、ようやくわかったのは」エルファンは言う。「母と何かの話をしていたとき、母がこんな言い回しをしたんだ。『わたしたちがまだ避難壕に住んでいた頃』って。最初は厳しい環境で暮らしていたと聞いてはいたけど、それが一年か一年半続いて、それから家を建てたんだと思っていた。でもいまや自分自身が難民生活を送るようになって、改めて当時の話を聞くようになった。そしたらなんと、母は十二歳まで避難壕に住んでいたって言うんだ！　地面に掘って、防水布で覆った穴の中にだよ。そのうえ僕は母が住んでいた場所に友達と何度も遊びに行ったことがあった。僕らはそこを『穴ぼこ』と呼んでいて、考古学者か技術者がそこで何か発掘しているんだとばかり思っていた。かつて自分の家族が暮らしていた場所を駆け回っているだなんて思いもしなかったんだ。それもいちばん近しい家族が。母さん、ばあちゃん、じいちゃん、おじさんやおばさんたちが」

「追放後の最初の一年はひどいものだった」ディリャラ・ハーヌムが付け加える。「人々は飢えて病気になった。次々と死んでいきました」

一九四四年に追放されたクリミア・タタール人のほぼ半数が、一年以内に飢餓または病気で死亡した。セイトヴェリエワの兄で一九四三年生まれのムスタファ・ジェミーレフ――クリミア・タタール人にとってはムスタファ・ハーン――は後年、ソヴィエト連邦の少数民族クリミア・タタール人の最も有名な活動家のひとりとなった。彼は合計十五年間、刑務所と強制収容所《ラーゲリ》で服役した。すべて、タタール人のクリミアへの帰還を求めて戦ったがゆえである。

「ムスタファ・ハーンはよく話していましたよ、スターリンが死んだとき、学校全体がヒステリーに陥ったと」ディリャラさんは言う。「校長や教師たちも含め、全員が泣いたそうよ。クリミア・タタール人の子供を除いて全員が。クリミア・タタール人の子供たちは、スターリンがわたしたちの民族に何をしたかよく知っていました。十二歳か十三歳のひとりの男の子が、そのとき急いで家に戻って玉ねぎを取ってくると、年下の子たちにそれで目をこするように言ったとムスタファ・ハーンは話していました。『泣かなくちゃいけないんだ』とその子は言った。『さもないと俺たちの親が監獄に連れていかれちまう』と。ずっとそんなふうだった。わたしたちは適応していきました。必要ならば泣きもした。でもみんな本当のことを知っていたんです」

生き延びた人々は非常に強力な洗脳を受けた。「僕の父は熱烈な親クリミア・タタール派だった」エルファン・クドゥソフは当時を振り返る。「父の写真スタジオには味方の活動家たちがよく集まっていたよ。彼らは共同で書簡に署名し、モスクワの書記長宛てに送った。もしスターリン、フルシチョフ、ブレジネフが不幸なクリミア・タタール人の運命を知れば、きっと味方してくれるはずだという奇妙な確信を抱いていたから。もちろんこうした書簡はKGBの怒りを招いただけだった。父の写真スタジオは何度も捜索を受け、印画紙の枚数が数えられた。というのも、そうした署名は一枚残らず写真複写としてのみ送られていたから。だが連中は、父が賄賂を使って印画紙生産工場で印画紙を追加購入していることを知らなかった」

しかし、父親が熱烈なクリミア・タタールの愛国者であればあるほど、エルファン自身の言によると、子供の頃の自分はソ連のプロパガンダに染まりきっていたという。

「仮に父と一緒に暮らしていたら、僕は反体制派に育っていただろう。でも両親が離婚して、父に会うのは月に数日だけだった。僕の身を案じた母は、僕を共産主義青年同盟《コムソモール》の集会に行かせるようになった。ガキの頃も思春期になってからも僕は共産主義を心から信じていて、僕らは可能なかぎり最良の体制の中で生きているんだと思い込んでいた。愚かしくも白状すると、僕は完全に洗脳されていたんだ。もちろん、レーニンが言ったように、あらゆる民族が平等なこの最良の体制で、なぜ僕らだけあまり平等に扱われていないのか、いささか腑に落ちなかった。でもレーニンは、共産主義に向かう途上では間違いが起こり得るとも述べた。それは戦時の興奮状態で犯される過ちなのだと僕は思っていた。そのうえ、それは修正可能なのだと」

ただ何年過ぎても、その間違いを正す者はいなかった。それどころか、数十年にわたる追放後に自力でクリミアに戻ろうとしたタタール人の中には、当局からの非常に厳しい反応に直面した人々もいた。一九六〇年代、ソヴィエト連邦はクリミアで働く人材を探していたが、当局は――偶然にも――当時帰還を果たした数百のクリミア・タタール人家族を選ばなかった。

「その中には僕の妻の家族もいた」エルファンは言う。「その人たちがどんな目に遭ってきたのか想像もできないよ。家から追い出され、食べるものも飲むものもなく草原《ステップ》に移送されたんだ。一方、僕はコムソモールの歌を楽しそうに歌っていた。ところが僕の未来の舅と姑は悲劇を経験していたんだ。自分たちの先祖代々の土地に住もうとしたせいで」

同じ頃、ディリャラ・ハーヌムの兄、ムスタファァ・ジェミーレフが初めて投獄される。

4

一九七五年、ディリャラさんが第一子を妊娠していたとき、夫が重要な決断を下した。

「除隊して、ウズベキスタンのわたしたちのところへ帰ってくる代わりに、わたしたちの家を探しにクリミアへ行ったんです」ディリャラさんは当時を振り返る。「兄はその頃、刑務所にいました。夫はどこに行ったかわからず、この先どうなるかもわからなかった。でも賽は投げられたのです。それ以降、わたしたちの生活は一変しました」

数か月後、ディリャラ・ハーヌムは夫に合流した。夫は、かつてクリミア・ハン国の首都だったバフチサライ近くの、世間から隔絶した小さな村に家を見つけていた。

「そこは空き家で、朽ち果てていました。大変でしたよ、そこに住むのは。水も電気もなくて。最寄りのバス停まで二キロあって、一日に一度、そこからバスでもっと大きな町まで行けました。そんな環境で長男が生まれたんです。やがてわたしの両親もやって来た。ふたりともうれしさのあまり泣いていました。わたしの父が生まれたのは十九世紀の終わり。やって来た頃はもう七十代で、クリミアをまた目にすることになるとは思ってもいなかった。でも悲しいこともありました。というのも、ソ連統治下のクリミアはずいぶん荒れ果ててましたから」

クリミアにおけるセイトヴェリエフ一家の存在は、当局の観点からすると違法だった。

「連中はあの手この手でわたしたちの邪魔をしてきました」ディリャラ・ハーヌムは当時を振り返る。「第一に住民登録をしてくれなかった。そのせいでわたしたちは仕事に就けなかったんです。荒廃した地元のコルホーズの責任者はわたしたちを雇いたがっていて、さまざまな問題について何度も助言を求められたというのに。夫もわたしも大学出の技師だったから」

同じ頃、当局は、なんとか法の網をかいくぐってクリミアに住み着くことができたタタール人たち全員を一貫して狙い撃ちしていた。彼らはありとあらゆる弾圧を行った。民警が真夜中にやって来て、しばしば幼い子供も含む家族全員が車に詰め込まれ、ステップのはるか彼方に連れていかれることがあった。彼らは水も食べ物も与えられず、そこに置き去りにされた。

「そうやって八回も追放された人を知っています」ディリャラ・ハーヌムは述懐する。「そのうえ連中は毎回その人の家にごみをコンテナごとぶちまけたり、汚水を流し込んだりしたのよ、帰るところがなくなるように。でもその人は毎回戻ってきて、近所の人たちの助けを借りて家を掃除して、何もかもゼロから始めたんです。わたしたちクリミア・タタール人に何か得意なことがあるとすれば、それはきっと人生をゼロから始めること。ソヴィエトの連中にそれをたたき込まれたんですよ」

そんなわけでディリャラ・ハーヌムは夫とクリミアに住んではいたが、公式にはソヴィエト連邦の別の地域、クラスノダール地方に住民登録されていた。ふたりは仕事に就くことができず、もっぱら家の周辺に生えているものを食べて暮らした。

「庭に何か植えることもできなかった」ディリャラ・ハーヌムは回想する。「スイカやかぼちゃのひとつも。どうしていたかって？　道端に生えているものを何でもかんでも集めたものよ。イヌバラとかサンシユユとか、さまざまな薬草を。知り合いが何か持ってきてくれることもあった。わたしたちのために野菜を植えてくれたりもした。でも家のそばじゃなくて、たとえば道端やコルホーズの端のどこかに。そのおかげで生き延びたのよ」

二、三年後、地元のＫＧＢは自分たちが行っている弾圧が効果を上げていないことに気づいた。
「連中は多くの時間と労力を費やしたけど、それでもわたしたちは戻ってきて、子供たちが生まれた。クリミアにタタール人はひとりもいないことになっていたけれど、わたしたちの数は次第に増えていきました」ディリャラ・ハーヌムは言う。「連中としては何か手を打たないといけなかった。その後、クリミア・タタール人をステップに連行すると、すぐにブルドーザーがやって来て、その人たちの家を取り壊すようになりました。人々には帰るところがなくなってしまった」

「それで、その人たちは出ていったんですか?」私は尋ねる。

「まさか」ディリャラさんは肩をすくめる。まるで私がクリミア・タタール人について、ソヴィエト連邦との静かな戦いにおけるクリミア・タタール人の底力について何も知らないとでもいうかのように。「当時クリミアに行った人たちは皆、容易じゃないとわかっていた。わたしたちはあらゆる覚悟をしていたのです」

クリミア・タタール人に対する弾圧は一九七八年に頂点に達した。最初の深刻な悲劇が起きたのもその年だ。もう何度目かに家族ともどもステップの真ん中に連行されかけ、絶望のあまり自暴自棄になったムーサ・マムット〔一九三一―七八。クリミア・タタール人のトラクター運転手〕という男が、ガソリンをかぶって焼身自殺したのだ。

「彼の葬式にも行かせてもらえなかった」ディリャラ・ハーヌムは当時を振り返る。「わたしの夫と近所の男たちは車で出かけました。でもマムットの村に通じる道はすべて遮断されていて、民警と当局の連中が葬儀に参列しようとする人たちを全員追い返していたそうよ。夫は野原を何キロも歩いてその村にたどり着いたんです」

セイトヴェリエフ家の者はだれもクリミアに合法的に居住していなかったため、最後に住民登録した場所へ定期的に行かねばならなかった。

「その頃には当局も、わたしたちが自発的にクリミアを離れるつもりがないとわかっていました」ディリャラ・ハーヌムは言う。「だからわたしたちが留守なのをいいことに、一九七九年四月十二日、ひとり家に残っていたわたしの母のところにやって来たんです。ムーサ・マムットが死んだあとだったから、わたしたちが破れかぶれになって何かしでかすんじゃないかと当局は恐れていたのね。母のところに、ひとりで家にいた年寄りのところに十台の車で大挙来襲したんです。その中には万一に備えて消防隊までいた。同時に、わたしたちがクリミアに帰れないようにしました。その代わり、母がクラスノダール地方のわたしたちのところに来ることになった。それから十年間、わたしたちはそこに残る羽目になりました」

クラスノダール地方でディリャラさん一家はブレジネフの死も父親の死も経験した。ムスタファ・ハーンは父親を故人の愛したクリミアに埋葬しようとしたが不首尾に終わった。

「ソヴィエト連邦がクリミアから排除したのは、わたしたちとわたしたちの友人だけじゃなかった。クリミア・タタール人がそこに住んでいた痕跡もすべて消し去っていった。わたしたちはぞっとしながらそれを見つめていました。彼らはわたしたちのかつての墓地を破壊し、その場所にコルホーズのコンバインを走らせた。わたしたちの言語に由来する地名をほぼすべて変更した。十六世紀に建てられたわたしたちのマドラサ〔イスラームの学院〕、ジンジルリは、クリミア・ハン国の時代に哲学者や詩人や天文学者が学んだ場所だったのに……精神科の病院に変えられてしまった。どうかわたしが精神障害者に反感を持っているとは思わないでくださいね。でもソ連がそんなことをしたのは決して偶然ではないのよ」

「というと？」

「彼らは象徴《シンボル》の使い方をよく心得ている。だから、何世紀にもわたってクリミア・タタールの科学と芸術が花開いていた場所を精神障害者用の病院に変えたとすれば、本当に、彼らは自分たちが何をしているかよくわかったうえでそうしたのよ。でもね、クリミア・タタール人の文化の痕跡を消し去ることは、それよりもっと取るに足りない問題においても示された。わたしたちが住んでいたクラスノダール地方の町にはバスターミナルがあってね。ゴルバチョフの時代にはすでに小規模な個人の商売は認められていたから、あるクリミア・タタール人の女性がそこに小さな店を開いてチェブレキを売っていたの。店の上にはブロック体で大きく『チェブレキ』と書いてあった。だってほかに書きようがないでしょ？　でも、チェブレキは元々わたしたちクリミア・タタール人が広めたものだってことは知っといてもらわなくちゃ。西はベラルーシのブレストから東はウラジオストクまでソヴィエト連邦全土で食べられていて、それがクリミア・タタール料理だということはだれもが知っていました。でも、わたしたちが住んでいたところはクリミアに近すぎた。そこでは料理さえも、わたしたちのチェブレキさえもが政治問題になったんです。だからある日、その女性の店を民警が訪れた。そして次の日から、その店の看板は『チェブレキ』ではなく『南国風ピロシキ』になった。南国風ピロシキよ。それを作っている女性がクリミア・タタール人だってことや、何百年もの間クリミア半島のタタール人が自分たちのチェブレキを作ってきたのとまさに同じやり方で作っていたことにはお構いなしに」

5

セイトヴェリエフ一家が当局と争っている間に、若きコムソモール員エルファンはウズベキスタンの学校を卒業し、ロシアの大学に入学する。

「法学部に入った」エルファンは言う。「当時は気づいていなかったけど、僕はクリミア・タタール人で唯一、法学部への入学を認められた学生だったんだ。僕たちが就くことを許されていない職業一覧があって、その中には法律家やジャーナリストも含まれていた。でもどうやら当局は、コムソモールにすっかり洗脳された僕は無害な存在だと信じたらしい。法学部への入学を認めてくれたんだから。でもモスクワではなく、首都から二〇〇キロ離れたイヴァノヴォの大学だった」

その間、ソヴィエト連邦ではミハイル・ゴルバチョフが政権の座につく。ソ連邦の指導者の中で初めて、これまで困難だった課題に取り組もうとした人物である。ゴルバチョフが旗印に掲げたスローガン、ペレストロイカとグラスノスチ以外にも、久しく感じられなかった自由な雰囲気が広がる。クリミア・タタール人はこの機に乗じて、モスクワの赤の広場で大規模な抗議デモを組織し、自分たちの土地に戻る権利を求めて戦う。

「僕はクリミアで暮らしたことはないけど、そのクリミア・タタール人たちのうねりを感じたんだ」エルファンは言う。「そして自分も先祖の土地に帰りたいと思った。学生時代に研修でシンフェロポリの検察庁に行ったことがあって、そこでとても良い評価をもらったんだ。そして凶悪殺人事件に関する卒論を書いて優秀な成績で大学を卒業したあと、あそこで働きたいと思った。願書を提出して待ったよ。ところが返事が来なかったので、飛行機に乗って、どうなっているのか確かめに行ったんだ。検察庁に行ってみると、とても感じがよくてね、コーヒーが出て、和やかに話をしていたら、秘書から、検事長が僕とじきじきに話をしたがっていると言われた。すばらしい、話しましょう！　検事長はとても温かく迎えてくれて、ここまでどうやって来たのか尋ねたりしたあと、ちょうど休み時間だから何か食べに外へ出ましょうと言う。そして庁舎の外に出ると率直にこう訊いた。『君はウズベキスタン生まれのようだね？』『ええ、ウズベキスタン生まれです』『クリミア・タタール人かね？』『ええ、クリミア・タタール人です』検事長は僕にこう言った。『正直に言おう。君はここで働くために必要な資質をすべて持ち合わせている。だが私はモスクワから命令を受けていて、君たちに仕事を与えることができないのだ』と」

「で、どう返事をしたんです？」

「愕然としたよ。第一に、それまで僕は本気で共産主義を信じていて、クリミア・タタール人の強制移住は戦時中に起きた何かの間違いであって、修正可能だと思っていた。ところがここに来て、それは間違いじゃなくて故意の政策であるという明白な証拠を得たわけだ。第二に、テレビではゴルバチョフが、今後ソヴィエト連邦は変わろうとしている、誤りを修正していくのだと僕らに語りかけている。ところがクリミアの検事長は、内々に、庁舎の外で、クリミア・タタール人を雇用しないようモスクワから命令を受けていると言う。真実はどこにあるのか？　だれが嘘をついているのか？　僕にはわからなかった。でもまさにその日、シンフェロポリで、僕の変化の過程が始まったんだ」

政治的な変化は緩慢だったかもしれないが、ゴルバチョフの時代にクリミア・タタール人がウズベキスタンから先祖の土地に大挙して移動しはじめたのは事実だ。彼らの移動《エクソダス》があまりに大規模だったため、ソ連のアエロフロート航空はタシケントからシンフェロポリへの直行便を就航させた。この便は当時ソヴィエト連邦全土で最も乗客の多い便のひとつだった。一日に三便飛ぶことさえあった。

「わたしの妹はその頃タシケントに住んでいました」ディリャラ・ハーヌムは回想する。「うちの家族は、兄のことがあって、クリミア・タタール人全員に知られていたので、妹の家は旅に出る前に人々が立ち寄る場所になっていました。鍵はいつも玄関マットの下にあって、宿泊や休憩が必要な人はだれでも立ち寄って、紅茶を淹れたり、何か食べたり、休んだりして、そこからまた旅を続けることができたんです」

エルファンは言う。「僕はヤルタの遠い親戚の家に住まわせてもらった。クリミアには日ごとにますます僕らクリミア・タタール人が増えていった。楽しいピクニックみたいな雰囲気だったな。通りに出ると、しょっちゅう親戚や知り合いに出くわす。いつ着いたんだ？　どこに住んでるの？　何か必要なものはある？　来いよ、乾杯しようぜ、何もかもうまく収まるように。あの頃、僕の人生はそんなふうだった。仕事もなんとかなった。民間事業の立ち上げをゴルバチョフが認めたので、シンフェロポリのユダヤ人たちが銀行を設立したんだ。彼らはモスクワに行って、必要なすべての承認と認可を取得してクリミアに戻ってきた。ところがその後、働く意欲のある人材が見つからないことが判明した。人々には、国営企業の方が民間銀行の仕事よりはるかに安定しているように思えたんだな。それでこのユダヤ人たちはどうすればいいか困っていた。そこへ突然、何千ものタタール人がやって来て、その中には会計士や出納係、教育を受けた経済の専門家もいた。僕もその銀行に雇われたんだけど、僕の人生で最も異例の仕事だったと言わざるを得ない。ユダヤ人が経営する銀行なのに、従業員は全員イスラム教徒。しかも、そこでいざこざが起きたことは一度もなかったんだ」

やがてエルファンは、自分が凶悪殺人事件だけでなくビジネスの世界でも才能に恵まれていることに気づく。数年間、複数の銀行で働いたあと、不動産会社を立ち上げる。ついには、市から数か所の広場を借りて、そこに市場を設立する。

「そのうち二か所では花を商い、一か所は建設資材、もう一か所はいわゆる蚤の市で、骨董品や絵画やさまざまながらくたを売っていた。とてもいい暮らしをしてたよ。でも常に肝に銘じていたことがひとつある。僕は不動産を売ることもできるし、銀行で働くこともできるし、自分の市場を経営することもできる。でも、食べ物に関わることだけは決して、絶対にやらない、と。レストランもバーも、飲食業には関わらない。ともかくだめだ。何人かの友人が飲食業を始めたんだけど、それがどんなに大変な仕事で、どれほどの献身と時間が必要かをこの目で見てきた。僕は一生、レストラン業とは距離を置こうって決めたんだ」

6

エルファンは生花市場を経営し、ディリャラ・ハーヌムは一九八〇年代の終わりにクリミアに二度目の帰還を果たすと草の根運動に取りかかり、クリミア・タタール語教育の発展に取り組みはじめた。兄のムスタファ・ジェミーレフはクリミア・タタール民族代表機関メジュリスの議長となった。

「スターリンが追放したよりも多くのクリミア・タタール人がウズベキスタンからやって来ました」ディリャラ・ハーヌムは言う。「わたしたちが学校を開くと、それまでクリミア・タタール語をほとんど知らなかった若者たちが、突然、先祖の言語で話しはじめたんです。これからはよくなる一方のように思えましたよ。数年後、わたしの子供たちは教育を受けるために世界各地に散らばりました。わたしたちは子供を経済的に支える余裕がなかったので、子供たちはそれぞれ、自力で稼がないといけなかった。トルコで働いていた下の息子は、夏の間はトルコの保養地で給仕係として雇われていました。その息子がある日バフチサライの家に帰ってきて、周辺を見て回ると、わたしのいとこのものだった家について尋ねてきたんです。

『おばさんはあの家を使うつもりがあるのかな？　どうして空き家なの？』

わたしはこう答えました、あの家を使うつもりがあるかどうかは知らない、だってもう別の家があるし、あの家はもうかなりひどい状態だから。

『母さん』息子は言いました。『あの家はレストランをやるのにぴったりだよ』

正直に言うとね、ヴィトルト、わたしは息子が何を言っているのかさっぱりわからなかった。『レストランをやる』ですって？　ソヴィエト連邦で育ったわたしたちには、そういう考えがなかったんです。わたしたちは、個人が事業を始めようとすることが非難される体制の中で育ちました。すべて国有でないといけなかったんです。ウズベキスタンにいた頃、母はわたしたちを養うために牛乳やチーズを市場に運んでいたけれど、わたしは恥ずかしくて仕方なかった。というのも、そういう人たちを学校の先生がたは『闇商人』とか『旧体制の遺物』と呼んでいたから。わたしは子供心に自分の母親がそんな『遺物』になるのが嫌だった。その考えはわたしの中に深く刻み込まれました。でも、わたしはそのすべてを息子の目で見てみようとしたんです。クリミアを訪れる観光客はますます増えていました。観光で稼いでいたのはもっぱら海の近くに土地を持っている人たちだった。かたやバフチサライは、かつてクリミア・ハン国の首都だった歴史ある都市なのに、観光で稼いでいる人はほとんどいませんでした。わたしのいとこの家は風光明媚な場所にあった——歴代のハンの宮殿に程近い丘の中腹で、涼しくて気持ちのいい場所でした。そのうえ、すぐそばに泉があって、わたしたちの先祖は、最高のコーヒーは湧き水を使って淹れることをとうに発見していたんです。息子の言うとおりかもしれないと思った……」

一家総出で仕事に取りかかった——よその人を雇う金はなかったので、自分たちの手でいとこの家を改築し、丘の中腹に小さなデッキを建て、そこに客用のテーブルを置いた。

「何もかも自分たちでやったのよ」ディリャラ・ハーヌムは当時を振り返る。「メニューにはわたしたち家族の作る料理を載せました。大半はクリミア・タタール料理だったけれど、でもひとつ知っておいてほしいことがある。わたしたちは数十年間ウズベク人と隣り合って暮らしていました。そしてウズベク料理は世界最高の料理のひとつ。影響を受けないわけにはいかなかった。だからいまではクリミア・タタール人は皆、ウズベキスタンのプロフという肉入り炊き込みご飯と、マンティという小さい蒸し餃子を作ります。これもいまやわたしたちの伝統の一部なのよ、ウズベキスタンへの追放がわたしたちの歴史の一部となったのと同じように。だからそれらもメニューに載せたんです。

　わたしたちはレストランを〈ムサーフィル〔アラビア語で旅人の意〕〉と名付けました。息子は、三年後、うまくいけば二年後には利益が出はじめるだろうと見込んでいました。ところが一年も経たないうちに黒字になったんですよ。まったくとんでもない時代でした。わたしは政治に関わっていて、同時にわたしの作るチェブレキはお客さんに大好評だった。そんなわけで、市のメジュリスで教育に関する会議に出ていると、息子から電話がかかってくるの、『母さん、助けて、団体客が来た』って。それでわたしは議論を中途で放り出して、みんなに謝って、急いで帰ると、チェブレキを作って、それをお客さんに出して、一時間後にはメジュリスに戻るという具合。たくさんの野菜や果物がうちの庭で採れました。肉もうちでさばくか、近所の人たちから調達していたんです。わたしたちは、わたしが母から、母がそのまた母から教わったとおりに作っていました。メニューにあったのは、チェブレキ、ヤントゥク、サルマ、ドルマ〔野菜の肉詰め〕、イマム・バユルドゥ〔「坊さんの気絶」の意。茄子を使った肉詰め料理〕、ノフトゥル・エット〔仔羊肉とひよこ豆の煮込み〕でした」

7

二〇一三年十一月、ウクライナの大統領ヴィクトル・ヤヌコーヴィチがEUとの連合協定への署名を拒否したことで、クリミアではすべてが一変した。数日のうちに数万人、その後数十万人がキーウの街頭に繰り出した。警察〔かつて存在したベルクトと呼ばれる特殊部隊――訳註〕は極めて残忍な対応を取り、数百人が殺害された。だがデモ参加者は減らなかった。その圧力を受けてヤヌコーヴィチはウクライナからロシアに逃亡を余儀なくされた。

ロシアにとって、ウクライナのＥＵへの接近は事実上、この重要な国を己の勢力圏から手放すことを意味するため、断じて許すことはできなかった。二〇一四年二月末、それまでウクライナ領だったクリミアがロシア軍に占領された。一か月後、クリミアで住民投票が実施され、半島の住民の過半数がロシアへの編入に賛成票を投じた。

「ばかげた話さ」それに対してエルファンは言う。「クリミアの親ロシア政党は一度も地元議会に議席を持ったことがなく、支持率も極めて低かった。もちろん、クリミアの住民の多くはロシア語を話していた。でも彼らはロシアへの編入なんてまったく望んでいなかった。あの投票結果は、あの偽の住民投票が行われる前にクレムリンで印刷されたものなんだ。

僕？

キーウの独立広場でユーロマイダン〔二〇一三年十一月二十一日に始まった一連の抗議活動〕が起きたとき、クリミア・タタールの大きな旗を掲げて毎日そこに通ったよ。ウクライナ人たちに、僕らクリミア・タタール人は彼らの味方なんだと理解してほしかった。でもヤルタに『リトル・グリーンメン』――プーチンの覆面兵士たち――が現れたとき、僕はすぐさまそこへ飛んだ。クリミアに妻と四人の子供を残してきていたからね。クリミア自治共和国議会・政府本部がロシア人の手に渡ったと見るや、僕は躊躇しなかった。荷物をまとめ、スーツケースを二つ持って家族全員でキーウに発った。戦争は一か月か二か月続くだろうが、ウクライナはなんとか対処できると考えていたんだ。自分が先祖の土地を、もしかしたら永遠に離れる次の世代になるとは思ってもいなかった」

「ロシアによる侵攻が続く中、〈ムサーフィル〉はロシアへの編入に反対する人たちが自然と集う場所になりました」ディリャラ・ハーヌムは語る。「クリミア・タタール人は、ロシアとロシアが我々と我々の土地に抱いている愛着に対して免疫がある。でもロシアが当面は我々よりはるかに強大だということも教わっています。わたしたちは再び根絶の危機にさらされるわけにはいかないのです。人々は石も武器も手に取りません。ただ待つのです。わたしは夫とバフチサライに残りました。次男とその家族も。わたしたちは持ちこたえています。容易ではないけれど。ロシア人は一方ではクリミア・タタール人を手なずけたいというシグナルを送ってくる。その一方でわたしたちの活動家を誘拐している。一部は刑務所に入っています。でも何人かはその後、ひどい拷問を受けて殺されているのが見つかりました。これは残った者たちに対して、出すぎた真似をするな、という明確なシグナルです。そんなことをすればこうなるぞという脅しなんです」

〈ムサーフィル〉は、二〇一三年にはバフチサライで最高のレストランに与えられる賞を受賞したにもかかわらず、ロシアが実権を握ると突然、罰金を課されるようになった。新政府によると、レストランは必要な認可を得ずに営業していたというのだ。

「レストランは閉店を余儀なくされました」ディリャラ・ハーヌムはため息をつく。「でもうちの子たちはいちかばちかで、キーウのど真ん中に物件を見つけてきたんです。またもや、もう一度、ゼロから始めなくてはなりませんでした。いまでは、わたしたちクリミア・タタールの料理を、うちの家族が代々受け継いできたレシピを、キーウで味わうことができるんですよ」

「僕と妻と四人の子供たちは二〇一四年から二年間、さまざまな友人や活動家のところを転々とした」

エルファンは語る。「ひどい生活だったよ。ある人の家にひと月、別の人のところに二週間、それから、だれかがお金を払ってくれたホテルに一週間という具合で。うちの子たちはキーウに来てから五回も転校したんだ。最終的には受け入れるしかなかった、ほかに手立てはない、当面クリミアに戻れる見込みはないのだと。僕らはヤルタの住まいを売却し、そうして得たお金でキーウで何か事業を始めることにした。僕は何ができるか思案しはじめた。憶えてるかい？ 僕は一生、飲食業とは距離を置くって言っただろ。それまではそうだった。でもキーウに来てみたら、知り合いのクリミア・タタール人にこう言われたよ、ウクライナの首都でクリミア・タタール人に作れるものといったらチェブレキだけだって。ここじゃ僕らはそんなふうに見られていて、それは一年やそこらで変えられるもんじゃない。ウクライナ人にとってクリミア・タタール人は芸術やマーケティングや銀行業とは結びつかないんだ。クリミア・タタール人は食べ物を作ることになっている。そこで僕はある物件を十年の予定で借りて、料理人の女性を二人雇った。二人はとても信心深くて、君の横にあるその敷物の上で一日に五回礼拝をする。そうして僕はキーウの目抜き通りの近くにチェブレキの店を開いたんだ」

「それで売り上げはどうです？」

「パンデミックまでは大繁盛だったよ。僕はキーウ市民のために小さなクリミアのような場所を作ったんだ。料理に加えて、タタール美術のギャラリーを併設して、本や絵画や陶器も置いている。いまはそれほど繁盛してないな。でもひとつ驚いたことがある。僕の父はスターリンによってクリミアから追放されたとき、二歳だったのに、自分の住んでいた家を完璧に憶えていると言っていた。僕はそんなはずはないと思っていた。でも、うちには双子の息子がいるんだが、妻と共にヤルタを発ったとき、息子たちも二歳だった。いまは九歳だよ。それで、ヤルタの家がどんなだったか、どこに台所があって、どこに階段があって、どこに子供部屋があったか正確に言えるんだ。いまならわかる、僕らクリミア・タタール人には、プーチンや他の政治家が思っているよりもはるかに深いクリミアとの絆があるのだと。僕らは強制移住を生き延び、いまも生き延びている。友人たちのおかげで。そして料理のおかげで――というのも、追放されるときはいつも荷造りする間もないけど、二つのものは必ず持っていくから。コーラン。そして僕らの食べ物をね」

メニュー

チェブレキ

このレシピはディリャラ・セイトヴェリエワから教わったものである。

生地

小麦粉　一キログラム

塩　一〇グラム

水　七五〇ミリリットル

植物油（揚げ油）

具

仔羊肉　六〇〇グラム

玉ねぎ　一五〇グラム
塩、黒胡椒

水に塩を溶かし、小麦粉に少しずつ加えて生地をこねる。ラップで包み、冷蔵庫で三十分寝かせる。その間に具を準備する。仔羊肉は肉挽き器でミンチにするか、ごく細かく刻む。みじん切りにした玉ねぎ、塩、黒胡椒と共にボウルに入れてよく混ぜる。

生地を二対三に分け、それぞれ二〇グラムと三〇グラムずつになるよう分ける。各々直径一〇センチと直径一五センチの円になるように麺棒で伸ばす。小さい方の円に大さじ一杯分の具を置いて、大きい方の円をかぶせ、周囲にひだを寄せながら下の生地とくっつけ、端は切り落とす。クリミア・タタール人はチギリクと呼ばれる専用の道具を持っている。これはしばしば美しく装飾された歯車型の道具で、もっぱら生地の端を切り取るのに用いられる。

チギリクが手に入らない場合は普通のナイフで生地の端を切り落とし、フォークを強く押し当てて生地をくっつける。

具を詰め終えたら、鍋に植物油を熱し、具を詰めた生地を入れる。油の中で泳がせるようにしながら、黄金色になるまで数分間揚げる。

伝統的にチェブレキは羊肉で作られるが、今日では牛肉、じゃがいも、きのこ、甘いチーズ入りのものも人気がある。

ショルバ

羊肉または仔牛肉　七〇〇グラム
じゃがいも（中）　五個
パプリカ　三五〇グラム
トマト　四〇〇グラム
ニンジン　二本
玉ねぎ　二個
ニンニク　一片
トマトペースト
塩、胡椒

肉、じゃがいも、パプリカ、トマト、ニンジンを賽の目に切る。玉ねぎはみじん切りにする。肉とじゃがいも、玉ねぎを鍋に入れ、全体がかぶる程度の熱湯を注いで火にかける。パプリカとニンジンを加え、三十分煮込む。その後トマトを加える。最後につぶしたニンニクを加え、さらに十～十五分煮込む。トマトペーストを入れ、塩、胡椒で味を調える。

ヤントゥク

ヤントゥクの生地はチェブレキの生地とまったく同じ方法で作られるが、生地を柔らかくするため、ほんの少しだけ油を加える。最も大きな違いは調理方法だ。ヤントゥクはフライパンで焼き、熱いうちに両面にバターを塗る。

チェブレキと同じく、伝統的なヤントゥクにはもっぱら羊肉が使われるが、今日ではトマトとチーズ、カボチャやキャベツなど、さまざまなバリエーションが作られている。

特に難しい料理ではないので、自宅に「小さなクリミア」を作って、甘いものを含めてさまざまな具を試すのもいい。

キョベテ

生地
小麦粉　一キログラム
マトンテールの脂肪（脂尾）　五〇〇グラム
塩
水
サフランまたはターメリック

具
肉　七〇〇グラム（できれば仔羊の胸肉、手に入らない場合は仔羊肉か羊肉）
玉ねぎ　三五〇グラム
じゃがいも　四〇〇グラム

パセリ
塩、胡椒
ブイヨン（できれば乳清）
卵　一個

小麦粉と細かく刻んだ脂肪を混ぜ合わせる。塩水を少しずつ加えて生地をこねる。サフランまたはターメリックを混ぜる。生地をラップで包み、冷蔵庫で寝かせる。

その間に具を準備する。仔羊肉を細かく切り、同様に細かく刻んだじゃがいもと半月切りにした玉ねぎを加えて混ぜる。みじん切りにしたパセリ、塩、胡椒を加え、最後に乳清またはブイヨンを注ぐ。

冷蔵庫から生地を取り出し、二等分し、それぞれ麺棒で厚さ五ミリになるよう伸ばす。一枚を天板の底に敷き、生地の上に具を置く（できれば層になるように）――最初にじゃがいも、玉ねぎ、次に肉を並べる。もう一枚の生地をかぶせる。溶いた卵を表面に塗り、二〇〇～二二〇℃に予熱したオーブンに入れ、一時間ほど焼く。

第十八の皿　ヴィクトル・ベリャーエフ最後の登場

「ある日、私がまだクンツェヴォで働いていた頃の話だが、当時もうロシア大統領だったエリツィンがやって来た。スターリンのかつての別荘《ダーチャ》がどうなっているか見に来たんだ。エリツィンを案内して、隅々まで全部見せて回ったよ、玄関にはまだスターリンの上着が掛かっていたし、スターリンの靴もあった――どこもかしこも見せたんだ。それから、新たに増築した部分に移動すると、エリツィンのボディーガードたちがどこからかボトルを取り出し、私たちは一〇〇ミリリットルずつ飲み干した。するとエリツィンが言うんだ。『で、この先ここをどうするつもりだ？』と。

そこで私は答える。計画は野心的だったのですが、どういうわけかお客が来ないのです。

エリツィンは私を見た。『ヴィクトル・ボリソヴィチ』彼は言う。『自分の持ち場に戻りたまえ』

そんなわけで、五年間留守にしたあと、私はクレムリンに戻ったんだ」

1

「エリツィンの下で私のキャリアはいきなり頂点に達した——私はクレムリンの料理長になった。食に関するあらゆることが私の管轄になったんだ。つまり、そこで働く三百人から四百人の職員と、来賓の全員に毎日食事を出していたのさ。クレムリンの二か所の食堂——なにしろあそこには、他のどの職場にもあるような食堂があるからね——の献立と、あらゆる公式歓迎会のメニューを考えたよ。専属料理人《リーチニク》だけは私の管轄ではなく、KGB直属だった」

2

「その後、エリツィン大統領がプーチン大統領に交替したが、私は引き続き料理長を務めた。数々のすばらしい歓迎会の開催に関わり、ロシア料理を世界に広めるため大統領の外遊に同行した。睡眠不足になったりストレスを感じることもしょっちゅうだったよ。クレムリンのソファや床の上で寝たことも一度や二度じゃない。何トンもの食品、数百人、ときに千人以上もの来賓。一日の睡眠は二時間、そして次の会議、次の歓迎会、翌日はまた仕事。私の下では二百人以上が交替で働いていた。料理人、給仕係、ホール係。そして、もし何か失敗したら、真っ先に叱責されるのが自分だということもわかっていた。もしその千人の来賓のうちだれかひとりでも食中毒を起こせば、私が真っ先に責任を問われることになる。仮に食べ物がまずかった場合も——同じことだ。

ところが、万事順調でもやはりだれも褒めてはくれない。すでに言ったように、クレムリンではだれにも叱られないこと自体が褒め言葉なんだ。

だがな、ヴィトルト、人生には何事にも代償がつきものだ。若いときにはそれがわからない、自分は大丈夫、一日に十二時間、十五時間、十八時間だって働けるし、永遠に生きられるような気がする。気づいたら手遅れということもある。私は、そんな調子で数年間仕事を続けたあと、心筋梗塞を起こして、あの世に片足を突っ込んだんだよ。

それが全然憶えてないんだ。いきなり仕事中、厨房の床に崩れ落ちてしまったんだよ。

数日後、目覚めると病院で機械につながれていた。泣いている妻と子供たちが見えた。危うく仕事と引き換えに命を失うところだったと気づいた。だから快復するとすぐに人事部に行って辞表を提出したよ。この先どうするかはまだ考えていなかったが、もし生きていたければ、これ以上クレムリンで働くのは無理だとわかっていた。ストレスが多すぎるんだ。

だけど、いまでもクレムリンで働く料理人の大半は、私が雇って仕込んでやった者たちだよ」

3

「いい料理人とはどうあるべきかと訊くんだね。何よりも、仕事に打ち込むこと。もしこの職業に就いたことで自分が罰を受けているように思うなら、あるいは新しい物事を学びたくないなら、転職すべきだ。作る側のエネルギー、作る側の気分は、その後人々が食べる料理に実際に影響を及ぼすんだ。スターリンの料理人がそのことを教えてくれた。

今日、学校で教えるのは技術だけだ。こうやって切りなさい、それから何℃のオーブンに何分間入れなさい——それで終わりだ。だが技術というのは料理の序の口に過ぎない。イースト生地のために歌いなさいだなんて、いったいだれが言うかね？　私だけさ」

4

「クレムリンでの仕事を辞めたあと、私はケータリング会社を始めた。そのほか、ロシア全土に足を運んで、かつて軍隊でやったように料理人を訓練している。最近、チェリャビンスクの食品技術者養成学校で若い学生たちにこんな話をした。かつてブレジネフとフランスの大統領ヴァレリー・ジスカール・デスタンが一緒に釣りをしたとき、私は同僚たちと共に二人の背後にコンロを設置して、釣った魚をその場でさばいてウハーを作ったものだ、と。この話をしたあと、手を挙げる者がいたので指名すると、若い女子学生が、どうしてそんなに魚の加工に詳しいのですかと訊くんだ。

何だって、魚の加工？　尾鰭を切り落とし、腸《はらわた》を取って、鱗を搔き取るのが？　本当に？　そんなことは祖母に教わったんだよ、台所の手伝いが必要だったからね。私たちの学校では、海水魚と淡水魚はそれぞれ別の授業で学び、それに加えてチョウザメ科の魚に関する特別授業があった。クレムリンではどの料理人も枝肉を切り分けることができた。我々のところには既製品のハムやソーセージが届いていたが、必要とあらば、我々ひとりひとりが自分で作れただろう。

ところがいまじゃ、将来の食品技術者が魚の加工について私に訊くんだからな。

この学校では何を教わっているのか学生たちに訊いてみた。肉の加工は？　鶏肉から仔羊肉まで全部ひっくるめて一回の授業しかない。魚は？　獣肉は？　忘れてしまえ。そんな奴が、その後食品技術の学位を取ってレストランに就職する。そんなのはまるで『スタート』ボタンを押せるパイロットに免許状を与えるようなものだ」

5

「そんなわけで退職後はとても忙しく過ごしているよ。

自分の職業人生について言えば、マリヤ・アレクサンドロヴナのようになりたいと思っているんだ。私がクレムリンで働いていた頃の食堂のひとつの料理長だよ。マリヤ・アレクサンドロヴナは十四歳のとき料理見習いとして働きはじめた。スープが専門だった。仕事を辞めたのは八十二歳のときだ。当時はもう私が責任者だったから、私がみずから彼女に引退してもらったんだ。ところが、いいかい？　彼女がいなくなったら、スープがおいしくなくなってしまった。私のところに電話がかかってきたり、人々が押しかけてきたりして、口々にこう言うんだ。料理人たちに言ってやってくれ、このスープは食えたもんじゃない、とね。

私は食堂に行った。厨房を見ると、何もかもちゃんとやっているじゃないか。ただみんなはあまりにマリヤ・アレクサンドロヴナのスープに舌が慣れていたせいで、ほかの人が作るスープをうまいと感じなくなってしまったんだ。

私はそういう料理人になりたい。辞めたときにだれもがすぐに味が違うと気づくような。そしていつの日か、こう言われたい。こんなふうに肉を焼いたり、ウハーを作ったり、ブリヌィを焼いたりした者は、我らがヴィクトル以外にだれもいない、と」

6

「何だって？　私が辞めたあと、スターリンのダーチャがどうなったかって？　また厳重に施錠されたよ、でも中はあの頃から何も変わっていないんじゃないかな。上着が掛かっていて、靴が置いてあって、あそこにはいまもスターリンのにおいが漂っていると思うよ」

あとがき

いまあなたが読み終えた本書がポーランドで最初に刊行されてから三か月後、料理人の孫ウラジーミル・プーチンがロシア軍にウクライナへの侵攻を命じ、第二次世界大戦以降ヨーロッパで最も血なまぐさい戦争が始まった。本書の主な登場人物――ウクライナ、ジョージア、エストニアの人々とロシアの人々と――の間で分断はさらに深まった。すでに「はしがき」で述べたように、今日私はロシアにもベラルーシにも入国することができないだろう。

その代わり、戦渦のウクライナには主にボランティアとして赴いた。

本書が世に出て以来、世界の歴史は急展開した。本書の登場人物たちの人生も同様である。

誤って「プーチンの料理人」と呼ばれたエヴゲーニイ・プリゴジンは、実際にはプーチンが好んで食事をしたサンクトペテルブルクのレストランのオーナーに過ぎなかったが、飛行機事故で死亡した。彼はその前にバフムトの激戦でロシア軍に貢献したが、その直後にロシアの独裁者に反旗を翻し、明らかにそのことにより罰せられた。クレムリンはこうした衝撃的なやり方で罰することを好む。

戦争が勃発したのち、最後の皇帝の料理人だった人物の曾孫アレクサンドラ・イーゴリエヴナ・ザリーフスカヤは、私とのインタビューは間違いだったと表明した。彼女は私に電話をかけてこないよう命じた。大飢饉《ホロドモール》の章に登場した女性たちはもはやだれも存命ではない。最後のひとりとなったハンナ・バサラバは二〇二三年十月に亡くなった。

一方、レニングラードのパン焼き職人タマーラ・アンドレーエヴナは健在だ。彼女はウクライナで起きていることにひどく動揺している。だが、もちろんロシアの色眼鏡を通して見ている。つまり――ロシアのプロパガンダに沿って――ロシアはウクライナを攻撃せざるを得なかった、さもなければＮＡＴＯに攻撃されていただろうと見なしているのだ。そんな考えはばかげていると説明することは不可能だ。

ウクライナ侵攻の直前、クレムリンで長年料理人を務めたヴィクトル・ベリャーエフが亡くなった。彼はすばらしく話し上手で好人物だった。ベリャーエフは新型コロナウイルスに感染し、モスクワの病院で死去した。

戦争が始まったばかりの頃、クリミア・タタール人のエルファン・クドゥソフがキーウで反戦デモに参加しているのを私はロイター通信の写真で見つけた。その後エルファンはワルシャワに私を訪ねてきた。彼は人道援助に深く関わっている。

そしてチェルノブイリの料理人オリガさんは戦争の夢を見た。「戦争が始まったまさにその夜」彼女は私に語った。「爆弾が落ちているって友人たちが電話してきたとき、わたしはもう何が起こっているのか知っていたんです」

私はつねづね、料理人は他の人々よりも多くの物事を見ていると思ってきた。またひとつその証拠が増えた。

ЭХО

謝辞

本書の執筆にあたってのご助力と、私がこの本に取り組んでいた間のご支援に対して、以下の方々に感謝いたします。

ヴィクトル・ベリャーエフ、マルチン・ビエガイ、アンドリー・ボンダル、ヤドヴィガ・バルバラ・ドンブロフスカ、ナタリア・デニシウク、アンナ・ジェヴィト＝メレル、アレク・ヤキミウク、ロマン・カバチイ、エルジビエタ・カリノフスカ、タチアナ・カリノフスカヤ、ヴァレーリイ・カリノフスキー、ヴャチャスラウ・ケビッチ、ピョトル・ケンジェルスキ、ヴィクトリア・コウパク、クシシュトフ・レシニェフスキ、アナスタシア・レフコワ、ダニエル・リス、アントニア・ロイド＝ジョーンズ、イザベラ・メイザ、マチェイ・ムシャウ、ガブリエラ・ニェジェルスカ、アンドリュー・ニュルンベルク、マーシャ・ピストゥノワ、アンナ・ルチンスカ、タラス・シュメイコ、ジョン・シチリアーノ、アニエラ・シャブウォフスカ、マリアンナ・シャブウォフスカ、イダ・シフィエルコツカ。

訳者あとがき

最後のロシア皇帝一家と運命を共にした料理人からプーチン大統領の祖父まで、およそ百年間のロシアと旧ソ連諸国を食の観点から考察した本書は、著者の言葉によれば「ロシアが世界を征服するために、いかに食べ物を利用しているか」に関する本である。

著者のヴィトルト・シャブウォフスキは一九八〇年生まれのポーランド人ジャーナリスト。現地に足を運び、当事者の話にじっくり耳を傾けることで、過去の出来事のリアリティを生き生きと呼び覚ます。

本書は『踊る熊たち』『独裁者の料理人』に続いて日本で紹介されるシャブウォフスキのルポルタージュの三冊目である。悪名高い五人の独裁者のために料理を作ってきた本物の料理人たちへの長時間インタビューをまとめた前作『独裁者の料理人』はおかげさまで日本でも好評を得たが、なぜスターリンの料理人を取り上げていないのか疑問に思った読者もいたようだ。本書をお読みになればおわかりのとおり、スターリンの料理人は存命ではなく、当人にインタビューできないため、『独裁者の料理人』の一章には含めなかったのだ。とはいえ、もちろん著者はスターリンと食に関する取材に着手していた。本書の序文にあるように、二〇〇九年にアブハジアにあるかつてのスターリンの別荘《ダーチャ》で働く人たちから「スターリンは普通の人と同じように食べていた」と聞かされ、「本当にそうなのか？」と疑問に思ったことがきっかけである。

そこで旧ソ連構成共和国のあちこちに赴いては、さまざまな料理人や関係者にインタビューをしたが、二〇二〇年二月、新型コロナウイルスの感染拡大による渡航規制で取材旅行に出られなくなってしまった。著者はもう少し取材を続けたかったようだが、渡航再開の目処がつかないため、ワルシャワに一年間腰を据えて、それまでの取材をもとに執筆に専念した。こうして、帝政ロシアの終焉とソヴィエト連邦の誕生から、ソ連崩壊とロシア連邦の誕生を経て現在に至るまで、ロシアの歴代の指導者がいかに食べ物を政治の道具として利用してきたかを解き明かす本書が生まれた。

二〇二一年十一月にポーランド語版原書が刊行されたあと、二〇二二年二月二十四日、ロシアがウクライナに軍事侵攻した。戦闘が長びくなか、二〇二三年六月二十三日にはワグネルの反乱が起きた。ところが同年八月二十三日、ワグネル・グループの創設者プリゴジンの乗った航空機が墜落し、乗員乗客十人全員が死亡するという事件が起こる。こうした状況を受けて、二〇二三年十一月に刊行された英語版には、アゾフスタリ製鉄所の料理係のエピソードを含む「はしがき」と、「第十六の皿」のプリゴジンに関する記述が加筆された。かくも目まぐるしい現実の展開と並行して進めた日本語への訳出作業は報道翻訳のようなライヴ感があった。

著者が「はしがき」で述べているように、ロシアによるウクライナ侵攻後、ポーランドにとっても敵国となったロシアやベラルーシに入国して取材することは難しくなった。インタビューした相手の中には、政治的見解の違いで連絡が取れなくなった人もいれば、高齢や病気のためその後亡くなった人もいる。そう考えると、パンデミックが始まる前にこれだけ多くの関係者の証言を集めることができたのは奇蹟のようなタイミングだったと言えるだろう。

ヴィトルト・シャブウォフスキの著作は次のとおり。

二〇一〇年、*Zabójca z miasta moreli. Reportaże z Turcji*（『杏の町から来た殺人者、トルコからのルポルタージュ』）
二〇一二年、イザベラ・メイザとの共著 *Nasz mały PRL. Pół roku w M-3 z trwałą, wąsami i maluchem*（『私たちの小さなポーランド人民共和国、パーマと口髭とフィアット126pと3Kアパートでの半年間』）
二〇一三年、*Dom pełen Ukraińców*（『ウクライナ人でいっぱいの家』）
二〇一四年、*Tańczące niedźwiedzie*（『踊る熊たち』白水社刊）
二〇一六年、*Sprawiedliwi zdrajcy. Sąsiedzi z Wołynia*（『正義の裏切り者、ヴォルィーニの隣人たち』）
二〇一八年、『杏の町から来た殺人者』が *Merhaba*（『マルハバ』）と改題されて新版刊行
二〇一九年、*Jak nakarmić dyktatora*（『独裁者の料理人』白水社刊）、英語版と同時刊行
二〇二一年、*Rosja od kuchni. Jak zbudować imperium nożem, chochlą i widelcem*（本書）
二〇二三年、『正義の裏切り者、ヴォルィーニの隣人たち』が *Opowieści z Wołynia*（『ヴォルィーニ物語』）と改題されて新版刊行

本書の翻訳にあたっては二〇二一年刊のポーランド語版電子書籍を底本とし、英語版 *What's Cooking in the Kremlin* を随時参照した。英語版では料理のレシピやポーランド語読者向けの記述が大幅に削除されているが、日本語版ではレシピは省かず、記述も誤記などの最小限の削除にとどめた。なぜかというと「第一の皿」にあるように、「ロシア人にとってポーランド人は常にちょっとした謎だから。一見似ているようでいて、その実、同じ物事をまったく違ったふうに呼び、違ったふうに理解する」から。食文化や言語におけるロシアとポーランドの近さと遠さ、歴史上の両国の緊張関係を日本語版読者に読み取ってほしいからである。

ポーランド語版で引用や記述が不正確な場合は、必要に応じてロシア語やウクライナ語の出典に遡って訳出

した。訳者はポーランド語が専門だが、今回ほどロシア語を勉強しておいてよかった、キリル文字が読めて助かったと思ったことはない。行けるうちに少しでもモスクワやリヴィウに行って現地の雰囲気を味わっておいて本当によかった。さもなければ本書を訳すのにもっと難儀していただろう。

二〇二二年二月のロシアによる侵攻以降、ウクライナ国外に逃れた難民は二〇二四年十二月現在、六百八十万人以上。隣国ポーランドは官民一体となって避難民の受け入れ体制を作り、一時的保護も含めると百八十万人以上を受け入れた。侵攻前からもともとポーランドには十数万人のウクライナ人が働きに来ていたが、二〇二二年十一月に訳者がポーランドのクラクフを訪れたところ、ウクライナ人女性が働くウクライナ料理店がだいぶ増えていた。人の移動と共に食文化も移動し伝播する様をまさに目の当たりにした。ポーランド国内にはクリミア・タタール料理店もあり、本書を読んだあとでは、店で働くクリミア・タタール人たちの来し方に思いを馳せずにはいられない。

ロシアによるウクライナ侵攻は長期化し、双方にすでに数十万人規模の死傷者が出ているが、収束するどころか北朝鮮まで参戦し、連日攻撃が続いている。ウクライナが不利にならないよう、なんとか落とし所を見つけて停戦にこぎつけてほしいと切に願う。これ以上犠牲者が増えないように。だれもが自分の住みたい場所で安心して暮らせるように。好きな料理を味わったり、興味のあることを学んだり、自由に旅行したりできるように。そして、世界中の独裁政権が一刻も早く終わるよう願う。私たち自身が独裁者を養うことのないよう肝に銘じつつ。

芝田文乃

二〇二四年十二月

訳者略歴
一九六四年神奈川県生まれ
筑波大学芸術専門学群卒業
ポーランド語翻訳者、写真家
訳書にシャブウォフスキ『踊る熊たち』『独裁者の料理人』（以上、白水社）、ムロージェク『所長』『鰐の涙』（以上、未知谷）、グラビンスキ『動きの悪魔』『狂気の巡礼』『火の書』『不気味な物語』、レム『地球の平和』（以上、国書刊行会）、共訳書にレム『高い城・文学エッセイ』『短篇ベスト10』『火星からの来訪者』『捜査・浴槽で発見された手記』、コワコフスキ『ライロニア国物語』（以上、国書刊行会）など

厨房から見たロシア
包丁と鍋とおたまで帝国を築く方法

二〇二五年二月一五日　印刷
二〇二五年三月一〇日　発行

著者　ヴィトルト・シャブウォフスキ
訳者　©　芝《しば》田《た》文《あや》乃《の》
発行者　岩堀雅己
印刷所　株式会社　三陽社
発行所　株式会社　白水社
東京都千代田区神田小川町三の二四
電話　営業部〇三（三二九一）七八一一
　　　編集部〇三（三二九一）七八二一
振替　〇〇一九〇-五-三三二二八
郵便番号　一〇一-〇〇五二
www.hakusuisha.co.jp
乱丁・落丁本は、送料小社負担にてお取り替えいたします。

加瀬製本

ISBN978-4-560-09136-4

Printed in Japan

参考文献

第一の皿

ニコライ2世の厨房の仕事と組織の詳細、および、宮廷のレシピの一部は以下を参照した。

Илья Лазерсон, Игорь Зимин, Александр Соколов, *Императорская кухня. XIX — начало XX века. Повседневная жизнь Российского императорского двора*（『宮廷料理　19世紀から20世紀初頭まで――ロシア皇室の日常生活』）Москва, 2014.

さらに次のような文献も参考にした。

Дмитрий Факовский, "Дневник охранника : каким человеком был Николай II"（「警護兵の手記――ニコライ2世の人物像」）GuardInfo, 2020年4月2日. http://guardinfo.online/2020/02/04/dnevnik-oxrannika-kakim-chelovekom-byl-nikolaj-ii

"Как повар Николая II отдал жизнь за царя, разделив участь царской семьи"（『ニコライ2世の料理人はいかにしてツァーリに命を捧げ、皇帝一家と運命を共にしたか』）Kulturologia.ru. https://kulturologia.ru/blogs/090819/43865

Bartłomiej Garczyk, "Życie — polityka — władza. Rytuał dnia codziennego ostatniego cara Rosji Mikołaja II w świetle jego dziennika"（「人生―政治―権力　日記に見る最後のロシア皇帝ニコライ2世の日常の儀式」）*Kultury Wschodniosłowiańskie — Oblicza i Dialog, t. VII,* 2017.

Lev L. Kolesnikov, Gurgen A. Pashinyan, Sergey S. Abramov, "Anatomical Appraisal of the Skulls and Teeth Associated with the Family of Tsar Nicolay Romanov." *The Anatomical Record*, no. 265, 2001, pp.15-32（この記事では、皇帝一家とその従者たちの遺骨の正確な場所を見ることができる）.

第二の皿

ゴールキ・レーニンスキエのガイドの発言は、実際には、上級専門員スヴェトラーナ・ゲネラロワ氏、上級専門員タマーラ・シビナ氏、博物館の館長ボリス・ヴラソフ氏の3名の発言から再構成したものである。

レーニンの食生活に関するヴィリヤム・ポフリョプキンの文章は1997年に週刊誌「アガニョーク」に掲載されたものである。"Что ел Ленин"

(「レーニンは何を食べていたか」) *Огонёк,* no.39, 1997.

Евгений Жирнов, “Мы гоняли соловья, который не давал спать Владимиру Ильичу”(「我々はウラジーミル・イリイチを眠らせなかったナイチンゲールを追い払った」) *Коммерсантъ Власть,* 2004 年 1 月 19 日.

第三の皿

Anne Applebaum, *Red Famine: Stalin's War on Ukraine*. New York, 2017. [アン・アプルボーム『ウクライナ大飢饉 スターリンとホロドモール』三浦元博監訳、真壁広道訳、白水社、2024 年]

Wacław Radziwinowicz, “Rosja ma w genach pamięć o głodzie. Do dziś część Rosjan suszy chleb na czarną godzinę”(「ロシアでは飢餓の記憶が遺伝子に刻まれている。今日でもロシア人の中には困難な時期に備えてパンを乾かしてスハリを作る者がいる」) *Gazeta Wyborcza,* 2018 年 3 月 5 日.

Онлайн-ресторан «Непораховані з 1932»(記憶のオンライン・レストラン〈1932 年以来無数の〉). https://uncounted.ual.ua/menu/

第四の皿、第五の皿

アレクサンドル・エグナタシヴィリとその妻リリーの話を知ったのは、アレクサンドルの義理の息子でリリーの息子であるイヴァン・アリハーノフの本、Иван Иванович Алиханов, *Дней минувших анекдоты*(『過ぎ去りし日々の逸話』), Москва, 2004 のおかげだ。エグナタシヴィリとリリーの人生に関する事実の大部分はこの本からの引用である。さらにイヴァン・アリハーノフの息子でロシアの著名な作詞家であるセルゲイとの会話から得られた情報も使用した。

スターリンの流刑生活に関する話は、ニキータ・フルシチョフが自身の回想記、Н. С. Хрущёв, *Мемуары* の中で述べ、ロシアの雑誌 *Вопросы истории*(「歴史の諸問題」)誌 , no.1, 1992 に掲載された言葉を引用している。

アンリ・バルビュスによる証言は、ヴィリヤム・ポフリョプキンの本、Вильям Похлёбкин, *Кухня века*(『世紀の料理』), Москва, 2000 を参照した。バルビュスの原書には以下の英語版がある。Henri Barbusse. *Stalin: A New World Seen through One Man,* translated by Vyvyan Holland. London, 1935.

Борис Бажанов, *Воспоминания бывшего секретаря Сталина*(『スターリンの元秘書の回想録』) Париж, 1980.

Roman Brackman, *The Secret File of Joseph Stalin: A Hidden Life*. London-

Portland, 2001.

Владимир Михайлович Логинов, *Тени Сталина. Генерал Власик и его соратники*（『スターリンの影——ヴラーシク将軍とその同志たち』）Москва, 2000. 著者はパーヴェル・ルシシヴィリと、アレクサンドル・エグナタシヴィリの息子ゲオルギイ・エグナタシヴィリにもインタビューした。ゲオルギイは父親に倣って、やはり治安機関でキャリアを積んだ。彼は、ミハイル・カリーニンに代わって名目上の国家元首［ソ連最高会議幹部会議長］となったニコライ・シュヴェルニクの警護隊長でもあった。ベリヤはなんとかゲオルギイの昇進を阻んだものの、彼を消す前に、スターリンの他の同志たちによって自分自身が死刑を宣告された。

Simon Sebag Montefiore, "Stalin, His Father and the Rabbit: The Bizarre Story of Stalin, His Possible Biological Father, His Food Taster." *The New Statesman*, 2007 年 9 月 6 日.

Simon Sebag Montefiore, *Stalin: The Court of the Red Tsar*. New York, 2004. ［サイモン・セバーグ・モンテフィオーリ『スターリン　赤い皇帝と廷臣たち』上下、染谷徹訳、白水社、2010 年］

Анатолий Овчаров, *Душа вождя*（『指導者の魂』）自費出版 , 2019.

Joshua Rubenstein, *The Last Days of Stalin*. New Haven, 2016.

第六の皿

戦時中および封鎖下のプーチン家に関する話は、ロシアの雑誌「ルースキー・ピオネール」2015 年 4 月 30 日号に掲載された記事 "Жизнь такая простая штука и жестокая"（「人生は実に単純かつ残酷だ」）の中でのウラジーミル・プーチンの発言に基づき、（当人の言葉を信用して）再構成したものである。

フィンランド人のパン職人キューティネン（母語でのファーストネームはタネリ＝ユホ）の話は、フィンランド系ロシア人タチアナ・ヴァタネンが自身の YouTube チャンネルで語ったものだ。動画のタイトルは *Даниил Кютинен. Пекарь-легенда блокадного Ленинграда. ч. 1 ГОЛОД*（ダニイル・キューティネン：包囲下のレニングラードの伝説のパン職人。第一部〈飢餓〉）と *Даниил Кютинен. Блокада Ленинграда. Судьба его семьи. Эвакуация. ч. 2.*（ダニイル・キューティネン：レニングラード包囲戦、彼の家族の運命。第二部〈避難〉）2021 年 2 月 16 日。ヴァタネンはキューティネンの子孫にも連絡を取り、彼の家系図を作成し、パン職人の死亡証明書にもたどり着いた。https://www.youtube.com/watch?v=jsiQWzUaYxQ

Richard Bidlack, Nikita Lomagin, *The Leningrad Blockade, 1941–1944: A New Documentary History from the Soviet Archives*. New Haven, 2012.

筆者は2019年にサンクトペテルブルクでニキータ・ロマギンにインタビューもした。

第七の皿

Ксения Дементьева, “Полевая кухня времен Великой Отечественной : как и чем питались советские солдаты”（「大祖国戦争中の野戦厨房：ソ連兵は何をどのように食べていたか」）*RusBase*, 2015年5月4日.

Иван Дмитриенко, “Чем кормили солдат во время войны по обе стороны фронта”（「戦争中、前線の両側で兵士たちは何を食べていたか」）*Profil*, 2019年5月9日.

Сергей Глезеров, “Кровопролитие за рубеж. Исследователь — о неизвестных фактах Нарвской битвы”（「国外での流血——ナルヴァの戦いの知られざる事実）*Санкт-Петербургские ведомости*, 2019年7月24日.
https://spbvedomosti.ru/news/nasledie/krovoprolitie-za-rubezh-issledovatel-o-neizvestnykh-faktakh-narvskoy-bitvy

Ольга Липчинская, “Шел второй год войны. Хлеба — 400 граммов, лампочки — 25 ватт”（「戦争の二年目——パン400グラム、電球25ワット」）*Комсомольская правда*, 2015年2月2日.

Anna Reid, *Leningrad: Tragedy of a City under Siege, 1941–1944*. London, 2012.

第八の皿

Serhii Plokhy, *Yalta: The Price of Peace*. New York, 2010.

Вильям Похлёбкин, *Кухня века*（『世紀の料理』）Москва, 2000.

第九の皿

2002年、ファイナ・カゼツカヤのインタビューに成功した唯一のジャーナリストがウクライナ人のヴォロディーミル・シューネヴィチである。
“Ночью накануне гибели Юрий Гагарин попросил стакан своего любимого сырого молока”（「ユーリイ・ガガーリンは死の前夜、大好物の生乳を一杯所望した」）*Факти*, 2002年10月24日.

ユーリイ・ガガーリンの死因を調査していた委員会に提出されたファイナの証言は、いまも機密解除されていない。

バイコヌールの料理人マリヤ・クリチーニナは、亡くなる数週間前に

「コムソモーリスカヤ・プラウダ」紙のオリガ・ゴパロからインタビューを受けた。インタビュー記事は2013年4月11日に以下のタイトルで公開された。“Повариха из Ростовской области кормила борщом Гагарина и Леонова. Мария Критинина 31 год проработала поваром на космодроме Байконур”（「ガガーリンとレオーノフにボルシチを供したロストフ出身の料理人：マリヤ・クリチーニナはバイコヌール宇宙基地で31年間料理人として働いた」）https://www.rostov.kp.ru/daily/26061.4/2970203/

そのほか、次のような会話や文章を参照した。

С. М. Белоцерковский, *Гибель Гагарина : Факты и домыслы*（『ガガーリンの死：事実と憶測』）Москва, 1992.

Piers Bizony, Jamie Doran, *Starman*: *The Truth Behind the Legend of Yuri Gagarin*. New York, 1998.［ジェイミー・ドーラン、ピアーズ・ビゾニー『ガガーリン　世界初の宇宙飛行士、伝説の裏側で』日暮雅通訳、河出書房新社、2013年］

А. Т. Гагарина, *Слово о сыне*（『息子について一言』）Москва, 1986.

Ю. А. Гагарин, *Дорога в космос.* Москва, 1978.［ユーリー・ガガーリン『地球の色は青かった——宇宙飛行士第一号の手記』朝日新聞社訳、朝日新聞社、1961年／『宇宙への道——ガガーリン少佐の体験記録』江川卓訳、新潮社、1961年／『宇宙への道——ユーリー・ガガーリンの手記』日本共産党中央委員会宣伝教育部訳、日本共産党中央委員会出版部、1961年］

Я. Голованов, *Королёв : факты и мифы*（『コロリョフ——事実と神話』）Москва, 2007.

Наталия Нехлебова, “Вкус — космический. Чем питаются на орбите и как это готовят”（「宇宙の味——軌道上で食べるものとその作り方」）*Огонёк*, 2019年4月8日.

Антон Первушин, *Империя Сергея Королёва*（『セルゲイ・コロリョフの帝国』）Москва, 2020.

Антон Первушин, “‘Не могла скрыть заплаканных глаз’: как летала Терешкова. За что Королёв ругал Валентину Терешкову”（「『彼女は涙を隠せなかった』：テレシコワはいかにして飛んだか。コロリョフはなぜヴァレンチーナ・テレシコワを叱ったか」）*Gazeta.ru*, 2018年6月16日. https://www.gazeta.ru/science/2018/06/16_a_11803717.shtml

Антон Первушин, *108 минут, изменившие мир*（『世界を変えた108分』）Москва, 2011.

Лена Поротикова и Алексей Соколов, "'Здравствуй, Рита': первая встреча Гагарина после возвращения из космоса"（「『こんにちは、リタ』：宇宙から帰還後のガガーリンとの初対面」）TASS, 2016 年 4 月 12 日. https://tass.ru/kosmos/3189731.

Ewelina Zambrzycka-Kościelnicka, "60 lat temu Jurij Gagarin został świętym"（「60年前、ユーリイ・ガガーリンは聖人となった」）*WP Magazyn*, 2021 年 4 月 9 日. https://magazyn.wp.pl/informacje/artykul/60-lat-temu-jurij-gagarin-zostal-swietym

第十一の皿

Светлана Алексиевич, *Цинковые мальчики*. Москва, 2013.［スヴェトラーナ・アレクシエーヴィチ『亜鉛の少年たち　アフガン帰還兵の証言［増補版］』奈倉有里訳、岩波書店、2022 年］

Rodric Braithwaite, *Afgantsy: The Russians in Afghanistan 1979-1989*. New York, 2011.［ロドリク・ブレースウェート『アフガン侵攻 1979–89　ソ連の軍事介入と撤退』河野純治訳、白水社、2013 年］

Wojciech Jagielski, *Modlitwa o deszcz*（『雨乞い』）Kraków, 2016.

第十三の皿

Kate Brown, *Manual for Survival: An Environmental History of the Chernobyl Disaster*. New York, 2019.

Ігор Костін, *Чорнобиль. Сповідь репортера*（『チェルノブイリ――ある報道記者の告白』）Киев, 2002.

Serhii Plokhy, *Chernobyl: The History of a Nuclear Catastrophe*. New York, 2018.

第十五の皿

Вячеслав Кебич, *Искушение властью*（『権力の誘惑』）Минск, 2008.

Ольга Корелина, "'Лучше бы они охотились'. Бывшие работники 'Вискулей' — о том, как 25 лет назад не стало СССР"（「『狩りをした方がよかった』ヴィスクリの元職員――四半世紀前にソ連が消滅した経緯について」）Виртуальный Врест, 2016 年 12 月 8 日.

В. В. Семаков, *Беловежская Пуща. Век XX*（『ベロヴェーシの森　20 世紀』）Минск, 2011.

Adam Wajrak, 協力：Andrzej Kłopotowski, "Puszcza Białowieska za drutem kolczastym"（「有刺鉄線の向こうのビャウォヴィエジャの森」）*Gazeta*

Wyborcza, 2017 年 4 月 5 日.

第十六の皿

Александр Гамов, “Путин носил еду Ленину”（「プーチンはレーニンに食事を運んだ」）*Комсомольская правда*, 2019 年 4 月 22 日.

Oliver Stone, *The Putin Interviews*［テレビ番組＋書籍］New York, 2017.［オリバー・ストーン『オリバー・ストーン オン プーチン』土方奈美訳、文藝春秋、2018 年］

第十七の皿

Наталья Гуменюк, *Потерянный остров. Книга репортажей из оккупированного Крыма*（『失われた島——占領地クリミアからの報告書』）Киев, 2020.

写真クレジット

p15: © Witold Szabłowski
p23: © Wikimedia
p64: ゴールキ・レーニンスキエのレーニン博物館蔵
p73: © Witold Szabłowski
p79: © Witold Szabłowski
p101: アリハーノフ家蔵
p102: アリハーノフ家蔵
p110: © Theiko/Wikimedia
p144: © Witold Szabłowski
p186: 旧マリヤ・クリチーニナ蔵
p203: © Aliev Alexandr Ibragimovich/Wikimedia
p238: © Witold Szabłowski
p287: ヴィクトル・ベリャーエフ蔵
p335: スヴェトラーナ・チュチュク蔵
p373: © Nikride/ Wikimedia
p419: Adam Baker/CC BY 2.0flickr.com